안수남 세무사의
다주택자 중과세에서 살아남기

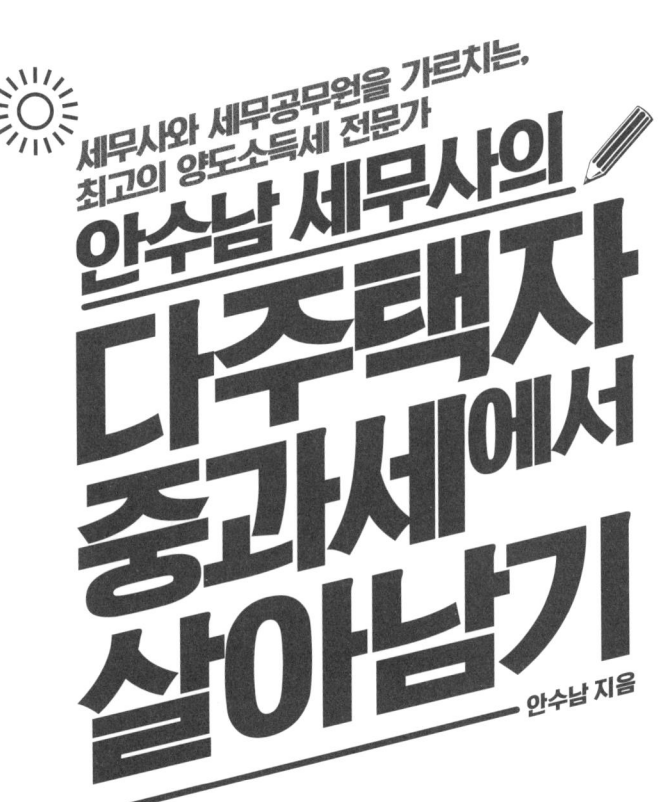

세무사와 세무공무원을 가르치는,
최고의 양도소득세 전문가

안수남 세무사의
다주택자 중과세에서 살아남기

안수남 지음

라의눈

머리말

용감한 사람과 지혜로운 사람의 차이
순간의 선택이 '절세'와 '세금폭탄'을 가른다

부동산 거래 기준으로 볼 때, 사람은 두 부류로 구분된다. 부동산을 여러 번 거래한 사람과 어쩌다 거래한 사람이다. 어쩌다 거래한 부류는 용감한 사람이 대부분이고, 여러 번 거래한 부류에는 지혜로운 사람이 많다.

용감한 사람들의 특성은 일단 저지르고 본다는 것이다. 부동산을 팔 때 세금에 대해 먼저 알아보는 것과, 이미 팔고 난 다음에 세금을 알아보는 것의 차이 같은 것에는 관심조차 없다. 또한 전문가의 조언보다는, 남의 일에 감 놔라 배 놔라 하는 주변의 오지랖 넓은 사람들의 얘기들에 더 귀를 기울인다.

반면, 자주 여러 번 거래해본 사람은 반드시 사전에 문제점이 없는지 꼼꼼히 따진다. 세무사에 따라 차이점이 있다는 것을 이미 알고, 세무사사무실을 한 군데도 아니고 서너 군데 가본다. 빈틈없이 최대한 절세방법을 찾을 수 있는 데까지 찾아보는 것이다. 아예 그 분야에 정통한 사람을 알아두고 수시로 확인하는 사람도 있다. 그러나 비전문가에게는 입도 벙긋 안 한다.

결과는 어떨까?

어쩌다 부동산을 거래하는 사람은, 있는 사고 없는 사고를 다 친다. 황당한 세금을 과세 받는 부류가 대부분 이런 용감한 분들이다. 잘못 조언해준 사람을 찾아가 따져봐야, 상대방이 그럴 줄 몰랐다고 하면 그만이다.

필자가 상담을 할 때, 상담자가 이미 사고를 쳐서 황당한 과세를 받은 것을 직감할 때가 있다. 이때 어떠한 구제방법도 없다는 걸 깨닫는 순간 가슴이 철렁 내려앉는다. 이러한 스트레스는 거의 매일 받고 있다.

돈 있는 사람들은 전문가들에게 묻고 물어서 실수를 하지 않는다. 진짜 재벌들은 최고의 전문가를 고용해 자신의 상황에 맞는 절세방법을 연구하고 또 연구해서 최소의 세금만 낸다. 그런데 재벌도 아니고 부자도 아니고, 많아 봐야 평생 아껴 모은 전 재산이 일이십억 원인 사람들이 한순간의 잘못된 판단으로 수억 원의 세금을 물게 된다면, 이후 정신적 고통은 이루 말할 수 없을 것이다.

8·2부동산대책이 발표되던 날, 필자는 악몽이 떠올랐다.

한 주부가 주식에 투자했다가 5억 원 이상 빚을 졌다. 남편은 살고 있는 아파트를 팔아서 빚을 청산하라고 했다. 아파트는 6억 원 정도 양도차익이 발생한 상태였다.

당연히 주택은 1채뿐이어서 양도소득세는 비과세일 거라고 생각했지만,

오피스텔 2채를 소유하고 있었기 때문에 임대관리를 해주던 관리인을 찾아가 오피스텔 때문에 양도소득세를 비과세 받는 데 문제가 없는지 확인했다. 관리인은 일반사업자로 부가가치세를 내고 있으니 아무 걱정하지 말라고 했고, 그 말을 믿고 주부는 아파트를 처분했다.

아파트를 처분한 시기는 2008년도였다. 당시는 1세대3주택자에 대해 60% 단일세율로 중과세가 적용되던 시기였다. 장기보유특별공제도 배제되었으니 양도차익의 66%(당시 주민세 10% 포함) 세율을 적용한 것이 납부세액이었다.

양도 후 몇 개월 후에 세무서로부터 연락이 왔단다. 귀하께서 양도한 아파트는 1세대3주택에 해당되어 중과세 대상이라고. 이미 세무서에서는 일반사업자로 등록된 오피스텔 2채 모두 거주용으로 사용되고 있는 것을 확인까지 끝내고 안내문을 보낸 터였다. 오피스텔 세입자가 주민등록을 전입해둔 것이다.

주부가 내야 할 양도소득세는 4억 원가량이었다. 양도소득세가 없는 줄 알고, 7억 원에 처분해 그 대금으로 사채 빚을 청산해 새 출발해서 제2의 인생을 살아보려던 주부의 꿈은 물거품이 되었다. 주부의 망연자실한 표정을 지금도 잊을 수가 없다.

이 책은 양도소득세 분야에서도 '주택'에 관한 사항만 집중적으로 살펴보았다. 국민들이 가장 많이 거래하는 부동산의 종류가 주택이기도 하고, 주택은 세금을 한 푼도 안내는 비과세 규정도 있지만 다주택에 해당될 경우에는 감당할 수 없는 양도소득세가 중과세되기 때문이다.

2000년대 초 외환위기를 극복하면서 나타난 주택경기 과열로 인해 2005년부터 3주택 중과세규정이 시행되었고, 2007년부터는 2주택 중과세 규정도 시행되었다. 당시에도 1세대1주택 비과세 대상인 줄 알고 양도한 주택이 2주택 이상자에 해당되어 중과세를 받은 사례가 많았다. 2018년4월1일부터 본격적으로 다주택자 중과세 규정이 시행될 경우, 주택 수 판정오류로 황당한 과세사례가 얼마나 발생할지 심히 우려된다.

제1편에서는 우선 다주택자로 중과세가 될 경우 얼마나 많은 세금이 중과세되는지 소개했다. 다주택자에 대한 중과세 규정은, 미등기전매를 한 경우 투기자에게 중과세하는 징벌적 세금에 버금가는 무서운 규정이다. 독자들에게 겁주려는 의도가 아니라, 다주택자들에게 부과되는 양도소득세의 심각성을 인식하여 신중히 판단하는 지혜를 갖게 하기 위해서다.

두 번째는 전국의 모든 주택이 중과세되는 것이 아니라 투기수요가 있어서 주택가격이 급등하는 지역의 주택들이 중과세대상이므로, 중과세가 되는 주택에 대한 판정기준과 요령을 사례를 들어 설명했다. 최소한 본인이 소유한 주택을 양도할 때 중과세대상이 되는지 여부는 알고 있어야 한다. 또한 중과세가 된다면 중과세대상 주택수가 몇 주택인지도 알아야 한다. 판정기준과 판정사례를 반복해서 보면 일반인들도 판정하는 데 큰 어려움은 없을 것이다.

세 번째는 다주택자에 대한 감당할 수 없는 중과세 규정이 시행되더라도, 중과세를 피할 수 있는 합법적인 방법은 무엇인지 정리해보았다. 특히 주택임대사업자에 대해 각종 세제혜택이 많기 때문에, 보유기간 동안 사업자등록으로 증가하는 비용부담과 세제혜택으로 감소하는 세부담을 수입금액 구간별로 비교분석했다. 비교분석 자료를 통해 각자의 득과 실을 가늠해보면 향후 주택을 처분할 것인지 추가 취득할 것인지 판단이 가능할 것이다.

제2편에서는 1세대주택 비과세 주택과 관련한 사항들을 정리했다.

첫 번째는 일반인들이 비과세 요건을 정확히 알지 못해서 황당하게 추징당한 사례를 중심으로 기술했다. 이 과세사례는 대부분 필자가 수십 년 동안 양도소득세 분야를 다루면서 실제 경험한 사례들이다.

1세대1주택에 해당되는 줄 알고 처분했는데 중과세되는 사례들을 보면 정말 황당하다. 가족 간의 소통부재로 인해 자녀가 주택을 취득한 사실을 부모님이 모르고 주택을 양도해서 과세된 사례도 있었다. 비과세 규정을 적용받을 데까지 얼마나 긴장을 해야 하는지 사례를 통해서 보면 실감할 수 있을 것이다.

이 책은 일반인들을 전문가로 만들어주는 전문서적이 아님을 강조한다. 세법에 대한 기본적인 소양을 갖춰서 황당한 과세사례를 피하고, 전문가들과 상담할 때 정확한 소통을 위한 지식 습득용으로 활용하기를 바란다. 비전문가들이 세법에 대해 어느 정도 학습이 되어 있다고 독자적으로 중과세와 비과세 요건을 판단하는 것은 참으로 위험하다. 각 규정마다 위험이 도처에 도사리고 있으므로 판단 오류나 착오가 생길 경우 심각한 후유증을 겪을 수 있다는 점을 인식하기 바란다.

이 책을 추석연휴에 시작해서 구정연휴 마지막 날에 탈고했다. 연휴기간 동안 가족들과 시간을 함께하지 못했음에도 지지와 응원을 보내준 가족들에게 고마움을 전한다. 바쁜 업무 중에도 자료를 챙겨주고 원고 교정도 도와준 세무법인 다솔 임직원 여러분께도 감사를 드린다. 끝으로 책 출간을 제안해주시고 기획부터 출판까지 열과 성을 다해주신 설응도 대표님을 비롯한 라의눈 직원 여러분께도 깊이 감사드린다.

2018. 3. 안수남

프롤로그

양도소득세가 3천만 원에서
5억 원으로 17배 불어난 사연

상장기업에서 근무하는 황 이사는 서초동 아파트에서 20년 넘게 살다가 직장과 가까운 분당으로 이사했다. 서초동 집을 반전세 주고 분당의 새 아파트로 세를 얻어 간 것이다. 이사한 지 2년이 되어가자 분당의 아파트 소유자가 처분하겠다고 집을 내놓았다. 황 이사는 집을 보러 오는 사람들 때문에 보통 스트레스가 아니었다. 내 집이 없는 것도 아니고, 두세 번 집을 보여주고 나니 차라리 시세가 적당하면 서초동 집을 팔아서 분당 아파트를 구입하는 것도 대안이라는 생각이 들었다. 가족회의를 해보니 공원도 잘 꾸며져 있고 전철도 서울 강남까지 20분대에 갈 수 있어서 이 기회에 사자는 데 쉽게 합의할 수 있었다.

마침 서초동 아파트도 전세 기간이 끝나가는 터라 매도하는 것은 어렵지 않을 것 같았다. 다행히 서초동 집이 금방 팔려서 계약금 받은 돈으로 세 살던 분당 집을 매수했다. 잔금을 받기 전에 동네 세무사를 찾았다. 2.5억 원에 사서 17억 원에 아파트를 양도했는데 보유기간이 20년 정도고 1세대1주택이라고 했더니, 세무사는 양도소득세가 3천만 원 정도라고 일러줬다. 양도차익이 많아서 최소한 1억 원은 나올 거라 예상했는데 세금도 도와주는구나 생각했다.

황 이사는 양도한 아파트 외에 3채의 주택이 더 있었지만, 주택임대사업자로 등록이 돼 있고 양도한 아파트에서 2년 이상 거주했으므로 서초동 아파트는 비과세된다고 단정하고 있었다. 2005년도에 수원 영통에 부부공동으로 다가구 주택 한 채를 구입해서 2008년에 임대사업자 등록을 마쳤고, 2015년에 분당의 오피스텔 2채를 분양받아 역시 임대사업자로 등록해 두었기 때문이다.

잔금을 치르고 서울에 있는 고등학교 선배인 세무사를 찾아갔다. 양도소득세 신고를 위해 필요한 서류가 생각보다 많았다. 서초동 아파트가 재건축된 거라서 종전주택 취득 시 매매계약서, 납부한 취득세 영수증, 재건축하면서 추가부담한 건축비 등을 챙겨야 했다. 주택임대 관련 서류도 이것저것 많았다. 다행히 찾아간 선배가 양도소득세를 많이 취급해서인지 필요한 구비서류 목록을 즉석에서 메모해주었다. 8월에 매각했는데 추석연휴 동안 쉬고 났더니 10월 20일이 넘어서야 신고에 필요한 서류를 선배에게 넘겨줄 수 있었다.

서류를 건네준 다음날 갑자기 선배로부터 부재중 전화가 3통이나 와 있었다. 전화를 했더니 다급한 목소리로 수원 영통 다가구주택에 대한 구청 임대사업자 등록증이 없다고 했다. 생각해보니 다가구주택을 구입할 당시에는 임대주택법상 단독주택으로 인정되어 임대사업자 등록(구입 당시에는 임대사업자 등록요건이 5호 이상이었고 다가구주택은 단독주택으로 취급됨)을 할 수 없다고 한 것이 기억났다. 구청에는 임대사업자 등록을 못하고 세무서에만 사업자등록을 한 것이다.

선배가 다시 검토를 해보았지만 구청에 주택임대사업으로 등록하지 않고 세무서에만 사업자등록을 한 경우에는 거주자의 주택에서 제외되지 않아서 비과세를 받을 수 없다고 했다. 더구나 8월3일 이후에 잔금처리가 되었는데, 서초동이 투기지역으로 지정된 이후라 3주택 이상 보유자로 중과세율까지 적용되어 양도소득세가 무려 5억 원이 넘었다.

소득세법상 장기임대주택은 비과세 규정을 적용할 때 거주자의 주택수에서 제외된다. 또한 다주택자에 대한 중과세를 적용할 때에도 중과세가 배제된다. 다만 임대주택사업을 관할하는 시·군·구청장에게 임대주택으로 등록을 하고 주소지 관할 세무서에도 사업자등록을 반드시 해야 한다. 한 곳이라도 빠지면 비과세나 중과세에서 혜택을 받을 수 없다.

문제는 비과세가 배제되면 중과세가 될 수 있는 더 심각한 상황이 벌어질 수 있다는 점이다. 황 이사는 수원 영통의 다가구주택이 구청에 임대주택으로 등록되어 있지 않은 사실을 까맣게 몰랐던 것이다.

약사와 세무사의 공통점

1세대1주택 비과세가 되는 줄 알고 아파트를 양도했다가 다주택자로 중과세까지 받은 전형적인 황당한 과세사례다.

만일 황 이사가 4월1일 이후 양도했다면 양도소득세는 무려 9억 원에 이른다. 구청과 세무서에 모두 주택임대사업자로 등록된 오피스텔은 5년간 의무임대를 하고 양도할 경우 중과세를 받지 않는다. 장기임대주택으로 등록된 오피스텔을 보유한 상태에서 일반주택을 양도하면, 일반주택이 한 채일 경우는 중과세를 받지 않는다(중과세가 배제되는 주택과 일반주택 1채만 보유한 경우 일반주택은 중과세가 배제됨). 하지만 일반주택이 두 채일 경우에는 장기임대주택도 중과세 주택수에 포함되어 1세대 3주택자가 된다.

약국에 가서 약을 달라고 하면 약사는 고객이 달라는 약을 팔 뿐이다. 그 약에 대한 부작용을 설명해주는 약사는 드물다. 비과세된다고 단정하고 양도소득세를 계산해달라고 요청하면 대부분의 세무사는 고객의 요청대로 세금만 계산해준다. 나중에 비과세가 안 되더라도 아무런 책임이 없기 때문이다.

비과세가 되는지 검토를 요청했더라면 이것저것 따져서 판단해주었을 것이다. 만약 상담료를 내고 상담을 받아 처리했더라면 상담오류에 대한 손해배상을 받을 수 있었을 것이다.

세무전문가들이 가장 어려워하는 세법 분야는 양도소득세, 상속세, 증여세 관련 세법이다. 일반적으로 사업과 관련된 부가가치세, 소득세, 법인세 분야는 세무사나 세무 종사자가 평소 사업자를 수임해 관리하는 것이 주된 업무이므로 관련 법령을 거의 숙지하고 있다. 또한 사업 관련 세무는 일정기간의 거래에 대해 세액을 계산해 신고하므로 내용상 일부 오류가 발생하더라도 즉시 문제가 되지는 않는다. 이에 반해 양도소득세, 상속세, 증여세 분야는 자주 접하는 세금이 아닐 뿐만 아니라, 구체적 사례로 들어가면 법적용이나 해석이 난해하다.

특히 양도소득세의 경우 비사업용토지나 재개발 및 재건축 관련 업무, 1세대1주택 비과세 규정 업무 등은 입체적이고 종합적으로 요건들을 검토해야 하므로 세무 전문가들마저도 기피하는 업무다. 특히 주택과 관련해서는, 1세대1주택 비과세 규정을 잘못 적용해 비과세를 받지 못하는 사례가 빈번히 일어나고 있다. 비과세될 것으로 알고 양도했는데 그렇지 않았을 경우 그 피해는 매우 크다.

그런데 문제는, 다주택자 중과세 규정이 2018.4.1.부터 본격적으로 시행된다는 것이다. 이후 거래에서 비과세 규정을 잘못 적용하거나, 비과세 판단의 실수나 오류로 비과세가 배제되고 다주택자로 중과세가 될 경우 정말 끔찍한 일이 일어난다. 필자는 앞에서 소개했듯, 1세대1주택으로 비과세가 되었더라면 3천만 원만 납부하면 됐을 양도소득세, 3주택자로 중과세가 되면서 5억 원을 부담해야 했던 사례를 실제로 목격했다. 만약 이 주택을 2018.4.1. 이후에 양도한다면, 비과세될 때 납부할 세액의 30배가 넘는 9억 원의 양도소득세가 과세될 것이다. 심지어 필자는 2005.1.1. 이후에 당시 3주택자에 대한 중과세 규정을 적용받아 한 가정의 경제가 파탄 났던 상황도 지켜본 경험이 있다.

지구상에 오로지 주택을 한 채밖에 소유하고 있지 않다면 양도소득세에 대해 큰 고민을 할 필요가 없다. 그 주택을 양도하여 비과세를 받지 못하더라도 심각한 일이 벌어지지는 않기 때문이다. 필자는 독자 여러분에게 두 채 이상의 주택을 소유한 상태에서 그중 한 채를 양도하는 경우에는 반드시 '주택을 양도하기 전'에 양도소득세에 조예가 깊은 세무전문가 3명 이상에게 비과세와 중과세 여부를 검토받기를 권한다.

2018.4.1.부터 본격적으로 시행되는 다주택자 중과세 규정은 마치 가정파괴법 같은 느낌이 든다. 필자는 일반인들을 위해 다주택자 중과세 규정이 적용되어 양도소득세가 중과세될 경우 얼마나 무서운 결과가 초래되는지를 알리기 위해 이 책을 집필하기 시작했다. 세무전문가가 아닌 비전문가로서, 기초적인 세법 상식만 갖추었다면 이해할 수준으로 집필하려고 노력했다.

그러나 결론은, 전문가들도 헷갈릴 수밖에 없을 만큼 난해한 규정들이 산재해 있어서 아무리 쉽게 설명하더라도 비전문가들이 중과세 여부를 스스로 판단할 수준까지 설명할 방법이 없음을 알았다. 그래서 다주택자 중과세 규정이 큰 틀에서 어떻게 규정되어 있고 어떻게 적용되는지 대강의 흐름을 소개하는 데 그쳤다. 그래도 흐름을 이해하는 것만으로 결정적인 실수는 피해 갈 수 있다고 확신한다. 다양한 실제사례가 어느 시점에 어디를 조심해야 하는지 중요한 힌트를 줄 것이다. 부디 독자 여러분은 다주택자에 대한 중과세 규정을 비전문가들이 독자적으로 판단하는 것은 극히 위험하다는 것을 알고 반드시 전문가의 도움을 받았으면 한다. 이 책은 전문가의 도움을 효과적으로 받는 팁도 들어 있다.

2018.4.1. 이후부터는 다주택자에 대한 중과세가 적용되는 조정대상지역

에서의 주택 처분은 정말 신중해야 한다. 조정대상지역이라 하더라도 장기 투자를 목적으로 주택을 취득하는 것은 특별히 문제될 것이 없다. 최근에는 오히려 투자자들이 특정지역을 중심으로 매수세로 돌아서면서 주택가격이 강세를 보이는 곳도 나타나기 시작했다. 또한 정부가 2017.12.13.에 발표한 임대주택등록 활성화 방안이 발표되면서 투자자들도 임대주택에 대한 장점을 꼼꼼히 따져보기 시작했다.

8 · 2 부동산대책이 발표된 직후 다소 우왕좌왕하던 투자자들이 시간이 지나면서 다주택자 중과세 규정에서 살아남을 방법은 정부정책에 편승해서 임대사업자로 등록하는 것이라는 데에 공감하기 시작했다. 임대주택으로 등록하여 각종 세제혜택을 받을 경우 부동산 투자수익률이 높아져 오히려 단기투자보다 더 좋은 결과를 가져올 수도 있다는 사고가 확산되고 있다.

일반인들이 가장 관심을 갖는 분야가 주택임대사업자에 대한 세제혜택인 만큼 단계별 세제혜택을 정리했다. 특히 분야별로 절세액을 상황별로 비교하여 판단하는 데 도움을 주었다. 또한 실전 상담사례를 통해 현행 세법 규정을 모두 활용하면 다주택자 중과세 규정에서 절세할 수 있는 비법도 있음을 소개했다.

**안수남 세무사의 생생한 목소리로 듣는,
다주택자 중과세에서 살아남기!**

팟캐스트 '세금폭탄방지구역'에서
안수남 세무사를 만나보세요. 책보다 더 쉽고
재미있게 다주택자 중과세를 이해할 수 있습니다.

방송듣기 http://www.podbbang.com/ch/15587?e=22540025
공식홈페이지 http://taxboomno.modoo.at/

목 차

머리말 | 용감한 사람과 지혜로운 사람의 차이 • 4
프롤로그 | 양도소득세가 3천만 원에서 5억 원으로 17배 불어난 사연 • 10

01편 | 다주택자 중과세

01 | 8·2부동산대책의 양도소득세 강화내용

1. 양도소득세 과연 출구는 없을까? • 32

2. 과세강화대책의 세 가지 주안점 • 36
   투기지역 소재 3주택 이상 소유자에게 중과세율 적용 • 37
   2주택자와 3주택 이상 소유자에 대한 중과세 규정 • 38
   아파트분양권 중과세율 적용 • 39
   조정대상지역에서 신규 취득하는 아파트를 비과세 받으려면? • 40

02 | 다주택자 중과세 적용

1. 다주택자 중과세는 어떻게 변천해왔나? • 44
   다주택자 중과세 도입 경위 • 44
   2005.1.1.부터 3주택 이상자에 대해 중과세 제도 도입 • 45
   2007.1.1.부터 2주택자까지로 중과세 적용대상 확대 • 46

2009.3.16. 양도분부터 중과세 세율을 일반세율로 적용 • 46

다주택자에 대한 중과세를 투기지역에 한정하여 적용 • 47

장기보유특별공제 배제 폐지 • 48

2주택 중과세 규정도 폐지 • 48

2017.8.3. 투기지역 지정고시로 중과세 부활 • 49

2018.4.1. 최강 과세강화 정책인 다주택자 중과세 제도의 귀환 • 50

2. 중과세대상주택 판정기준 • 51

투기지역 · 조정대상지역에 소재한 주택에 한하여 중과세 • 54

적용사례 1 | 의정부의 4억 원 상당 아파트를 2018.4.1. 이후에 매각할 경우 중과세 여부 • 54

중과세대상 주택수 계산 • 57

적용사례 2 | 정고수가 소유한 중과세대상 주택수는 몇 채일까? • 57

3. 사례로 보는 중과세대상주택 판정 요령 • 60

적용사례 3 | 세종시에 2억 원 1주택과 4억 원 1주택, 청주시에 2억 원 1주택과 4억 원 1주택을 소유한 경우 • 62

적용사례 4 | 과천시에 2억 원 1주택, 평택시 포승면에 2억 원 1주택, 천안시에 2억 원 1주택, 광주광역시에 2억 원 1주택을 소유한 경우 • 64

적용사례 5 | 과천에 2억 원 1주택, 부산광역시 기장군에 2억 원 1주택, 천안시에 4억 원 1주택, 대전광역시에 2억 원 1주택을 소유한 경우 • 66

적용사례 6 | 서울 강남구에 1억 원 1주택, 대구 수성구에 2억 원 1주택, 부산광역시 해운대구에 2억 원 1주택, 성남시 분당구에 2억 원 1주택을 소유한 경우 • 68

적용사례 7 | 서울 강남구에 1억 원 1주택, 광명시에 재개발 조합원입주권 2억 원 1개, 부산광역시 해운대구에 2억 원 1주택, 구미시에 2억 원 1주택을 소유한 경우 • 70

4. 중과세를 받지 않는 주택은 어떤 주택일까? • 72

A. 5년(8년) 이상 장기임대주택은 중과세가 배제된다 • 73

B. 조세특례제한법상 감면대상주택에 해당한 주택은 중과세가 배제된다 • 75

C. 그 외 중과세가 배제되는 다양한 주택 • 77

D. 중과세가 배제되는 주택들은 중과세대상 주택수에는 포함된다 • 78

　　적용사례 8 | 장기임대주택이 주택수에 포함될까? • 78

　　적용사례 9 | 중과세배제주택과 일반주택 1채만 소유한 경우에는
　　　　　　　　일반주택 1채는 중과세를 받지 않는다 • 80

　　E. 1세대2주택 중과세 규정에서 추가로 중과세가 배제되는 주택들 • 82

　　적용사례 10 | 장기임대주택 3채 + 소형주택 1채 + 일반주택 1채 • 84

　　적용사례 11 | 처분순서에 따라 절세금액이 달라진다 • 85

　　F. 놓치기 쉬운 2009.3.16.~2012.12.31. 기간 중 취득한 주택 • 86

5. 중과세 규정을 적용할 때 꼭 알아둬야 할 추가사항 • 88

　　재개발 및 재건축 아파트의 조합원입주권 • 88

　　주택수 계산방법과 기타 예외 상황에서 중과세 여부 • 89

　　　1세대의 범위는? • 89

　　　다가구주택은 주택수 계산을 어떻게 할까? • 89

　　　공동상속주택 주택수 계산 • 90

　　　부동산매매업자의 주택수 계산 • 90

　　　혼인으로 1세대3주택이 된 경우에도 중과세를 적용할까? • 91

　　　의무임대기간 전에 일반주택을 양도한 경우 중과세 여부? • 92

　　　중과세대상주택을 동시에 양도한 경우 중과세되는 주택은? • 92

　　　기타 1세대1주택 비과세 규정을 적용할 때 주택으로 판정되는 경우 • 92

　　공익사업으로 수용되는 주택이 다주택자 중과세대상일 경우 절세방안 • 94

　　적용사례 12 | 주택에 대한 보상금은 4천만 원인데 다주택자 중과세로 늘어난 세금은 1억 원 • 94

6. 중과세 시기별 양도소득세 부담비교 • 97

　　적용사례 13 | 양도시기별 중과세 계산사례 • 100

　　아파트 분양권 또는 조합원입주권 프리미엄에 대해
　　양도소득세를 한 푼도 안내는 비법 • 102

　　적용사례 14 | 다주택자가 수개월 후에 입주예정인 아파트 분양권을 보유하고 있는 경우 • 102

03 | 다주택자 중과세에서 살아남기

1. 주택임대사업자 등록 시 단점과 장점 • 110
주택임대사업자 등록 시 단점 • 110
주택임대사업자 등록 시 혜택 • 115

2. 주택임대사업자에 대한 세제혜택 • 117
양도소득세 세제지원 제도에 주목하자 • 117
장기임대사업주택에 대한 양도소득세 지원 • 121
  다주택자 중과세 규정 적용 시 중과세가 배제되는 주택이다 • 121
  1세대1주택 비과세 규정 적용 시 거주자의 주택에서 제외된다 • 122
  장기임대주택 장기보유특별공제 추가 공제 • 124
적용사례 15 | 장기보유특별공제율을 추가로 가산해 공제받을 경우
            세부담은 얼마나 줄어들까? • 126
장기일반민간임대주택 양도소득세 절세전략, 최고의 혜택 • 126
  장기보유특별공제 최대 70% 공제 확대 • 127
적용사례 16 | 양도차익이 1억/3억/5억인 경우 절세효과 • 128
  양도소득세 100% 면제 도입과 적용시한 연장 • 129
  장기일반민간임대주택(구 준공공임대주택)의 감면요건 • 129
적용사례 17 | 100%와 70%의 절세효과 차이 • 131

3. 주택임대사업에 대한 종합소득세 바로 알기 • 133
주택임대소득의 과세체계 • 133
  주택임대소득은 주택수에 따라 과세체계가 다르다 • 134
적용사례 18 | 20억 원을 보증금으로 받은 경우 1년간 임대료 수입은? • 135
  주택임대소득은 일정금액 이하의 수입금액은 비과세와 분리과세를 한다 • 135
  소형임대주택은 소득세 등이 감면된다 • 136
  임대주택사업자의 결손금은 다른 소득과 통산한다 • 136
주택임대사업자 소득세 계산하기 • 137
  임대수입금액이 연간 2천만 원 이하인 경우 • 138

적용사례 19 | 주택 임대수입 금액 2천만 원일 경우 2019년 이후에
납부할 소득세는 얼마일까? • 139

임대수입금액이 2천만 원을 넘을 경우 • 139

4. 임대주택자에 대한 보유세 감면 규정 • 142

임대주택에 대한 재산세 감면 • 142

종합부동산세 과세표준합산 배제 임대주택 • 143

5. 임대사업자에 대한 취득세 혜택 • 144

적용사례 20 | 종합소득세와 건강보험료 VS 종합부동산세 • 145

부록 | 2017.12.13. 정부발표 임대주택 활성화 방안 • 147

02편 | 1세대1주택 비과세 관련 절세비법과 황당한 과세 사례

05 | 1세대 1주택 비과세 요건 바로알기

1. 1세대 1주택 비과세 규정은 지뢰밭이다 • 188

2. 1세대 1주택 비과세 규정은 거주자에 한하여 적용된다 • 195

이민자가 국내에 183일을 살면 비과세받을 수 있다는 말이 사실일까? • 196

적용사례 21 | 183일 거소 요건은 필요조건일까, 충분조건일까? • 196

3. 1주택 비과세의 출발점, 세대 개념을 바로 알자 • 200

   1세대의 중요성 • 200

   1세대의 요건 • 201

   가족이 동일한 장소에서 살아도 경제공동체가 아니면 구제방법 있다 • 206

   적용사례 22 | 경제공동체가 아닌 자매가 함께 살았다는 이유만으로 동일세대일까? • 206

   주민등록상 동일세대라도 사실상 생계를 달리하면 다른 세대로 인정될까? • 208

   적용사례 23 | 부모님과 주민등록은 같이 되어 있으나 사실상 생계를 달리한 경우 • 208

   장인 장모를 모시고 살 때는 불량한 마음을 먹어라 • 211

   적용사례 24 | 장모님을 모시고 살 경우 처갓집도 주택수에 포함될까? • 211

   위장으로 이혼했더라도 이혼한 부부는 동일세대로 볼 수 없다 • 213

   적용사례 25 | 다주택자 중과세를 피하기 위해 이혼 후
                    주택을 양도하고 재결합한 부부가 동일세대일까? • 213

   25년간 별거하고 연락이 두절된 부부를 동일세대로 볼까? • 215

   적용사례 26 | 세상에 어떻게 이런 일이? • 215

   위장으로 세대분리를 하였다가 세무조사로 적발된 사례 • 217

   적용사례 27 | 세무 전문가들의 판단이 엇갈린 이유 • 217

   눈 가리고 아웅 하지 마라 • 221

   적용사례 28 | 주택을 양도하기 직전에 부모님 주민등록을 세대분리했다면? • 221

06 | 주택수 계산은 미로찾기

1. 주택의 범위는 어디까지일까? • 226

   평수가 작은 무허가주택도 주택이다 • 228

   적용사례 29 | 재개발구역의 무허가주택을 소유한 상태에서 아파트를 처분하였다면? • 228

   주택의 기능을 상실한 폐가는 주택에서 제외할 수 있다 • 230

   적용사례 30 | 시골 농촌에 5년간 방치된 집은 주택수에 포함될까? • 230

   펜션의 일부를 거주용으로 사용할 경우 주택으로 본다 • 232

   적용사례 31 | 펜션은 영업용으로 사용하면 주택이 아니다? • 232

2. 용도변경을 한 경우 어디까지 주택일까? • 236
   오피스텔과 별장 그리고 애인의 공통점은? • 240
   적용사례 32 | 오피스텔을 일반사업자로 사업자등록을 하고
   　　　　　　부가가치세를 내면 모두 주택일까? • 240
   용도변경을 한 경우 사실상 사용용도에 따라 주택 여부를 판단한다 • 243
   적용사례 33 | 주택을 개조하였으나 공부상 용도변경을 하지 않은 경우
   　　　　　　주택으로 볼 수 있을까? • 243
   양도일 현재 주택인 경우 주택으로 사용한 기간은 통산한다 • 245
   적용사례 34 | 주택 → 상업용 건물 → 주택으로 용도변경을 한 경우 • 245

3. 주택이 멸실되었을 경우 나대지 양도 • 248
   매수자의 요청에 의해 주택을 멸실할 경우 나대지 양도로 보지 않는다 • 250
   적용사례 35 | 양수인의 필요와 책임하에 철거되었음을 입증하라 • 250
   주택 멸실 후에는 주택을 신축해 양도하라 • 253
   적용사례 36 | 2천만 원을 들여 주택을 지어 팔았더라면 • 253
   2주택 보유자가 잔금 전에 주택을 멸실하고 1주택을 양도했다면? • 255
   적용사례 37 | 차라리 주택을 헐어버리라 • 255

4. 아파트분양권, 이축권, 조합원입주권 • 258
   아파트 분양권이 거주자의 주택이 되는 조건 • 258
   '이축권'과 '이주자택지 우선분양권'은 부동산을 취득할 수 있는 권리일까? • 260
   아파트 분양권의 잔금을 소액만 남길 경우 주택으로 취급한다 • 261
   적용사례 38 | 아파트 분양권의 양도차익 80%를 추징당한 사례 • 261
   주택인 듯 주택이 아닌 듯, 조합원입주권 • 264

07 | 특례주택

1. 다가구주택은 단독주택일까 공동주택일까 • 268
   불법 용도변경 시 다가구주택 건축기준에 해당되지 않으면 공동주택으로 취급한다 • 270
   적용사례 39 | 주택면적을 더 넓게 하려고 상가 일부를 주택으로 불법 용도변경한 경우 • 270

2. 겸용주택, 주택면적이 중요하다 • 272

　겸용주택의 비과세 적용 때는 숨은 주택면적을 찾아라 • 273
　적용사례 40 | 주택과 기타건물의 면적이 동일한 겸용주택을 양도하고
　　　　　　　 세금을 한 푼도 안 낼 수 있을까? • 273
　주택이 상가보다 작다고 해도 주택이 상가가 되진 않는다 • 276
　적용사례 41 | 주택이 상가보다 작은 겸용주택을 보유한 경우 주택수 계산은? • 276

3. 고가주택 • 279

　분산양도, 토지와 건물을 따로 팔 때 고가주택 양도세를 내야 할까? • 279
　적용사례 42 | 토지 8억 원은 올해 보상받고 주택 7억 원은 다음 해 보상받을 경우 • 279
　장기보유특별공제에서 주택 보유기간 • 282
　적용사례 43 | 재건축한 주택의 보유기간 계산은? • 282

08 | 재개발 및 재건축 주택

1. 조합원입주권 비과세 특례 • 288

　조합원입주권을 양도할 경우 보유주택을 확인하라 • 288
　적용사례 44 | 조합원입주권 양도 시 장기임대주택이 있으면 비과세를 받을 수 있을까? • 288

2. 1주택자가 재건축한 아파트를 양도한 경우 • 291

　주택과 부수토지를 다르게 적용한다 • 291
　적용사례 45 | 증가된 주택면적에 대해 비과세를 받을 수 있을까? • 291

3. 조합원입주권을 취득하여 준공 후 아파트를 양도한 경우 • 294

　재건축아파트에서 권리변환일이 갖는 의미 • 294
　적용사례 46 | 권리변환일 이전에 취득한 경우와 권리변환일 이후에
　　　　　　　 취득한 경우 보유기간의 계산은? • 294

4. 1주택자가 조합원입주권을 취득한 경우 • 299

　재개발 조합원입주권을 실수요 목적으로 취득하면 비과세 받을 수 있다 • 299

　적용사례 47 | 공사기간이 길어져 3년이 지나버린 경우 비과세 여부 • 299

5. 재개발 재건축 중 대체취득한 주택의 비과세 요건은? • 303

　적용사례 48 | 재건축사업시행인가 전에 취득한 주택도
　　　　　　　　대체취득한 주택으로 인정 받을 수 있을까? • 303

09 | 2주택 비과세 특례

1. 일시적 1세대2주택 • 308

　종전주택을 취득하고 1년이 지난 후 새로운 주택을 취득해야 한다 • 308

　적용사례 49 | 믿었던 세무공무원의 배신 • 308

2. 상속주택 • 312

　동일세대 간에 이루어진 상속은 상속주택 특례를 받지 못한다 • 312

　적용사례 50 | 1주택 소유자가 함께 살던 어머니 소유의 아파트를 상속받은 경우
　　　　　　　　양도하는 일반주택은 비과세를 받을 수 있을까? • 312

　상속개시 당시 소유하던 1주택에 대해서만 특례를 받을 수 있다 • 313

　동일세대 간에 상속이 개시된 경우에는 적용대상이 아니다 • 314

　동일세대라고 무조건 특례규정을 배제하는 건 아니다 • 314

　1주택 소유자가 상속받은 주택을 먼저 양도한다면? • 315

3. 소득세법상 장기임대주택 • 317

　장기임대주택 보유 시 양도하는 주택은 거주요건을 충족해야 한다 • 317

　적용사례 51 | 불안했지만 계약을 하지 않을 수 없었던 한 교감선생님 • 317

4. 비과세특례 중복적용 • 321

　상속으로 인한 1세대2주택 특례, 대체취득을 위한 일시적 1세대2주택 특례 • 321

　적용사례 52 | 1세대1주택 비과세 특례규정을 중복하여 적용할 수 있을까? • 321

10 | 주택 부수토지

도시지역으로 편입될 경우 비과세되는 부수토지가 절반으로 줄어든다 • 328

적용사례 53 | 혁신도시로 지정되어 도시지역으로 편입된 사례 • 328

주택과 기타건물이 구분되어 있을 경우 부수토지 면적 안분 방법 • 331

적용사례 54 | 무허가상가와 무허가주택이 함께 있는 대지의 양도소득세
5.5억 원을 절세한 사례 • 331

부모 소유 토지에 자녀 명의로 건물을 신축할 때 실익은? • 334

적용사례 55 | 주택은 베트남에서 거주하는 장남 소유,
토지는 그 주택에 살고 있는 아버지의 소유인 경우 • 334

11 | 보유 및 거주 기간, 추가사항

1. 보유 및 거주 기간 • 338

보유기간 2년을 충족하지 못해도 비과세를 받는 경우가 있다 • 340

적용사례 56 | 아버지로부터 증여받은 주택이 1년도 안 되어 공용주차장으로 협의매수된 경우 • 340

2. 1세대1주택 비과세 규정에서 가장 많은 질문 • 344

1세대1주택 비과세되는 주택에 대해서도 양도소득세를 신고해야 하나요? • 344

1세대2주택자가 1주택을 양도하고 남은 1주택을 언제 양도해야 비과세를 받나요? • 345

1세대2주택을 보유한 상태에서 세대를 분리하는 경우
세대분리 후 2년 보유 요건을 충족해야 하나요? • 345

1세대2주택자가 그중 1주택을 용도변경한 경우
소유주택을 언제 양도해야 비과세를 받을 수 있나요? • 346

12 | 조세특례제한법상 감면대상 주택

2000년 12월 31일 이전에 임대한 다가구주택에 절세비밀이 숨어 있다 • 351

적용사례 57 | 엄청나게 오른 가로수길 다가구주택의 절세비밀 • 351

조세특례제한법상 장기임대주택 관련규정 • 354

조세특례제한법상 감면대상주택 : 미분양주택 관련규정 • 356
조세특례제한법상 감면대상주택 : 미분양주택 관련규정 • 358
신축주택 및 농어촌주택 취득자에 대한 과세특례 • 360

13 | 취득 및 양도시기

1. 취득 및 양도시기의 중요성 • 362

2. 거래유형별 취득 및 양도시기 • 364

양도소득세는 원칙적으로 양도일 현재를 기준으로 판정한다 • 365
적용사례 58 | 부동산을 사고파는 시기를 잘못 선택했을 때 • 365
집을 팔 때, 잔금일은 이사날짜로 잡지 말고 세금날짜로 잡아라 • 367
적용사례 59 | 손 없는 날보다 더 좋은 이삿날 • 367
분양아파트의 취득시기는 준공일과 잔금일 중 늦은 날 • 369
적용사례 60 | 선납할인을 받은 신규 아파트의 취득시기는 언제일까? • 369
공익사업으로 협의매수되는 경우 양도시기를 조심하라 • 371
적용사례 61 | 보상금을 지급하기 전에 소유권이전등기를 먼저 한다 • 371
비과세 감면되는 주택 업·다운계약서 써주면 낭패 당한다 • 373
적용사례 62 | 매매계약서 양도가액을 3억 원 올렸다가 양도소득세 2억5천만 원 폭탄 • 373

01편

다주택자
중과세

다주택자
중과세 편

01 8·2부동산대책의 양도소득세 강화 내용

01 양도소득세, 과연 출구는 없을까?

8·2부동산대책은 결국 수요를 억제하여 부동산 시장의 과열을 막겠다는 것이고, '분양권 전매금지'와 '금융규제'에 이어 '과세강화'라는 트리오 정책을 동원하였다. 그중 과세강화 정책은 지금까지 나온 부동산 세제 대책 중에서 가장 강력하다. 그렇다고 출구가 없는 것은 아니다.

첫 번째 출구는 8·2대책이 전국에 적용되는 과세강화 방안이 아니라는 데 있다.

투기조짐이 보이거나 이미 투기가 상당한 수준에 이른 지역에 한정된다. 즉 투기지역, 투기과열지구, 조정대상지역을 지정하여 과세를 강화하는 것이다. 이렇게 지역적인 제한을 두고 과세강화 대책을 적용하게 된 것은, 2000년대 초반에 주택 투기과열을 막기 위해 시행된 다주택자와 비사업용토지에 대한 중과세 규정의 학습효과 때문이다. 당시의 중과세 규정은 전국에 공통적으로 적용됨으로써 부동산투기와 상관없는 지역까지 부동산 거래의 단절을 가져오는 부작용을 낳았고, 그 과정에서 얻은 교훈으로 지역적 제한을 두는 핀셋 조세대책이 마련된 것이다.

양도소득세 대책 가운데 3주택자 중과세 규정(2017.8.3.부터 시행)은 투기지역에 한하여 적용된다. 2주택자와 3주택자에 대한 추가 중과세 규정(2018.4.1.부터 시행), 아파트분양권에 대한 중과세 세율 적용(2018.1.1.부터 시행), 신규로 취득한 주택의 비과세 요건에 2년 거주 요건 추가(2017.8.3. 취득분부터 시행) 등은 모두 조정대상지역에만 적용된다.

두 번째는 과세강화 대책이 모두 주택에 한정(오피스텔도 포함)된다는 점이다.

[표1] 8·2부동산대책에서 양도소득세 대책

구분	규정	시행일	적용지역
8·2부동산대책 중 양도소득세 대책	3주택자 중과세 규정	2017.8.3.부터 시행	투기지역
	2주택자와 3주택자에 대한 추가 중과세 규정	2018.4.1.부터 시행	조정대상지역
	아파트분양권에 대한 중과세 세율 적용	2018.1.1.부터 시행	
	신규로 취득한 주택의 비과세 요건에 2년 거주 요건 추가	2017.8.3. 취득분부터 적용	

> **클릭 Click**
>
> ## 투기과열지구에서 과세강화 대책은 무엇일까?
>
> 투기과열지구는 주택법에 따른 규제사항이지만 양도소득세 강화대책과는 무관하다. 즉 투기과열지구로 지정되었다고 하더라도 조세강화규정은 적용되지 않는다. 현행 투기지역은 모두 조정대상지역으로 지정되었으나, 투기과열지역으로 지정된 지역이 모두 조정대상지역으로 지정된 것은 아니다. 대구광역시 수성구의 경우 투기과열지구로 지정되었지만 조정대상지역에서 제외되었다. 따라서 이곳에는 양도소득세 강화대책이 모두 적용되지 않는다.
>
> 이는 투기 정도가 조정대상지역보다 더 과열된 투기과열지구에 과세강화 대책이 적용되지 않는다는 점에서 불합리한 규정이라 판단된다. 투기과열지구를 당연히 조정대상지역으로 지정하거나, 양도소득세 강화대책의 적용지역을 조정대상지역 또는 투기과열지구로 확대할 필요가 있다.(2018년 4월1일부터 주택투기지역 지정제도는 폐지됨)

시중의 여유 있는 유동자금은 투자처를 찾게 마련이다. 일반인이 가장 쉽게 접근할 수 있는 아파트와 주택 시장은 그런 유동자금을 끌어들여 가격을 지속적으로 상승시켜왔다. 8·2대책은 이러한 과열 현상을 막고 시장을 안정시키기 위해 주택에 대한 규제를 강화한 것이다. 결국 주택이 아닌 부동산에 대한 투자는 여전히 가능하며, 바로 이것이 두 번째 출구인 셈이다.

세 번째 출구는, 조정대상지역에서 2주택 이상자에 대한 중과세 세율 적용과 장기보유특별공제 배제 규정은 2017년 말에 관련 규정을 개정해서 2018.4.1.부터 시행하고, 분양권에 대한 50% 중과세 규정도 2018.1.1.부터 시행된다는 점이다. 물론 투기지역에 해당하는 3주택 이상자에 대한 중과세 적용은 8·2대책 발표 다음 날인 8월3일부터 시행되어서 해당 주택 양도 시

즉시 중과세를 적용받지만, 2주택자에 대한 본격적인 중과세 규정은 탈출구를 마련해준 셈이다.

또한 매입 장기일반민간임대주택(구 준공공임대주택)에 대해서 임대사업자로 등록하고 10년 이상 임대의무기간을 충족하였을 경우 양도소득세 전액을 면제해주는 감면 규정의 적용 시한을 2017.12.31.까지에서 2018.12.31.까지로 1년 더 연장하도록 개정된 점도 커다란 출구 중 하나다.

소득세법상 장기임대주택(개별주택고시가액이 수도권은 6억 원, 수도권 밖은 3억 원 이하인 주택)에 해당되면서 조세특례제한법상 장기일반민간임대주택(구 준공공임대주택, 국민주택 규모 이하인 주택으로 8년 이상 임대한 주택)에 해당되는 주택의 경우 세제혜택이 매우 크다.

1세대1주택 비과세 규정을 적용할 때 거주자의 주택수에서 제외(양도하는 주택은 2년 이상 거주요건을 충족해야 함)됨은 물론 중과세대상주택에서도 제외되어 중과세를 받지 않는다. 재산세와 종합부동산세도 추가로 세제혜택이 주어진다. 종합소득세와 건강보험료 혜택까지 주었다. 정부의 임대주택에 대한 각종 세제혜택을 감안하면 임대주택으로 등록할 경우 다주택자 중과세 규정이 시행되더라도 전혀 문제가 되지 않는다.

주택임대사업자로 등록한 경우 받는 각종 혜택에 관해서는 별도로 '다주택자 살아남기' 편에서 상세히 설명하기로 한다.

02 과세강화대책의 세 가지 주안점

8·2부동산대책에서 양도소득세 강화대책은 크게 세 가지로 요약된다.

첫째는 다주택자에 대한 중과세 규정이고, 두 번째는 아파트분양권에 대한 중과세율 적용, 마지막으로 1세대1주택자에 대한 비과세 요건을 강화한 것이다. 이 세 가지 양도소득세 강화대책을 요약하면 [표2]와 같다.

[표2] 양도소득세 과세강화 대책

적용지역	적용 강화 세법			시행시기
투기지역	3주택 이상자 10% 중과세			'17.8.3.
조정 대상지역	다주택자 양도소득세 중과, 장기보유특별공제 배제			'18.4.1.
	구분	2주택자	3주택 이상자	
	현행	양도차익에 따라 기본세율(6~42%) 적용		
	개정	기본세율 + 10%	기본세율 + 20%	
	1세대1주택 양도세 비과세 요건 강화			'17.8.3. 취득분
	현행	2년 이상 보유, 양도가액 9억 원 이하		
	개정	2년 이상 보유, 양도가액 9억 원 이하 + 2년 이상 거주		
	분양권 전매 시 양도소득세 강화 분양권 전매 시 보유기간과 관계없이 양도소득세율 50% 적용			'18.1.1.

투기지역 소재 3주택 이상 소유자에게 중과세율 적용(17.8.3. 시행)

2004.1.1.부터 도입된 3주택 이상자에 대한 중과세 규정은 2007.1.1. 이후 1세대2주택자까지로 확대 시행되었으나 시행 2년 만에 부동산 시장의 거래절벽을 가져옴으로써 2009.3.16.부터 적용을 중단했다.

이어서 다주택자에 대한 장기보유특별공제가 허용되더니 2013년 말에 1세대2주택자에 대한 중과세율 적용이 폐지되었다.

결국 1세대3주택 이상 소유자에 대한 중과세만 남았는데 그마저도 투기지역에 한정하여 중과세율을 적용하였고, 그 세율도 당해 세율에 10%만 가산하도록 하였다.

하지만 결과적으로는 2012년에 강남 3구까지도 투기지역에서 해제되었기 때문에 다주택 중과세 규정은 적용할 여지가 없어졌다. 쉽게 말해 다주택자에 대한 중과세 적용은 투기지역에 한하여 시행되는 것이었으나, 투기지역이 존재하지 않음으로써 유명무실한 제도였다.

그러나 8·2부동산대책으로 다시 투기지역이 지정되면서 다주택자에 대한 중과세가 적용되기 시작한 것이다. 따라서 3주택 이상 소유한 다주택자가 투기지역으로 지정된 서울 11개구와 세종시 등 12개 시·군·구에서 중과세 대상주택을 양도할 경우 당해 세율에 10%를 가산한 세율을 적용(과세표준이 4천만 원일 경우 15%인 당해세율에 10%를 가산한 25%를 적용하고, 과세표준이 1억8천만 원일 경우에는 38%인 당해세율에 10%를 가산한 48%를 적용함)하여 양도소득세를 납부해야 한다.

2주택자와 3주택 이상 소유자에 대한 중과세 규정(2018.4.1. 이후 적용)

정부는 기존의 중과세 규정으로는 주택에 대한 투기수요를 막기에 부족하다고 보고, 8·2대책을 통해서 중과세 대상을 2주택자까지로 확대하고 중과세율도 2주택자는 10%, 3주택 이상자는 20%를 당해세율에 가산하여 적용하고, 덧붙여 '장기보유특별공제 배제'라는 가장 강력한 중과세 제도를 도입하였다.

또한 투기지역만을 중과세하였던 규정을 확대하여 조정대상지역에까지 적용하도록 하였다. 다만 일시에 중과세 규정이 적용되는 것은 아니며, 2017

년 말에 입법을 해서 2018.4.1. 이후 양도분부터 적용한다.

아파트분양권 중과세율 적용

아파트분양권은 보유기간에 따라 적용세율이 다르게 소득세법에 규정되어 있다. 즉 1년 미만 보유 시에는 50%, 2년 미만 보유 시에는 40%, 2년 이상 보유 시에는 6~40%를 적용하였다. 그런데 2018.1.1.부터는 보유기간에 상관없이 모두 50% 단일세율을 적용한다는 것이다. 아파트분양권에 대한 중과세율도 2018.1.1. 이후 양도분부터 적용대상이며, 조정대상지역으로 지정된 아파트에 한정된다.

다만 다음의 두 가지 요건을 충족한 분양권은 중과세에서 제외했다.
① 양도 당시 양도자가 속한 1세대가 다른 주택의 입주자로 선정된 지위를 보유하고 있지 않을 것
② 양도자가 30세 이상이거나 배우자가 있을 것(양도자가 미성년자인 경우는 제외하며, 배우자가 사망하거나 이혼한 경우를 포함한다.)

아파트분양권만을 중과세대상으로 삼고 있으므로 재개발 및 재건축 조합원입주권은 적용대상이 아니다.

조정대상지역에서 신규 취득하는 아파트를 비과세 받으려면?

　1세대1주택 비과세 요건은 부동산대책에서 세무대책에 단골로 포함되어 왔다. 부동산경기 부양책을 써야 할 때는 비과세 요건을 완화하고, 부동산경기 억제책을 수립할 때는 비과세 요건을 강화했다. 8·2부동산대책에서는 1세대1주택 비과세 요건을 강화하기 위해 2011년에 삭제된 거주 요건이 다시 부활했다. 이 비과세 요건에 거주 요건을 추가한 규정은 2017.8.3. 이후 취득한 주택부터 적용대상이다.

　다만 무주택자가 실수요 목적으로 취득하는 주택은 2017년8월2일 이전에 매매계약을 체결하고 계약금을 지급한 사실을 입증할 경우에는 계약일을 기준으로 적용대상을 판단한다. 이 규정의 적용대상도 마찬가지로 조정대상지역에 소재한 주택에 한한다.

클릭 Click
투기지역, 투기과열지구, 조정대상지역은 어디어디일까?

[표3] 투기지역 구분

구 분	투기지역 ('17.8.3.)	투기과열지구 ('17.8.3.)	조정대상지역 ('16.11.3., '17.6.19.대책)
서울	강남, 서초, 송파, 강동, 용산, 성동, 노원, 마포, 양천, 영등포, 강서(11개 구)	전 지역 (25개 구)	전 지역 (25개 구)
경기	-	과천시	7개 시 (과천, 성남, 하남, 고양, 광명, 남양주, 동탄2)

구 분	투기지역 ('17.8.3.)	투기과열지구 ('17.8.3.)	조정대상지역 ('16.11.3., '17.6.19.대책)
기 타	세종시	세종시	부산 7개 구(해운대, 연제, 동래, 수영, 남, 기장, 부산진), 세종시
추가('17.9.6.)		성남시 분당구 대구시 수성구	

[그림1] 한눈에 보는 투기지역 구분

조정대상지역
서울 전 지역, 경기도 7개 시/부산 7개 구, 세종시 등 전국 40개 지역
(단, 대구광역시 수성구는 제외)

투기과열지구
서울 전 지역, 경기도 과천시, 세종시,
대구 수성구 · 성남 분당구 등 29개 지역

투기지역
서울 11개 구, 세종시 등
12개 지역

※ 8·2부동산대책에서 투기지역은 투기과열지구에 포함되고 투기과열지구는 조정대상지역에 포함되었는데, 9월6일 추가로 투기과열지구로 지정된 대구 수성구는 조정대상지역에 포함되지 않음.

다주택자
중과세 편

02
다주택자 중과세 적용

01 다주택자 중과세는 어떻게 변천해왔나?

다주택자 중과세 적용

다주택자 중과세 도입 경위

1997년에 발생한 외환위기로 부동산경기가 실종되었다. 이로 인해 모든 부동산거래가 단절되었고 국민경제에서 중요한 비중을 차지하고 있는 건설경기는 침체기를 맞았다. 정부가 다각도로 부동산경기 부양책을 도입하고 외환위기 극복을 위해 온 국민이 힘을 합쳐 노력한 끝에 2000년대에 들어서면서 조금씩 부동산경기가 회복되기 시작하였다. 강남을 중심으로 살아나기 시작한 주택경기는 투기화 조짐을 보이더니 주택가격의 상승세가 멈출 줄 모르는 상황이었다.

이에 정부는 10·29대책(2003.10.29.)을 발표했으며 핵심은 3주택 이상자에 대한 중과세 규정이었다.

2005.1.1.부터 3주택 이상자에 대해 중과세 제도 도입

중과세 제도는 2003년 말에 입법이 되어 2004년 1년간의 유예규정을 두었고 2005년부터 본격적으로 시행되었다.

중과세 내용이 발표되자 주택거래가 일시적으로 줄어들기는 하였지만 가격 상승세는 소폭으로 둔화되었을 뿐이었다. 보유기간에 따른 장기보유특별공제를 배제하고 세율을 60%(당시 주민세를 포함하면 66%의 중과세율이 적용됨)로 중과세를 하다 보니 주택시장에 공급이 중단되었다. 양도차익의 66%인 양도소득세를 내고 주택을 양도할 사람은 딱 두 가지 경우밖에 없었다. 본인이 다주택자로 중과세되는 줄도 모르고 주택을 양도한 경우와, 중과세되는 줄도 알고 세금이 얼마 나오는지도 알지만 부도로 경매되거나 양도할 수밖에 없는 부득이한 사유가 있는 경우다. 여기에 더하여 주택건설의 부진으로 신규주택 물량이 줄어든 데다 기존 주택시장의 공급까지 감소세로 돌아섰다.

그러나 당시만 해도 기준시가 과세원칙이 적용되던 시절이라 양도소득이 실제 소득으로 계산되지는 않았다. 또한 전국의 모든 주택이 중과세 대상도 아니었다. 수도권과 광역시에 있는 주택들은 모두 중과세 대상이었지만, 기타 지역은 기준시가가 3억 원을 초과하는 주택만 해당되었다. 이러한 제도적 허점 때문에 일시적으로 감소세를 보이던 주택수요가 되살아나기 시작했다.

2007.1.1.부터 2주택자까지로 중과세 적용대상 확대

더욱이 그 시기에 세종신도시 건설과 지방혁신도시 건설에 따른 토지보상으로 막대한 자금이 풀렸다. 시중의 자금은 결국 부동산시장으로 유입될 수밖에 없었고, 주택에 한정하여 불던 투기바람은 토지로까지 확대되었다.

결국 2005년에 8·31대책이 발표되었고 중과세 적용대상이 2주택까지로 확대되었다. 3주택자와 같이 장기보유특별공제를 배제하되 중과세율을 3주택자보다 10% 낮춘 50%를 적용한 것이다.

게다가 기준시가로 양도차익 계산을 하던 것을 실지거래가액 과세원칙으로 전환했다. 이때 비사업용토지 중과세 제도도 도입되었다. 결국 실지거래가액에 의한 양도차익, 즉 사실상 명목소득의 66% 또는 55%의 양도소득세를 부과하자 지칠 줄 모르고 올라가던 주택가격은 안정되었고 거래도 급감하였다.

2008년부터는 2007년에 발생한 국제금융위기로 말미암아 1997년 말 외환위기 때와 같은 상황이 도래했다. 부동산가격은 주택과 토지 할 것 없이 급락했고 거래는 중단되다시피 했다. 결국 정부는 시장에 지고 말았다. 중과세 제도가 본격적으로 시행된 지 2년도 채 지나지 않아 중과세 제도의 폐해가 나타나기 시작한 것이다. 2008년 말에 다주택자 중과세 유예규정을 신설하였다.

2009.3.16. 양도분부터 중과세 세율을 일반세율로 적용

다주택자에 대한 중과세는 두 가지로 실시했다. 장기보유특별공제를 배제하고, 세율을 중과세율인 60%(2주택자는 50%)로 적용한 것이다. 2009.3.16.부터는 장기보유특별공제는 그대로 배제하되 중과세율 적용은 유예했다. 즉, 일반 부동산과 동일한 세율을 적용하였다.

또한 이 기간(2009.3.16.~2012.12.31.) 중에 취득한 주택과 비사업용토지에 대해서는 중과세율을 적용하지 않고 일반세율을 적용하는 특례규정도 신설하였다.

다주택자에 대한 중과세를 투기지역에 한정하여 적용

제도는 경우에 따라서는 실수로부터 얻은 교훈으로 발전해가는 것 같다. 다주택자에 대한 중과세 규정도 마찬가지였다. 처음부터 전국에 있는 모든 중과세 대상 주택에 적용할 필요는 없었다. 결국 투기와는 상관없는 지역의 주택까지 중과세가 되는 결과를 낳았다. 이러한 학습효과로 인해 투기지역으로 지정된 지역에 소재한 중과세대상주택만 중과세를 하게 되었다.

중과세대상주택을 법령으로 정해서 소유한 주택이 중과세될지 제외될지 예측할 수 있게 해주고, 실제 중과세 적용은 투기지역으로 지정된 지역의 주택만 시행하는 것이다. 요즘 유행하는 말로 핀셋 투기방지 중과세 제도라 할 수 있다. 투기지역은 부동산가격 상승 동향에 따라 기획재정부장관이 고시하면 된다.

평소에는 중과세대상주택을 양도하더라도 중과세를 하지 않는다. 그러다 투기조짐이 보일 경우 투기지역으로 지정고시를 하면, 고시된 투기지역에 있는 주택만 중과세를 받기 때문에 시장상황에 맞게 투기수요가 자동으로 제어된다.

또한 적용세율도 60% 단일세율에서 당해세율에 10%만 가산하는 중과세로 개정하였다. 비정상적인 징벌적 세율을 정상적인 중과세 방식으로 정비한 것이다.

2012년도에 강남 3구가 투기지역에서 마지막으로 해제되면서 전국에 투기지역은 한 군데도 없게 되었다. 결국 다주택자에 대한 중과세 규정은 있지만 중과세되는 투기지역 지정이 없으므로 중과세를 적용받는 주택은 없었다.

장기보유특별공제 배제 폐지

다주택자나 비사업용토지에 대한 중과세 규정은 정상적인 조세제도는 아니다. 부동산투기를 막으려는 정책적 조세제도이므로 제한적 일시적으로 시행되어야 하고, 정책목적이 달성되면 작동을 멈춰야 한다. 그동안 중과세 제도를 시행하면서 다양한 여론이 집약되었고 문제점에 대한 지적도 있었다. 그중에서도 장기보유특별공제 배제에 대해서, 중과세를 하더라도 실질소득이 아닌 명목소득에 과세하는 것은 조세원리에 어긋날 뿐 아니라 국민의 재산권을 부당하게 침해하는 위헌소지마저 있다는 주장에 주목하였다.

주택시장이 안정을 찾고 있어서 다주택자 중과 규정의 문제점을 정비할 필요가 있었다. 이런 연유로 중과세 제도의 문제점을 개선하고 시장친화적인 조세제도 정착을 위해 장기보유특별공제 배제 규정이 삭제되었다.

2주택 중과세 규정도 폐지

2주택자의 주택 소유형태를 살펴보면 투기수요라고 보기 어려운 경우가 많다. 본인이 거주하는 주택을 보유한 상태에서 여유자금으로 1주택을 취득해 임대를 준 경우가 대부분이다. 가사경비에 도움이 될까 싶어 보유한 주택이다.

어쩌다 보니 2주택을 갖게 된 경우도 많다. 부모님으로부터 물려받은 주택인 경우도 있고, 지방으로 발령이 났는데 세 들어 살기 싫어 취득한 주택도 있다. 주택이 두 채인 사연만 따져보더라도 각양각색의 다양한 이유가 나올 것이다.

일일이 제외규정을 두자니 한계가 있고 급하게 2주택 중과 규정을 도입할 때와 상황도 많이 달라져 2주택 중과 규정은 폐지되었다.

2017.8.3. 투기지역 지정고시로 중과세 부활

지난해부터 부동산경기가 심상치 않았는데 탄핵정국을 맞이하자 국민들의 관심사항과 여론도 한쪽으로 편중되었다. 얼음 밑에도 봄이 오듯 온 나라가 국정농단 사태에 분노하고 새로운 국가기틀을 만들어야 한다는 열망 속에서도 지혜로운 투자자들은 부동산시장을 예의주시하고 있었다.

새 정부가 들어서고 내각이 구성되기도 전에 주택에 대한 수요는 급격히 증가하고 있었다. 경제팀이 제일성으로 꺼낸 말이 부동산대책이었다. 이어서 6·19대책(2017.6.19.)이 발표되었다. 그러나 시장에서는 정부정책을 조롱이나 하듯 가격상승 폭이 꺾이지 않았다.

이에 맞서 정부도 초강수 대책들을 내놓을 수밖에 없는 상황으로 몰렸다. 지역에 따라 부동산가격이 급하게 하락세로 접어드는 지역이 있는가 하면, 오히려 주택가격 상승이 지속된 지역이 나타나기 시작했다. 정부가 사용할 수 있는 카드를 다 사용했음에도 특정지역에서 주택가격이 안정되지 않다 보니 정부도 당황하여 추가대책 마련에 들어갔다. 결국 남은 카드는 보유세 인상과 재개발 및 재건축사업 억제책, 그리고 주택임대사업 의무화와 세무조사 강화대책이다.

지금까지 그러했듯 정부의 집중포화가 쏟아지는 현 단계에서는 전문가들의 예측대로 당분간 시장이 안정될 것으로 예상된다.

지금까지 부동산대책 중 조세대책으로 시급하게 시행했던 무리한 규정들을 항구적으로 적용할 수 있도록 잘 정비해두었는데, 8·2부동산대책으로 또다시 기형적인 세제가 시행되었다.

2018.4.1. 최강 과세강화 정책인 다주택자 중과세 제도의 귀환

불합리한 규정으로 인한 폐해보다 주택가격 안정이 더 시급했기 때문에 정부에 대한 국민의 신뢰문제 등은 뒷전으로 밀려났다. 2주택부터 중과세를 적용하고 장기보유특별공제마저 배제하는 극단의 선택을 하기에 이른 것이다.

현행 다주택자에 대한 중과세 규정은 항구적으로 시행될 규정은 아니다. 주택에 대한 투기수요를 잡아서 주택가격의 안정을 찾자는 것이 중과세 규정의 도입취지다. 따라서 정책목적의 조세제도는 정책목적이 달성되면 정상으로 복귀하여야 한다. 이번 다주택자에 대한 중과세 규정도 자동조절 기능을 갖춰서 작동되고 있다. 즉, 법령에 중과세대상주택과 중과세 내용만 규정하고 실제 중과세가 적용되는 지역을 지정하여 중과세가 작동되도록 하였다. 부동산 투기수요가 사라질 경우 조정대상지역을 해제하면 결국 중과세 되는 주택이 없어지도록 탄력적으로 운용되고 있다.

중과세대상주택 판정 기준

다주택자에 대한 중과세 규정은 2018.3.31. 이전까지는 투기지역에 있는 주택으로서 중과세대상주택이 1세대3주택 이상인 경우에 한하여 적용되었다.

2018.4.1. 이후부터 적용되는 중과세 규정은 우선 조정대상지역에 소재한 주택이어야 한다. 또한 중과세대상 주택수도 2주택 이상자로 확대되었다.

현행 다주택자에 대한 중과세 규정은 중과세대상주택을 소득세법 시행령에 규정해두고 사실상 투기가 일어나고 있는 지역을 조정대상지역으로 지정하여 양도하는 주택을 중과세함으로써 투기수요를 차단하고 있다. 따라서 양도하는 주택에 다주택자 중과세 규정이 적용되기 위해서는,

① 조정대상지역에 소재해야 하고

② 소득세법 시행령에 열거된 중과세대상주택에 해당되어야 한다.

즉, 조정대상지역에 소재한 주택과 소득세법상 규정된 중과세대상주택이 동시에 적용되어야 하므로 두 가지(상기 ①과 ②) 모두 해당되는 교집합의 주택이 중과세가 적용된다.

따라서 중과세대상주택이 아니거나, 조정대상지역이 아닌 지역에 있는 주택을 양도할 경우에는 중과세가 적용되지 않는다.

다음으로 중과세대상주택이 2주택 이상이거나 주택과 조합원입주권을 합하여 그 합이 2개 이상인 경우로서 양도하는 주택에 대해서만 중과세된다. 중과세대상주택에 대해서는 소득세법 시행령에 별도로 규정하고 있으므로, 장래 소유할 주택이 중과세 대상이 될 것인지 여부를 미리 확인할 수 있다.

또한 조정대상지역에 있는 주택이 중과세될 경우 중과세대상주택이 몇 주택인지(1세대2주택 중과세가 적용될 것인지, 1세대3주택 이상 중과세가 적용될 것인지를 말함)는 소득세법 시행령에 열거된 중과세대상주택을 기준으로 주택수를 판정한다.

다주택자에 대한 중과세 규정을 적용할 때 재개발 및 재건축 조합원입주권도 주택수에 포함된다. 다만, 조합원입주권은 주택수에는 포함해 계산하지만, 조합원입주권을 양도할 경우 당해 조합원입주권은 중과세가 적용되지 않는다. 조합원입주권은 중과세대상 주택수에 포함은 되지만 주택은 아니므로 다주택자 중과세 대상은 아닌 것이다.

현재 다주택자에 대한 중과세대상주택은 4가지 유형으로 나누어 규정하고 있는바, 4가지 유형 규정은 다음과 같다.

① 조정대상지역에 있는 주택으로서 중과세대상주택이 1세대2주택에 해당하는 주택

② 조정대상지역에 있는 주택으로서 1세대가 중과세 대상인 주택과 조합원입주권을 각각 1개씩 보유한 경우의 해당 주택.

③ 조정대상지역에 있는 주택으로서 중과세대상주택이 1세대3주택 이상에 해당하는 주택

④ 조정대상지역에 있는 주택으로서 1세대가 중과세 대상인 주택과 조합원입주권을 보유한 경우로서 그 수의 합이 3 이상인 경우 해당 주택.

상기 4가지 유형 중 ①과 ②는 1세대2주택자 중과세 규정이 적용되고 ③과 ④는 1세대3주택 이상 주택에 대한 중과세 규정이 적용된다.

투기지역·조정대상지역에 소재한 주택에 한하여 중과세

적용사례 01

의정부의 4억 원 상당 아파트를 2018.4.1. 이후에 매각할 경우 중과세 여부

한살림 여사는 20년 전 의정부에서 1억 원에 구입한 아파트를 4억 원에 처분하려고 지난해 중개업소에 매물로 내놓았다. 6개월이 지나도록 매수자가 나타나지 않아 매매가액을 5천만 원이나 낮추었지만 아예 문의조차 없는 상황이다. 올해 4월1일부터 다주택자에 대해 양도소득세가 중과세되면 엄청난 세금이 부과될 것으로 알고 처분을 서둘렀지만 3월 31일 이전에 처분이 불가능할 것 같아 고민이 이만저만이 아니다.

한살림 여사는 의정부 아파트 외에도 남편 명의로 서울에 거주하고 있는 아파트 1채(시가 12억 원 상당)와, 2년 전에 부부 공동 명의로 구입하여 재개발이 진행되고 있는 경기도 광명시의 단독주택 1채(시가 3억 원 상당) 등 3채를 보유하고 있다. 의정부 아파트를 양도한 후에 광명시 단독주택 취득일로부터 3년 이내에 서울 아파트를 양도하여 1세대1주택 비과세(고가주택이므로 9억 원을 초과하는 양도소득은 과세)를 받기 위해서는 의정부 아파트를 먼저 처분해야만 하는 상황이다. 3월 말 이전에 처분하지 못할 경우 작년에 출가한 딸에게 증여하는 방법 등도 있다는 얘기를 듣고 절세왕 세무사를 찾았다.

한살림 여사가 4월1일 지나서 양도하는 아파트는 중과세 대상일까?

다주택자에 대한 중과세 규정에 해당하려면 우선 중과세대상지역에 소재해야 한다. 2017.8.3.부터 2018.3.31.까지 기간 중에 양도하는 주택은 중과세대상주택이 3채 이상으로 투기지역에 소재한 주택만 중과세 대상이다. 현재 투기지역은 서울특별시의 11개 구와 세종시 등 12개 시·구가 지정되어 있다.

2018.4.1. 이후 양도하는 주택은 조정대상지역으로 지정된 지역에 소재하는 주택에 한하여 다주택자 중과세 규정이 적용된다. 현재 조정대상지역은 서울특별시 25개 구와 경기도 7개 시, 부산광역시 7개 구, 세종시 등 40개 지역이다.

클릭 Click

투기지역 및 조정대상지역

투기지역(전국 12개 시와 구)
- 서울특별시 : 11개 구(강남구, 서초구, 송파구, 강동구, 영등포구, 양천구, 강서구, 마포구, 용산구, 성동구, 노원구)
- 세종시

조정대상지역(전국 40개 시와 구)
- 서울특별시 25개 구 전역
- 경기도 7개 시 : 고양시, 과천시, 광명시, 남양주시, 동탄 제2신도시, 성남시, 하남시
- 부산광역시 7개 구 : 해운대, 연제, 동래, 수영, 남, 기장군, 부산진
- 세종시

※ 동탄 제2신도시 : 화성시 반송동, 석우동, 동탄면 금곡리, 목리, 방교리, 산척리, 송리, 신리, 영천리, 오산리, 장지리, 중리, 청계리 일원에 지정된 택지개발지구에 한함

중과세를 적용받는 주택은 2017.8.3.부터 2018.3.31.까지 기간 중에는 투기지역에 소재한 3주택 이상 중과세대상주택에 한하여 중과세가 적용되고, 2018.4.1.부터는 조정대상지역에 소재한 2주택 이상 중과세대상주택에 한하여 중과세가 적용된다.

따라서 한살림 여사가 보유하고 있는 의정부 아파트는 투기지역이 아니고 조정대상지역도 아니므로, 중과세대상주택을 양도하더라도 중과세가 적용되지 않는다.

> 클릭 Click
>
> ### 중과세대상주택의 조건
>
> 다주택자에 대한 중과세 규정은 처음 도입할 당시는 전국의 중과세대상주택 모두에 적용되었다. 그러다 보니 투기와 상관없는 지역의 주택까지 중과세되는 문제점이 도출되어 2011년부터는 투기지역에 소재하는 중과세대상주택만을 중과세하였다. 따라서 중과세대상주택이라고 해도 모두 중과세되지는 않고, 투기지역으로 지정된 지역의 주택만 중과세를 받았다. 결국 중과세는 투기지역으로 지정할 것인지 여부에 달려 있어서 주택에 대한 투기 정도에 맞게 중과세 대책을 탄력적으로 적용할 수 있게 되었다.
> 2018.4.1.부터 시행되는 다주택자에 대한 중과세 규정은 조정대상지역까지 확대해서 중과세한다. 따라서 중과세대상주택 중에서 조정대상지역에 소재하는 주택만 해당된다.

중과세대상 주택수 계산

정고수가 소유한 중과세대상 주택수는 몇 채일까?

정고수는 본인만의 원칙을 지키면서 부동산투자를 하고 있다. 부동산 중에서도 현금화가 쉬운 아파트에 투자하되, 지역적으로 분산투자를 하는 것을 제1원칙으로 삼고 있다. 제2원칙은 투자금액을 1채당 5천만 원 한도로 제한하되 최대 투자금액은 1억 원을 넘지 않는다. 제3원칙은 최소한 보유기간을 5년 이상 장기투자로 한다는 것이다.

이런 원칙에 따라 취득한 주택이 10년 동안 10채이고 그중 5채를 양도했고 현재 5채를 보유하고 있다. 현재 정고수가 보유한 주택은 세종시에 아파트 1채(시가 2억 원), 속초에 2채(각각 시가 4억 원, 2억 원), 천안에 1채(시가 2억 원), 고양시에 1채(시가 2억 원)가 있다. 정고수는 2018.4.1. 이후라도 양도차익이 가장 적은 고양시의 주택을 양도하려고 한다. 정고수가 양도하는 고양시 주택은 중과세가 적용될까? 중과세가 적용된다면 1세대 몇 주택으로 중과세가 될까?

중과세대상주택을 판단하기 위해서는 어떤 주택을 중과세대상주택으로 규정하고 있는지 알아야 한다.

1세대1주택 비과세 규정을 적용할 때 주택수는 국내에 있는 모든 주택, 즉 주택의 크기와 가액은 물론 소재하는 지역에 상관없이 모두 포함해 계산한다. 이에 반해 중과세대상주택은 투기목적으로 취득한 주택을 대상으로 한다. 따라서 투기수요가 있는 지역에 있거나 투기대상이 될 만한 일정가액 이상인 주택만 다주택자 중과세대상주택에 해당된다.

다주택자에 대한 중과세 규정이 적용되는 중과세대상주택은 지역기준과 가액기준이 있다. 지역기준에 해당되면 가액에 상관없이 당해지역에 소재하는 모든 주택이 중과세대상주택이 된다. 가액기준은 지역기준에 해당되지 않는 주택으로, 개별주택고시가가 3억 원을 초과하는 주택에만 적용된다.

지역기준에 해당되는 지역은 수도권(서울특별시, 인천광역시, 경기도)과 지방광역시(부산, 대구, 광주, 대전, 울산광역시), 세종시다. 이 지역을 제외한 기타지역은 가액기준이 적용된다.

다만 수도권과 지방광역시에 지역기준이 적용되더라도 도농복합 형태의 시에서 읍·면 지역(사례 : 평택시 포승면 등), 광역시에서 군 지역(인천광역시 강화군·옹진군, 부산광역시 기장군, 대구광역시 달성군 등)은 지역기준을 적용받지 않고 가액기준을 적용받는다.

[표4] 다주택자에 대한 중과세대상주택 규정 요약

지역구분	1세대2주택 이상 중과세대상주택
서울 인천광역시(군 지역 제외) 경기도(읍·면 지역 제외)	모든 주택. 조합원입주권
지방광역시(군 지역 제외) 세종시(읍·면 지역 제외)	모든 주택. 조합원입주권
광역시 군 지역 경기도, 세종시 읍·면 지역 기타 도 지역	기준시가 3억 원을 초과하는 주택
비고	조합원입주권은 종전주택가액이 3억 원을 초과하는 입주권

※ ① 2018.3.31. 이전은 1세대3주택 이상 중과세대상주택임
　② 세종시는 2018.3.31. 이전은 가액기준(3억 원을 초과하는 주택에 한함), 2018.4.1. 이후는 지역기준(모든 주택)을 적용받음

[그림 2] 한눈에 보는 중과세대상주택과 지역 관계

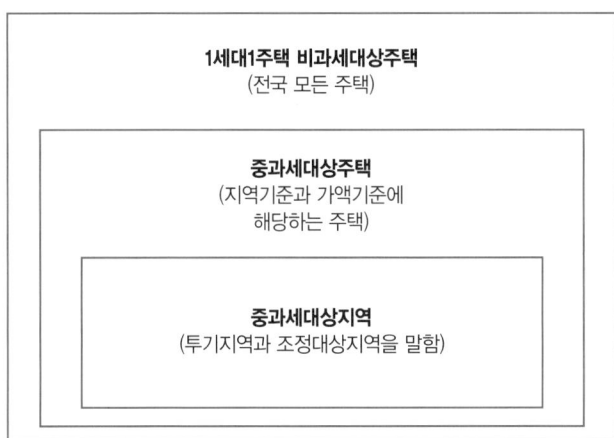

1세대1주택 비과세대상주택
(전국 모든 주택)

중과세대상주택
(지역기준과 가액기준에 해당하는 주택)

중과세대상지역
(투기지역과 조정대상지역을 말함)

[표5] 중과세대상주택과 조정대상지역

수도권				지방광역시		특별차치시	중과세대상주택
서울 (25개 구)	경기		인천	대구 대전 울산 광주	부산	세종시	모든 주택
	고양, 과천, 광명, 남양주, 성남, 하남, 동탄2				해운대, 연제, 동래, 수영, 남, 부산진		
		군, 읍, 면 지역			기장군	읍, 면 지역	3억 초과 주택
				기타 도 지역			

※ 중과세대상주택
  수도권, 광역시, 세종시 : 지역 기준 → 모든 주택
  수도권 등 군, 읍, 면 지역, 기타 도 지역 : 가액기준 → 3억 원 초과 주택

※ [　] 조정대상지역

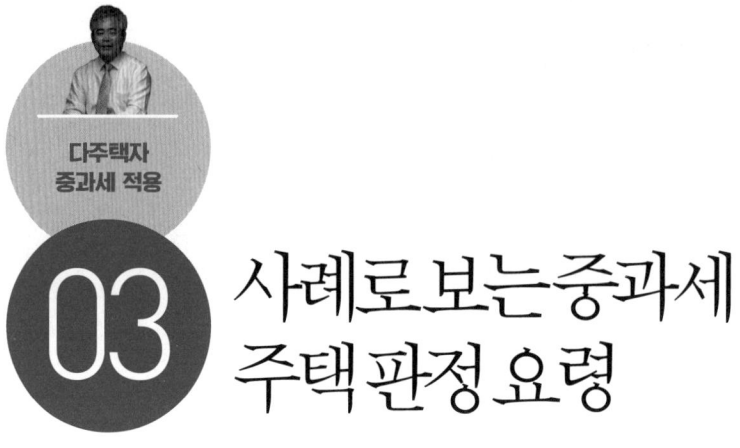

03 사례로 보는 중과세 주택 판정 요령

중과세대상주택에 관해서는 소득세법 시행령에서 규정하고 있다. 반면에 중과세대상지역은 소득세법에 따라 투기지역으로 지정(2018.3.31. 주택지정지역 폐지)되거나, 주택법에 따라 조정대상지역으로 지정된 지역을 말한다.

중과세적용주택인지 판정하려면 우선 중과세대상지역에 소재하는 주택인지 확인하고, 조정대상지역에 있는 주택일 경우 중과세대상주택에 해당되는지 추가로 확인한다. 중과세대상주택에 해당하면 최종 중과세적용주택이 된다.

양도하는 주택이 투기지역(2018.3.31. 이전 양도분)이나 조정대상지역(2018.4.1. 이후 양도분)에 해당되지 않으면 중과세 여부를 따져볼 필요도 없다.

중과세적용주택 판정요령을 사례로 살펴보자.

판정순서

① 양도하는 주택이 소재한 지역이 투기지역 또는 조정대상지역으로 지정되었는지 여부를 체크한다.

② 양도하는 주택이 소재한 지역이 조정대상지역에 해당할 경우, 중과세대상주택(지역기준에 해당하는지, 가액기준에 해당하는지)에 해당하는지를 확인한다.

③ 조정대상지역에 소재한 주택이면서 중과세대상에 해당할 경우, 전체 보유한 주택 중 중과세대상 주택수를 확인한다.

④ 중과세대상 주택수가 2주택 이상인 경우로서 중과세가 배제되는 주택에 해당되지 않는 경우에 한하여 중과세를 적용한다.

적용사례 ③

세종시에 2억 원 1주택과 4억 원 1주택,
청주시에 2억 원 1주택과 4억 원 1주택을 소유한 경우

주택별 판정

구분	세종시		청주시	
① 중과세 주택수 판정기준	지역기준 : 모든 주택		가액기준 : 3억 원 초과주택	
② 보유주택 현황	4억 원 1채	2억 원 1채	4억 원 1채	2억 원 1채
③ 중과세 주택수 판정	○	○	○	×
④ 투기지역◎/조정대상지역○	◎/○	◎/○	×	×
⑤ 중과세 여부	◎/○	◎/○	×	×

※ ③과 ④에 모두 해당되는 경우에 중과세 적용
※ 2018.4.1. 이후 양도분 사례임(이하 같음)

세종시의 4억 원 주택을 양도할 경우

세종시는 투기지역으로 지정되고 중과세대상주택이 3주택이므로 2017.8.3.~2018.3.31. 기간 중에는 1세대3주택 중과세(당해 세율에 10% 가산)를 적용받는다. 또한 2018.4.1. 이후 양도할 경우에는 조정대상지역이므로 1세대3주택으로 중과세(당해세율에 20% 가산, 장특공제 배제)를 적용받는다.

세종시의 2억 원 주택을 양도할 경우

세종시는 2018.3.31. 이전까지는 가액기준이 적용되고, 2018.4.1. 이후는 지역기준이 적용되므로, 2018.4.1. 이후에는 2억 원 주택을 양도할 경우에도 4억 원 주택을 양도할 경우와 동일하게 중과세가 적용된다.

청주시의 4억 원 주택을 양도할 경우

청주시는 기타지역이므로 3억 원을 초과한 주택만 중과세 대상이다. 4억 원 주택은 중과세대상주택에는 해당되지만 청주시가 투기지역이나 조정대상지역으로 지정되지 않았으므로 양도하더라도 중과세를 받지 않는다.

청주시의 2억 원 주택을 양도할 경우

청주시는 기타지역이므로 3억 원을 초과한 주택만 중과세 대상이다. 2억 원 주택은 중과세대상주택에 해당되지 않으므로 조정대상지역 지정 여부에 상관없이 중과세를 받지 않는다.

적용사례 04

과천시에 2억 원 1주택, 평택시 포승면에 2억 원 1주택, 천안시에 2억 원 1주택, 광주광역시에 2억 원 1주택을 소유한 경우

주택별 판정

구분	과천시	평택포승면	천안시	광주광역시
① 중과세 주택수 판정기준	지역기준	가액기준	가액기준	지역기준
② 보유주택 현황	2억 원 1채	2억 원 1채	2억 원 1채	2억 원 1채
③ 중과세 주택수 판정	○	×	×	○
④ 투기지역◎/조정대상지역○	○	×	×	×
⑤ 중과세 여부	○	×	×	×

※ ③과 ④에 모두 해당되는 경우에 중과세 적용

과천시의 주택을 양도할 경우

중과세대상주택은 과천의 1주택과 광주광역시의 1주택 등 2주택이다. 평택시 포승면은 수도권이지만 읍·면 지역이라 가액기준이 적용되고, 천안시도 수도권이 아니므로 가액기준이 적용된다. 광주광역시는 지방광역시에 해당하므로 지역기준이 적용되어 주택가액에 상관없이 중과세대상주택에 해당한다. 과천시에 소재한 1주택을 2018.4.1. 이후에 양도할 경우 조정대상지역에 소재한 주택이므로 중과세를 적용받으며, 중과세대상 주택수는 1세대2주택에 해당한다.

광주광역시의 주택을 양도할 경우

　광주광역시는 지역기준이 적용되므로, 보유한 주택이 2억 원이더라도 중과세대상주택에 해당된다. 이 주택을 양도할 경우, 조정대상지역으로 지정되지 않았으므로 중과세 적용은 받지 않는다. 양도하는 주택이 조정대상지역이 아닌 경우에는 중과세대상주택 여부를 따질 필요 없이 중과세에서 제외된다. 다만 중과세대상주택이므로 조정대상지역에 소재한 중과세주택을 양도할 경우 광주의 주택도 주택수에 포함하여 계산한다.

천안시나 평택 포승면의 주택을 양도할 경우

　천안시나 포승면은 가액기준이 적용되므로 3억 원을 초과하는 주택만 중과세대상인바, 두 주택 모두 3억 원 이하이므로 중과세대상주택이 아니다. 따라서 이 주택을 양도하더라도 중과세를 적용받지 않을 뿐 아니라 다른 중과세대상주택을 양도할 경우에도 중과세 주택수에 포함되지 않는다. 즉, 중과세도 배제되고 중과세 주택수 계산에서도 제외된다.

적용사례 05

과천에 2억 원 1주택, 부산광역시 기장군에
2억 원 1주택, 천안시에 4억 원 1주택,
대전광역시에 2억 원 1주택을 소유한 경우

주택별 판정

구분	과천시	부산 기장군	천안시	대전광역시
① 중과세 주택수 판정기준	지역기준	가액기준	가액기준	지역기준
② 보유주택 현황	2억 원 1채	2억 원 1채	4억 원 1채	2억 원 1채
③ 중과세 주택수 판정	○	×	○	○
④ 투기지역◎/조정대상지역○	○	○	×	×
⑤ 중과세 여부	○	×	×	×

※ ③과 ④에 모두 해당되는 경우에 중과세 적용

과천시의 주택을 양도할 경우

1세대3주택자에 해당되지만 투기지역은 아니므로 2017.8.3.부터 시행된 투기지역 3주택 중과세 규정은 적용되지 않는다. 과천은 조정대상지역이므로 2018.4.1.부터 적용되는 다주택자 중과세 규정에서는 중과세대상주택(상기 ③)이 3채여서 1세대3주택에 해당되어 중과세를 적용받는다.

부산광역시 기장군의 주택을 양도할 경우

부산광역시는 지역기준에 해당하지만 기장군은 광역시에서 제외되어 기타지역에 해당하므로 가액기준이 적용되고, 2억 원 주택은 중과세대상주택이 아니므로 기장군이 조정대상지역으로 지정되었지만 중과세는 적용받지 않는다. 만일 3억 원을 초과하는 주택을 소유한 경우라면 1세대3주택 이상자로 중과세를 적용받는다.

천안시의 4억 원 주택을 양도할 경우

천안시는 가액기준이 적용되므로 2주택 및 3주택 중과세 주택수 판정기준에 해당되어 중과세 주택수에 포함되지만 조정대상지역이 아니므로 중과세는 적용받지 않는다.

대전광역시의 2억 원 주택을 양도할 경우

대전광역시는 지방광역시로서 지역기준이 적용되므로 가액에 상관없이 모든 주택이 중과세대상이다. 따라서 조정대상지역에 소재한 다른 중과세주택을 양도할 경우 중과세대상 주택수에는 포함되지만, 대전은 조정대상지역이 아니므로 중과세가 적용되지 않는다.

적용사례 06

서울 강남구에 1억 원 1주택, 대구 수성구에
2억 원 1주택, 부산광역시 해운대구에 2억 원 1주택,
성남시 분당구에 2억 원 1주택을 소유한 경우

주택별 판정

구분	강남구	대구 수성구	해운대구	분당구
① 중과세 주택수 판정기준	지역기준	지역기준	지역기준	지역기준
② 보유주택 현황	1억 원 1채	2억 원 1채	2억 원 1채	2억 원 1채
③ 중과세 주택수 판정	○	○	○	○
④ 투기지역◎/조정대상지역○	◎/○	×	○	○
⑤ 중과세 여부	◎/○	×	○	○

※ ③과 ④에 모두 해당되는 경우에 중과세 적용

서울 강남구 1주택 양도할 경우

2017.8.3. 이후 투기지역으로 지정되었고 중과세대상주택이 4주택이므로 1세대3주택 이상 중과세를 적용한다. 2018.4.1. 이후 양도 시, 조정대상지역이고 중과세대상주택이 4주택이므로 1세대3주택 이상 중과세가 적용된다.

대구 수성구 1주택 양도할 경우

중과세대상주택이 4주택이지만 2018.4.1. 이후 양도 시 중과세를 적용받지 않는다. 대구 수성구는 투기과열지구로 지정되었으나 조정대상지역이 아니기 때문이다.

※ 다주택자 중과세 규정을 조정대상지역으로 한정하면, 투기과열지구로 지정되고 조정대상지역으로 지정되지 않을 경우 중과세 적용에 문제가 발생하므로 세법 개정 시 문제점에 대한 보완이 필요하다.

해운대구 1주택을 양도할 경우

해운대구는 지역기준에 해당되고 조정대상지역으로 지정되었으므로 2018.4.1. 이후 양도하는 주택은 중과세를 적용받는다. 중과세대상주택이 4주택이므로 1세대3주택 이상 중과세 규정이 적용된다.

성남시 분당구 1주택을 양도할 경우

성남시는 수도권으로 지역기준에 해당되고 조정대상지역으로 지정되었으므로 2018.4.1. 이후 양도하는 주택은 중과세를 적용받는다. 중과세대상주택이 4주택이므로 1세대3주택 상 중과세 규정이 적용된다.

적용사례 07

서울 강남구에 1억 원 1주택, 광명시에 재개발 조합원입주권 2억 원 1개, 부산광역시 해운대구에 2억 원 1주택, 구미시에 2억 원 1주택을 소유한 경우

주택별 판정

구분	강남구	광명시	해운대구	구미시
① 중과세 주택수 판정기준	지역기준	지역기준	지역기준	가액기준
② 보유주택 현황	1억 원 1채	2억 원 1채	2억 원 1채	2억 원 1채
③ 중과세 주택수 판정	○	○	○	×
④ 투기지역◎/조정대상지역○	◎/○	○	○	×
⑤ 중과세 여부	◎/○	×	○	×

※ ③과 ④에 모두 해당되는 경우에 중과세 적용. 다만 조합원입주권을 양도하는 경우에는 중과세를 적용받지 않는다.

서울 강남구 1주택 양도할 경우

2017.8.3. 이후 투기지역으로 지정되었고 중과세대상주택이 3주택이므로 1세대3주택 이상 중과세를 적용한다. 2018.4.1. 이후 양도 시 조정대상지역이고 중과세대상주택이 3주택이므로 1세대3주택 이상 중과세가 적용된다.

광명시 조합원입주권을 먼저 양도하고 강남구 주택을 양도할 경우는 중과세대상주택이 2주택이므로 2018.3.31. 이전에는 중과세를 받지 않고 2018.4.1. 이후에는 1세대2주택 중과세를 적용받는다.

광명시의 재개발 조합원입주권을 양도할 경우

광명시는 지역기준이 적용되고 조정대상지역으로 지정되었으므로 양도하는 모든 주택은 중과세를 적용받는다. 그러나 조합원입주권은 중과세대상 주택수에는 포함되지만, 양도할 경우에는 주택이 아니므로 중과세는 적용되지 않는다.

※ 다주택자 중과세 규정 적용 시 재개발 및 재건축 조합원입주권도 중과세대상주택과 동일하게 중과세대상 주택수에는 포함된다. 하지만 부동산을 취득할 수 있는 권리에 해당되어 주택이 아니므로 양도 시 중과세 적용은 받지 않는다.

해운대구 1주택을 양도할 경우

해운대구는 지역기준에 해당되고 조정대상지역으로 지정되었으므로 2018.4.1. 이후 양도하는 주택은 중과세를 적용받는다. 중과세대상주택이 3주택이므로 1세대3주택 이상 중과세 규정이 적용된다.

구미시 1주택을 양도할 경우

구미시는 가액기준이 적용되므로 3억 원 이하의 주택은 중과세대상주택이 아니다. 따라서 중과세도 적용받지 않고, 중과세대상 주택수에서도 제외된다.

04 중과세를 받지 않는 주택은 어떤 주택일까?

다주택자에 대한 중과세 규정은 시세차익을 노리고 투기목적으로 주택을 취득한 경우 중과세를 하여 주택수요를 줄이는 데 목적이 있다. 따라서 「민간임대주택에 관한 특별법」에 따라 정당하게 임대사업을 영위하는 경우에는 국가정책에 부응하는 부동산투자이므로 규제할 필요가 없다. 부동산경기 활성화를 위해 미분양주택에 특별히 세제혜택을 주었다. 주택공급 확대를 위해 일정기간에 신규로 취득한 주택에도 세제혜택을 주었다. 이러한 세제혜택을 받아 취득한 주택들에 대해 다주택자라는 이유로 무조건 중과세를 적용한다면 정부정책에 대한 신뢰가 무너진다. 경우에 따라서는 부모님이 사망하여 예상치도 않은 주택을 상속받아서 다주택자가 될 수도 있고, 종업원들에게 무상으로 거주하도록 제공한 주택들은 투기수요와는 거리가 멀다. 이렇게 투기와 상관없이 소유하게 된 주택들은 중과세를 받지 않도록 규정하고 있다. 중과세가 배제되는 주택들에 대해서 알아보자.

A. 5년(8년) 이상 장기임대주택은 중과세가 배제된다

주택은 국민들이 필수적으로 소유해야 하는 부동산이다. 시장에만 맡겨서는 전체 국민이 필요로 하는 주택물량을 공급할 수 없다. 이러한 한계 때문에 공사를 설립하여 주택건설에 필요한 용지도 공급하고 공공주택을 지어서 분양하거나 임대를 주고 있다. 또한 공공주택 공급정책만으로는 한계가 있으므로 민간인도 임대사업에 참여하도록 각종 혜택을 부여하고 있는데, 그 근간이 되는 법률이 「민간임대주택에 관한 특별법」이다. 이 법이 시행되기 전에도 「임대주택법」이 시행되고 있었으나, 「민간임대주택특별법」은 기존 임대주택법보다 공공성이 강화된 법률로서 혜택도 그만큼 많아졌다.

2003년도에 10·29대책에서 다주택자에 대한 중과세 규정의 도입이 발표되었다. 다주택자에 대한 중과세가 시행된다 하더라도 당시 「임대주택법」에 따라 임대사업자로 등록하고 임대사업을 하는 주택까지 중과세할 수는 없었다. 다주택자에 대한 중과세 규정이 주택에 대한 투기수요를 차단하기 위해 도입된 제도인 만큼, 정부시책에 따라 주택임대사업을 하는 주택에 대해서는 당연히 중과세를 배제하는 특례규정을 둔 것이다.

그러나 임대주택사업자로 등록하여 다주택자에 대한 중과세는 배제되었지만 거주자가 거주하는 1세대1주택 비과세대상 주택을 양도할 경우 장기임대주택이 거주자의 주택수에 포함되었다. 이로 인해 임대주택사업은 활성화되지 못했고, 이러한 문제점을 해소하기 위해 2011년에 거주주택 양도 시 장기임대주택은 거주자의 주택수에서 제외되도록 관련 규정을 개정하였다.

소득세법상 장기임대주택은 5년 이상 의무임대기간을 준수하면 다주택자 중과세 규정을 적용할 때 중과세에서 배제될 뿐 아니라, 1세대1주택 비과세 규정을 적용할 때도 거주자의 주택에서 제외하도록 세제혜택을 주고 있다.

정부는 이번 다주택자 중과세 규정이 2018.4.1.부터 본격적으로 시행됨에 따라 다주택자 중과세 규정에서 중과세를 배제하는 장기임대주택의 의무임대기간을 8년으로 연장하였다. 따라서 2018.3.31. 이전에 임대등록을 한 주택은 의무임대기간이 5년인 데 반해, 2018.4.1. 이후 임대사업 등록을 할 경우에는 의무임대기간을 8년으로 연장하였다.

따라서 주택임대사업자로 등록하려고 한다면 2018.3.31. 이전에 등록하는 것이 유리하다. 다만, 임대사업을 단기가 아닌 장기일반민간임대사업으로 등록할 경우에는 2018.4.1. 이후 하더라도 세제혜택에 차이는 없다.

클릭 Click

오해와 진실

준공공임대주택을 8년 이상 임대할 경우 현행 50%의 장기보유특별공제율을 70%로 개정할 예정이다. 그런데 2018.3.31. 이전에 임대사업등록을 하면 개정규정을 적용받지 못하므로 불리하다고 알려졌다.

이는 잘못 알고 있는 오해에서 비롯된 것이다. 2018.3.31. 이전에 임대사업등록을 한 경우라도 8년 이상 임대 시 개정규정에 의해 70% 장기보유특별공제율을 적용받을 수 있다.

[표5] 소득세법상 장기임대사업자에 관한 규정

구분		장기임대사업자 (2018.3.31. 이전)		장기일반민간임대사업자 (2018.4.1. 이후)	
		매입	건설	매입	건설
임대요건	규모	규모 제한 없음	대지 : 298㎡ 주택 : 149㎡	규모제한 없음	대지 : 298㎡ 주택 : 149㎡ 이하
	가액기준	6억 원 (비수도권 3억 원)	6억 원	6억 원 (비수도권 3억 원)	6억 원 이하
	호수	1호 이상	2호 이상	1호 이상	2호 이상
	의무임대기간	5년	5년	8년	8년
	구청/세무서 등록요건	등록요건임	등록요건임	등록요건임	등록요건임

클릭 Click

소득세법상 장기임대사업자 세제혜택

- 다주택자 중과세 규정 적용 배제
- 1세대1주택 비과세 규정 적용 시 거주자의 주택에서 제외(단, 양도하는 주택은 2년 이상 거주요건 필수)
- 6년 이상 임대 시 1년에 2%씩 장특공제 추가로 공제(최대 10년 이상 임대 시 10%)
- 종합부동산세 합산 배제

B. 조세특례제한법상 감면대상주택에 해당한 주택은 중과세가 배제된다

조세특례제한법상 감면대상주택은 크게 세 가지로 구분하여 규정하고 있다. 장기임대주택, 미분양주택, 신축주택이 그것인데 이러한 주택들은 장기임대사업 목적이나 주택불경기 때 미분양주택 해소를 위해 세제혜택을 준 신규분양 주택이다. 따라서 이러한 정부정책에 순응하여 취득한 주택이므로, 투기 또는 투자 목적으로 취득한 주택과는 구별되어야 한다. 감면대상주택들은 다주택자에 대한 중과세 규정도 중요하지만 1세대1주택 비과세 규정을 적용할 때도 거주자의 주택에서 제외되는 특혜가 있다. 취득기간과 감면대상지역 및 주택규모나 가액 등 요건이 각각 다르므로 전문가들도 해당 규정을 암기하기 힘들다.

각 규정의 세부사항을 정리해서 부록으로 실어두었으니 전문가의 도움을 받아 해당 여부를 판정받기를 권한다. 독자들의 이해에 도움을 주고자 각 조세감면혜택을 받는 주택들에 대해서 특례기간별로 관련 법조문을 요약한 자료를 참고하기 바란다.

클릭Click
조세특례제한법상 감면대상주택 요약

구분	근거법	기간	지역	비고
미분양주택	98조	1995.11.1.~1997.12.31. 1998.3.1.~1998.12.31.	서울 외	미분양
지방미분양	98조의2	2008.11.3.~2010.12.31.	수도권 밖	미분양/신축
미분양주택	98조의3	2009.2.12.~2010.2.11.	서울 외	미분양/신축
미분양주택	98조의4	2010.5.14.~2011.4.30.	수도권 밖	미분양
미분양주택	98조의6	2011.6.3.~2011.12.31.	전국	미분양
미분양주택	98조의7	2012.9.24.~2012.2.31.	전국	미분양

구분	근거법	기간	지역	비고
신축주택/1세대1주택 매수자	99조의2	2013.4.1.~2013.12.31.	전국	미분양/신축 1세대1주택 매수자
준공후 미분양주택	98조의8	2015.1.1.~2015.12.31.	전국	미분양
신축주택	99조	1998.5.22.~1999.12.31.	전국	미분양/신축
신축주택	99조의3	2000.11.1.~2003.6.30.	전국	미분양/신축
장기임대주택	97	2000.12.31. 이전 임대개시	전국	5호 이상 주택
2호 이상신축임대	97의2	2001.12.31. 이전 임대개시	전국	2호 이상 신축주택

C. 그 외 중과세가 배제되는 다양한 주택

(1) 종업원에게 무상으로 제공하는 사용자 소유의 주택으로서 당해 무상제공 기간이 10년 이상인 장기사원용주택

(2) 문화재보호법에 규정된 문화재주택

(3) 상속받은 주택으로 5년이 경과하지 않은 주택

(4) 저당권 실행으로 인하여 취득하거나 채권변제를 대신하여 취득한 주택으로서 취득일로부터 3년이 경과하지 아니한 주택

(5) 시·군·구로부터 인가를 받고 세무서에 사업자등록을 한 다음 장기가정어린이집으로 5년 이상 사용하고 가정어린이집으로 사용하지 아니하게 된 날부터 6월이 경과하지 아니한 주택

(6) 중과세배제주택(상기 A, B와 C의 (1)~(5)까지를 말함)과 일반주택 1채를 소유한 경우로서 일반주택 1채

이 규정에서 일반주택 1채가 중과세에서 배제되는 것은, 중과세배제주택이 주택수에서 제외되기 때문이 아니라 중과세배제 주택을 소유하고 있더라도 중과세대상주택이 1채밖에 없어서 당해 일반주택을 중과세하지 않는다는 취지다. 따라서 일반주택이 1채가 아닌 2채를 소유한 경우라면 중과세배제 주택수를 포함하여 중과세 주택수를 계산해야 한다.

이 규정이 어떻게 적용되는지 다음 실제 사례를 통해 알아보기로 한다.

D. 중과세가 배제되는 주택들은 중과세대상 주택수 계산 시에는 포함된다

적용사례 ⑧

장기임대주택이 주택수에 포함될까?

상장기업에서 근무하는 황 이사는 서초동 아파트에서 20년 넘게 살다가 직장과 가까운 분당으로 이사했다. 서초동 집을 반전세 주고 분당의 새 아파트로 세를 얻어 간 것이다. 이사한 지 2년이 되어가자 분당의 아파트 소유자가 처분하겠다고 집을 내놓았다. 황 이사는 집을 보러 오는 사람들 때문에 보통 스트레스가 아니었다. 내 집이 없는 것도 아니고, 두세 번 집을 보여주고 나니 차라리 시세가 적당하면 서초동 집을 팔아서

분당 아파트를 구입하는 것도 대안이라는 생각이 들었다. 가족회의를 해보니 공원도 잘 꾸며져 있고 전철도 서울 강남까지 20분대에 갈 수 있어서 이 기회에 사자는 데 쉽게 합의할 수 있었다.

마침 서초동 아파트도 전세 기간이 끝나가는 터라 매도하는 것은 어렵지 않을 것 같았다. 다행히 서초동 집이 금방 팔려서 계약금 받은 돈으로 세 살던 분당 집을 매수했다. 잔금을 받기 전에 동네 세무사를 찾았다. 2.5억 원에 사서 17억 원에 아파트를 양도했는데 보유기간이 20년 정도고 1세대1주택이라고 했더니, 세무사는 양도소득세가 3천만 원 정도라고 일러줬다. 양도차익이 많아서 최소한 1억 원은 나올 거라 예상했는데 세금도 도와주는구나 생각했다.

황 이사는 양도한 아파트 외에 3채의 주택이 더 있었지만, 주택임대사업자로 등록이 돼 있고 양도한 아파트에서 2년 이상 거주했으므로 서초동 아파트는 비과세된다고 단정하고 있었다. 2005년도에 수원영통에 부부공동으로 다가구 주택 한 채를 구입해서 2008년에 임대사업자 등록을 마쳤고, 2015년에 분당의 오피스텔 2채를 분양받아 역시 임대사업자로 등록을 해두었기 때문이다.

프롤로그에서 소개했던 사례를 보면, 황 이사가 서초동에 있는 주택을 양도하고 세무서에만 사업자등록을 하고 구청에 임대주택으로 등록을 하지 않아 1세대1주택 비과세 규정을 적용받지 못했지만, 적법하게 등록한 장기임대주택(오피스텔을 말함) 2채를 제외하면 다가구주택과 양도한 아파트 등 2채를 소유하였다. 그런데 중과세대상주택을 3주택자로 보고 투기지역에 해당되어 중과세를 받았다.

그 이유를 살펴보면 다음과 같다. 중과세가 배제되는 장기임대주택 2채와 일반주택 2채 중 1채를 양도할 경우 중과세대상 주택수를 2주택으로 볼 것인지, 3주택 이상으로 볼 것인지가 문제다. 중과세가 배제되는 장기임대주택이 주택수에 포함될 것인지에 따라 주택수가 달라진다. 중과세배제주택은 양도 시 중과세를 받지 않지만 다른 중과세 주택을 양도할 경우 중과세대상 주택수에는 포함되므로 위 사례의 경우에는 4주택자로 인정된다. 따라서 투기지역에 소재한 1세대3주택 이상자에 해당되어 중과세를 받았다.

적용사례 ⑨

중과세배제주택과 일반주택 1채만 소유한 경우에는 일반주택 1채는 중과세를 받지 않는다

서울에 장기임대주택 3채와 성남에 상속받은 지 3년 이내인 상속주택 1채 그리고 과천에 2억 원인 일반주택 1채를 소유한 경우로 과천에 일반주택을 양도할 경우 중과세 여부

상기 사례에서 중과세배제주택과 중과세대상 일반주택 1채를 소유한 경우로서 일반주택 1채를 양도한 경우에는 중과세를 받지 않는다. 이때 중과세를 받지 않는 이유는 중과세배제주택들이 주택수 계산 시 제외되기 때문이 아니라 일반주택 1채에 대해서는 중과세를 배제하는 규정에 따라 중과세가 적용되지 않기 때문이다. 상기 사례처럼 서울에 장기임대주택이나 성남에 상속주택은 양도 시 중과세가 배제되므로 중과세를 받지 않는다. 반면에 과천에 일반주택을 양도할 경우 중과세대상 주택은 모두 5주택이지만 중과세배제 주택과 일반주택 1채의 요건에 해당되어 일반주택 양도 시 중과세가 배

제된다.

　상기 D사례처럼 일반주택을 2채 보유하고 중과세가 배제되는 장기임대주택이 2채 있는 경우에 일반주택 1채를 양도하면 중과세대상 주택수는 장기임대주택 2채와 일반주택 2채를 합하여 1세대4주택에 해당하였다.

　먼저 양도하는 일반주택은 1세대4주택으로 중과세를 받고 그 다음 양도하는 일반주택은 중과세 배제 주택과 일반주택 1채에 해당되어 중과세 주택이 1세대3주택이지만 중과세를 받지 않게 된다.

　결론적으로 중과세가 배제되는 주택은 양도할 경우 중과세가 배제되므로 중과세를 받지 않지만 중과세가 배제되는 주택을 보유한 상태에서 다른 주택이 중과세 될 경우 중과세대상 주택수 계산 시 포함됨에 유의하여야 한다.

　이 부분은 세무전문가들도 판단에 혼란이 있으므로 비전문가는 전문가의 도움을 받아 판단하기를 권한다.

다주택자 중과세 규정에서는 주택의 처분순서가 중요하다

중과세대상 주택수 계산 시 포함되지만 양도 시 중과세를 적용받지 않는 주택부터 처분하여 주택수를 줄여나가야 한다. 재개발 및 재건축 조합원입주권이나 조정대상지역이 아닌 지역에서 중과세대상인 주택, 장기임대주택과 같은 중과세가 배제되는 주택, 2주택 중과세 규정에서 소형주택 등은 양도 시 중과세를 받지 않지만 보유한 상태에서 다른 주택을 양도할 경우 중과세대상 주택수 계산 시에는 포함되므로 처분순서를 정할 때 이런 주택들을 먼저 양도하여 중과세대상 주택수를 줄이는 것이 유리하다.

E. 1세대2주택 중과세 규정에서 추가로 중과세가 배제되는 주택들

1세대2주택 중과세 규정은 1세대3주택 중과세 규정에서 배제된 주택들에다가 추가로 중과세를 배제한 주택들이 있다.

① 3주택 이상자의 중과세배제주택
② 취학, 근무상 형편, 질병의 요양 등의 사유로 취득한 수도권 밖 주택 및 다른 시·군 소재 주택(취득 당시 기준시가 3억 원 이하, 취득 후 1년 이상 거주하고 부득이한 사유 해소 후 3년 이내 양도)
③ 혼인 합가일로부터 5년 이내 양도한 주택
④ 부모봉양 합가일로부터 10년 이내에 양도하는 주택
⑤ 소송진행 중이거나 소송결과에 따라 취득한 주택(확정판결일로부터 3년 이내에 양도)
⑥ 일시적 2주택인 경우 종전주택
⑦ 양도 당시 기준시가 1억 원 이하인 주택(이하 '소형주택'이라 한다. 도시 및 주거환경 정비법상 정비구역 내 주택은 제외)
⑧ 상기 ①~⑤의 주택 외에 1개 주택만을 소유하는 경우 해당주택

상기 ②, ③, ④, ⑥은 1세대2주택 비과세 특례규정에도 동일하게 규정하고 있다. 따라서 중과세 규정에서 4가지 유형은 양도하는 주택이 비과세 요건을 충족하지 못한 경우들이다. 비과세 요건을 충족하지 못하여 비과세를

받을 수 없다는 이유로 다주택자로 중과세를 적용하는 것은 투기주택에 대한 중과세 입법 취지에 어긋나기 때문에 중과세를 배제해준 것이다. 또한 보유한 2주택은 모두 중과세대상주택만을 기준으로 판단한다.

즉, 거주자가 보유한 모든 주택이 2주택이란 의미가 아니라, 중과세대상 주택만 2주택인 경우에 적용된다.

> **클릭 Click**
>
> ## 상기 ②, ③, ④, ⑥의 경우 양도하는 주택이 비과세 요건을 충족하지 못한 사유는?
>
> 양도하는 주택이 보유 또는 거주 요건을 충족하지 못했거나 중과세대상이 아닌 기타지역에 3억 원 이하의 주택들을 소유하고 있는 경우에는 비과세를 적용받을 수가 없다.

1세대2주택 중과세 규정은 1세대3주택 중과세 규정에는 없던 소형주택에 대해서 중과세를 배제한다. 2주택 중과세 규정에서 소형주택은 규모에 상관없이 고시된 개별주택가격이 1억 원 이하인 경우에 해당한다.

이 소형주택과 일반주택을 보유한 경우에는 처분 순서에 유의해야 한다. 소형주택은 양도 시 중과세를 받지 않지만 중과세대상 주택수에는 포함되기 때문이다.

일반주택 1채와 소형주택 1채를 소유한 경우, 소형주택을 먼저 양도하고 일반주택을 나중에 양도하면 2주택 모두 중과세를 받지 않는다. 그러나 반대로 일반주택을 먼저 양도하면 일반주택과 소형주택 등 2주택을 소유하고 있으므로 2주택으로 중과세를 받게 된다.

장기임대주택 3채 + 소형주택 1채 + 일반주택 1채

소형주택을 먼저 처분하고 일반주택을 나중에 처분한 경우

소형주택은 중과세배제주택이므로 중과 제외, 일반주택 처분 시 중과세대상주택이 1채이므로 중과세배제.

일반주택을 먼저 처분하고 소형주택을 나중에 처분한 경우

일반주택을 먼저 처분할 시 소형주택을 보유한 상태이므로 선양도한 일반주택은 1세대 2주택자로 중과세가 적용된다. 나중에 처분한 소형주택은 당연히 중과세가 배제된다.

중과세대상 주택수 계산과 중과세 적용 여부

구분	중과세대상 주택수 계산	중과세 적용 여부
① 기타지역에 있는 3억 원 이하의 주택	제외	제외
② 조정대상지역이 아닌 중과세대상주택	포함	제외
③ 재개발 및 재건축 조합원입주권	포함	제외
④ 장기임대주택 등 중과세배제주택	포함	배제
⑤ 1억 원 이하의 소형주택	포함	배제

기타지역에 있는 3억 원 이하의 주택은 중과세대상 주택수 계산에서 제외되므로 중과세가 적용되지 않고 중과세대상 주택수에도 포함되지 않는다. 다른 중과세대상주택에 영향을 미치지 않는다. 이에 반해 조정대상지역이 아닌 중과세대상주택, 조합원입주권과 중과세배제주택 및 소형주택은 양도 시 중과세를 받지 않지만, 보유한 상태에서 다른 중과세 주택을 양도할 경우 중과세대상 주택수에 포함된다. 당해 주택과 입주권은 양도 시 중과세를 받지 않지만, 보유한 상태에서는 양도하는 다른 주택을 중과세 받게 한다. 즉, 주택수에 포함된다.

적용사례 ⑪

처분 순서에 따라 절세금액이 달라진다

광명시에 조합원입주권 1개(3억 원), 성남시에 다세대주택 1채(8천만 원), 서울에 아파트 1채(7억 원, 양도차익 5억 원), 천안에 아파트 1채(4억 원), 속초에 아파트 1채(2억 원)를 보유한 경우 처분순서와 절세 방안은?

> ① 조정대상지역이 아닌 지역에 소재하는 주택을 선양도
> → 천안과 속초 소재 주택 선양도 : 중과세 제외
> ② 조정대상지역에 소재한 주택의 경우에는 중과세를 받지 않거나 중과세가 배제되는 주택을 먼저 양도
> → 광명 조합원입주권과 성남 소형주택 양도 : 중과세 배제
> ③ 조정대상지역 중 양도차익이 가장 적은 주택 선양도
> → 해당 없음
> ④ 마지막에 비과세대상주택 양도
> → 서울 아파트 양도 : 1세대1주택으로 비과세
> ※ 서울에 있는 아파트를 첫 번째로 양도할 경우 중과세 대상주택이 1세대4주택이고 조정대상지역에 소재하므로 중과세가 적용된다.

F. 놓치기 쉬운, 2009.3.16.~2012.12.31. 기간 중 취득한 주택

다주택자에 대한 중과세가 본격적으로 시행된 지 2년이 되던 해에 주택거래 절벽이 왔다. 2주택자는 50%, 3주택자는 60%의 중과세율에 지방소득세 10%가 가산된 데다 장기보유특별공제를 받지 못하고 양도소득세를 부담하면서 거래할 바보는 없었다.

결국 부동산경기 부진에서 비롯되는 여러 가지 문제점들이 나타나기 시작했다. 그러나 시행되던 제도를 하루아침에 폐지할 수는 없어서 중과세율 유예조치를 취하게 되었다. 즉 2009.3.16. 이후 양도한 주택에 대해서는 중과세율을 유예하고 일반세율을 적용하되, 투기지역에 한하여 일반세율에 10%

만 가산하여 중과세를 적용하도록 개정되었다(이후 2주택자 중과세는 폐지되고 3주택자 중과세는 2018.3.31.까지 그대로 시행되었다).

　여기서 한발 더 나아가 수요 진작을 위해 2009.3.16.부터 2012.12.31.까지 이 기간 동안 취득한 주택은 다주택자에 대한 중과세 규정을 적용할 때 당해세율에 중과세율을 가산하지 않고 일반세율을 적용하도록 별도로 신설하였다. 따라서 이 기간 중에 취득한 주택은 투기지역이거나 조정대상지역이거나 당해 취득 당시 세법을 적용해야 하므로 추가로 개정된 법률에 의해 중과세를 적용할 수 없다.

　다만, 개정 법률에 따라 세율이 아닌 장기보유특별공제를 배제할 수 있으므로 2018.4.1. 이후 양도하는 다주택자의 경우 일반세율을 적용하되 장기보유특별공제를 받을 수 없는 주택에 해당한다.

> **클릭 Click**
>
> 이 규정은 소득세법 부칙에 규정된 조항인데 관련 부칙 규정이 개정되지 않아, 2017.8.3. 이후 양도하는 중과세대상주택에 대해 적용되는지 기획재정부의 유권해석을 받아야 한다.

05 중과세 규정을 적용할 때 꼭 알아둬야 할 추가사항

재개발 및 재건축 아파트의 조합원입주권

재개발 및 재건축 아파트의 조합원입주권은 소득세법상 부동산으로 분류되지 않고 부동산을 취득할 수 있는 권리로 분류된다. 따라서 주택에 해당되지 않는다. 그러다 보니 부동산투기의 온상이 되었다. 그도 그럴 것이 일단 관리처분계획인가를 받게 되면 주택수에서 제외되므로, 보유하고 있는 다른 일반주택 1채를 양도할 경우 1세대1주택으로 비과세를 받을 수 있다. 재개발 및 재건축한 아파트의 공사가 완료된 다음에는 종전주택의 보유기간과 공사기간, 준공 후 신축한 아파트의 보유기간을 모두 통산해주니까 준공 후 즉시 양도하더라도 비과세 요건을 충족하므로 비과세를 받게 된다.

이러한 특별한 법률적 지위로 인해 세제혜택이 과도하게 주어지자 다주택자 중과세 규정을 신설할 당시에는 주택수에 포함되지 않았지만 2006.1.1부터 재개발 및 재건축 아파트 조합원입주권을 주택수에 포함하였다. 이후 1세대1주택 비과세 규정을 적용할 때도 조합원입주권을 주택수에 포함하도록 개정하였다.

따라서 중과세대상 주택수를 계산할 때는 조합원입주권도 주택수에 포함하되, 지역기준에 해당하지 않는 조합원입주권은 종전주택의 기준시가(관리처분계획인가일 현재)가 3억 원을 초과하면 중과세대상 주택수에 해당된다.

조합원입주권은 중과세대상 주택수에는 포함되지만 조합원입주권을 양도할 때에는 중과세가 되지 않는다. 소형주택과 마찬가지로 주택수에는 포함되지만 중과세는 받지 않는다는 것이다.

주택수 계산방법과
기타 예외 상황에서 중과세 여부

1세대의 범위는?

1세대1주택 비과세 규정과 동일하므로 비과세 규정에서 설명하기로 한다.

다가구주택은 주택수 계산을 어떻게 할까?

다가구주택은 한 가구가 독립하여 거주할 수 있도록 구획된 부분을 각각 하나의 주택으로 본다. 즉, 세법상 원칙적으로 공동주택으로 본다는 의미다.

다만, 가구별로 구분해서 분양하지 않고 하나의 매매단위로 일괄 양도한 경우에는 단독주택으로 본다.

1세대1주택 비과세 규정을 적용할 때는 당연히 단독주택으로 보는 것이 유리하므로, 가구별로 분리하지 않고 일괄로 양도한 경우에는 단독주택으로 본다. 다주택자 중과세 규정에서는 공동주택으로 볼지 단독주택으로 볼지를 양도자가 선택할 수 있게 한다.

따라서 지역기준이 적용되지 않는 기타지역에서는 다른 주택이 있어서 다주택자에 해당될 경우 가구당 면적이 3억 원 이하라면 중과세 대상에서 제외되므로 공동주택이 유리할 것이고, 다가구 1채만 소유한 경우에는 단독주택이 유리할 것이다.

또한 중과세가 배제되는 소득세법상 장기임대주택에 있어서 임대개시 당시 6억 원(수도권 밖은 3억 원) 이하인 주택과 1세대2주택 중과세 규정에서 소형주택 규정을 적용할 경우에는 공동주택으로 선택하는 것이 유리할 것이다.

공동상속주택 보유 시 주택수 계산

공동상속주택은 상속지분이 가장 큰 상속인 소유로 주택수를 계산하되, 상속지분이 가장 큰 자가 2인 이상인 경우에는 당해 주택에 거주하는 자 → 연장자 순서로 공동상속주택을 소유한 것으로 본다. 따라서 소수지분권자는 주택수에서 제외된다. 다주택자 중과세 규정에서는 보유 및 양도 시 모두 적용된다(비과세 규정에서는 보유 시만 적용됨).

부동산매매업자의 주택수 계산

주택을 직접 건설하여 분양하는 건설업자가 소유하고 있는 주택은 주택수에 포함되지 않지만, 기존주택을 구입하여 재판매하는 부동산매매업자가 소유하는 주택은 거주자의 중과세대상 주택수에 포함된다. 또한 기존주택을 재판매하는 부동산매매업자가 소유한 사업용 재고주택에 대한 사업소득세는 다주택자의 양도소득세(중과세 규정을 적용하여 산정한 양도소득세를 말함)와 비교과세를 하여 납부세액이 많은 세액으로 과세된다.

부동산매매업자의 재고주택을 주택수에 포함하지 않거나 부동산매매업자의 사업소득세를 양도소득세와 비교과세를 하지 않을 경우, 부동산매매업자로 사업자등록을 하여 다주택자 중과세 규정의 적용을 회피할 수 있기 때문이다.

혼인으로 1세대3주택이 된 경우에도 중과세를 적용할까?

1주택 이상을 보유한 자가 1주택 이상을 보유한 자와 혼인함으로써 1세대 3주택 이상에 해당하는 주택을 보유하게 된 경우, 혼인한 날부터 5년 이내에 해당주택을 양도하면 양도일 현재 양도자의 배우자가 보유한 주택수를 차감하여 해당 1세대가 보유한 주택수를 계산한다.

즉, 혼인한 날로부터 5년 이내에 양도한 경우에는 배우자의 주택수와 상관없이 본인이 소유한 주택수만을 기준으로 중과세대상 주택수를 계산한다. 이는 혼인으로 말미암아 본인의 귀책사유 없이 부동산 투기자에 해당되어 중과세를 받게 되는 불합리한 점을 해소하기 위해 중과세배제 규정을 도입한 것이다.

의무임대기간 전에 일반주택을 양도한 경우 중과세 여부?

소득세법상 장기임대주택, 감면대상 장기임대주택, 장기사원용주택, 장기가정어린이집의 의무임대기간 요건을 충족하기 전에 일반주택을 양도한 경우 의무임대기간을 충족한 것으로 보아 중과세를 적용하지 않는다. 이후 사후관리를 하여 의무임대기간을 충족하지 않을 경우 중과세를 적용하여 추징한다.

중과세대상주택을 동시에 양도한 경우 중과세되는 주택은?

같은 날 중과세대상주택을 동시에 양도한 경우에는 양도자가 선택한 주택에 먼저 중과세를 적용한다. 예를 들어 중과세대상주택을 3채 소유한 거주자가 양도차익이 3억 원 발생한 주택과 2억 원인 주택을 동시에 양도한 경우 양도차익이 적은 2억 원 발생 주택을 3주택으로 중과세를 받고, 양도차익이 많은 3억 원 발생 주택을 2주택으로 중과세를 받을 수 있다.

기타 1세대1주택 비과세 규정을 적용할 때 주택으로 판정되는 경우

다주택자 중과세 규정과 1세대1주택 비과세 규정은 세대의 개념과 주택수 판정이 거의 동일하다. 따라서 주거용으로 사용하는 오피스텔, 지분으로 소유하는 주택, 무허가 주택, 조합원입주권 등은 주택수 판단에서 동일하게 적용된다. 다만 겸용주택은 주택이 주택 이외의 면적보다 큰 경우라도 주택 부분만 주택에 해당한다.

안수남의 절세 Tip

단독주택 양도 시 주의사항과 자녀에게 증여한 경우

● **단독주택을 양도할 때 주택은 본인이 소유하고 부수토지만 양도한 경우 중과세 여부**
→ 1세대 다주택의 중과세 규정은 주택과 부수토지를 동시에 양도한 경우뿐만 아니라 따로따로 양도한 경우에도 중과세가 된다. 따라서 주택을 제외하고 부수토지만 양도한 경우에도 중과세 대상이 된다.

● **단독주택의 경우 주택을 멸실하고 나대지만 양도한 경우 중과세 여부**
→ 다주택자에 대한 중과세 규정은 주택과 주택의 부수토지에 대하여 중과세하는데, 양도일 현재 주택의 부수토지가 아닌 경우에는 나대지 양도로 인정되어 중과세를 받지 않는다. 따라서 매수자가 지상건물을 멸실할 계획이라면 양도자가 주택을 멸실 후 양도하는 것이 중과세를 피할 수 있는 방법이다.

● **다주택자가 중과세대상주택을 세대를 달리하는 자녀들에게 증여하고 소유한 일반주택을 양도한 경우 주택수 계산**
→ 세대를 분리한 자녀에게 부모 소유의 주택을 증여한 경우에는 세대별 중과세 주택수 계산에서 제외된다.

공익사업으로 수용되는 주택이 다주택자 중과세대상일 경우 절세방안

주택에 대한 보상금은 4천만 원인데 다주택자 중과세로 늘어난 세금은 1억 원

김 여사는 OO시 OO동에 상가주택을 30년째 소유하고 있다. 5년 전에 OO동 일대가 재개발 정비구역으로 지정되었을 때만 해도 지역주민들의 의견이 분분했다. 전체적으로 재개발 지역으로 지정되면 개발이익이 발생하는 경우가 많아서 재개발이 되는 것이 유리하다는 주민이 있는 반면, 상업용지로 사용되고 있는 경우에는 오히려 조합원으로 되는 것이 불리하다는 주민도 있어서 혼란스러웠다. 종전부동산에 대한 감정이 이루어지면서 지역주민들은 의견이 통일되기 시작했다. 상가지역에 있는 토지에 대한 감정가액이 주택지역에 토지보다 상대적으로 저평가되어 불리하다는 의견이 우세했다. 전체 조합원 2000여 명 중 약 8% 정도는 현금청산을 희망했는데 대부분 상가 소유자들이다. 순조롭게 진행되던 재개발 사업이 현금청산자들의 반발로 사업이 계속 지연되었고 2017년도에 관리처분계획인가를 받으려던 사업계획은 계속 지연되었다.

현금청산대상자들과 조합측은 계속 합의점을 찾지 못하고 사업이 지연되다가 현금보상대책위와 조합측이 극적으로 타협했다. 2018년 6월부터 현금청산대상자들에 대하여 보상금이 지급되기로 협의되었다. 그런데 문제는 현금청산자 중 30% 이상이 2주택자로 2018.4.1.부터 시행된 다주택자 중과세에 해당되어 양도소득세 부담이 많아졌다.

김 여사의 경우도 상가와 주택에 대한 보상금이 4천만 원인데 다주택자 중과세 규정을 적용받아 늘어난 세금이 1억 원이 넘었다. 김 여사가 협의하기 전에 중과세를 피할 수 있는 방법은 없을까?

2017. 8. 3 이후 투기지역에서 양도하는 1세대3주택 이상자와 2018.4.1 이후 조정대상지역에서 양도하는 1세대2주택 이상자에 대해서는 양도소득세가 중과세된다. 그런데 중과세배제 규정에 공익사업으로 협의양도하거나 수용되는 경우에도 중과세를 배제하는 규정이 별도로 없다. 따라서 공익사업으로 수용되는 경우에 다주택자들은 중과세를 피할 수 있는 방법을 사전에 강구하여야 한다. 다주택자의 경우 주택에 대한 보상금보다 중과세로 늘어난 세금이 오히려 많은 경우도 있다. 특히 재개발 또는 재건축사업구역에서 조합원으로 참여하지 못하거나 현금청산을 받고자 하는 경우에는 부동산의 양도대금으로 현금청산금을 수수하게 된다. 이 경우에도 다주택자인 경우에는 중과세를 피할 수가 없다. 김 여사의 경우 현금청산을 위한 감정평가가 이루어지기 전에 본인이 거주하던 주택을 퇴거한 후 근린생활시설로 용도를 변경하여서 다주택자의 중과세를 피할 수 있었다.

주택에 대한 보상금이 크지 않을 경우 지상 주택을 차라리 멸실하는 것이 유리한 경우도 있으므로 공익사업으로 보상을 받거나 재개발 또는 재건축사업에서 현금청산을 받는 경우 다주택자들은 중과세를 받지 않을 방법을 미리 강구하여야 한다.

안수남의 절세 Tip

공익사업에 협의양도하거나 수용되는 경우 절세방안

공익사업에 협의양도하거나 수용되는 경우로서 조정대상지역에 소재한 다주택자에 대한 중과세가 적용되는 경우 우선 절세방안을 세워야 한다.
① 지상건물의 가액과 증가되는 세금을 비교하여 협의 양도 시 지장물 보상을 받기 전에 멸실하는 방법
② 주택을 주택 이외의 용도로 변경한 후 보상을 받는 방법
③ 주택만 세대가 다른 가족에게 사전 증여나 양도를 하여 토지와 주택의 소유를 분리하는 방법(이 경우 다주택자에게 주택을 증여나 양도한 경우 주택에 대한 양도소득에 대해서 중과세를 받게 되므로 사전에 세액을 비교한 다음 실행하여야 함)

중과세 시기별 양도소득세 부담비교

다주택자 중과세 규정은 2018.3.31. 이전까지는 투기지역에 한하여 적용되는데 1세대3주택 이상 보유자가 대상이다. 2017.8.3.부터 2018.3.31.까지 기간은 다주택자에 대해 세율만 당해세율에 10%를 가산하여 중과세하고, 장기보유특별공제는 배제하지 않아 공제를 받을 수 있다.

2018.4.1.부터는 2주택자까지 중과세가 확대되고 중과세 세율도 2주택자는 10%를, 3주택자는 20%를 당해세율에 가산하고 장기보유특별공제도 배제된다.

2009.3.16.~2012.12.31. 기간 중에 취득한 특례주택은 2018.4.1.부터 중과세가 적용되더라도 세율은 일반세율을 적용하되, 장기보유특별공제는 배제된다.

중과세 주택수 및 양도시기별 중과세 내용을 정리해보면 [표6]과 같다.

[표6] 세법상 중과세주택에 관한 규정

중과대상 주택수 중과세대상지역	구분	2017.8.2. 이전 투기지역	2017.8.3. 이후 투기지역	2018.4.1. 이후 조정대상지역
1세대2주택 중과세	중과세율	중과세 폐지 (일반세율 적용)	중과세 폐지 (일반세율 적용)	일반세율+10%
	장기보유특별공제 적용 여부	○	○	×
1세대3주택 중과세	중과세율	일반세율	일반세율+10%	일반세율+20%
	장기보유특별공제 적용 여부	○	○	×
2009.3.16. ~2012.12.31. 기간 중 취득한 주택	중과세율	일반세율	일반세율	일반세율
	장기보유특별공제 적용 여부	○	○	×

※ 범례 : 장기보유특별공제 ○, 장기보유특별공제 배제 ×

클릭 Click

양도소득세 계산구조

no.	계산흐름		비고
①	양도가액		실지거래가액
②	필요경비	취득가액	실지거래가액
		기타필요경비	실지지출비용
③	양도차익		① – ②
④	(–) 장기보유특별공제		다음 클릭 참조
⑤	양도소득금액		③ – ④
⑥	(–) 양도소득기본공제		연간250만원
⑦	양도소득과세표준		⑤ – ⑥
⑧	× 세율		다음 세율 참조
⑨	산출세액		⑦ × ⑧

no.	계산흐름	비고
⑩	(-) 공제감면세액	
⑪	결정세액	⑨ - ⑩

클릭 Click

장기보유특별공제율

보유기간	일반적인 경우		1세대1주택인 경우	조특법상 특별공제	
	2018.12.31. 이전	2019.1.1. 이후		소득세법상 장기(준공공)임대주택	조특법상 준공공임대주택
3년	10	6	24	10/6	10/6
4년	12	8	32	12/8	12/8
5년	15	10	40	15/10	15/10
6년	18	12	48	20/14	18/12
7년	21	14	56	25/18	21/14
8년	24	16	64	30/22	50/70
9년	27	18	72	35/26	50/70
10년	30	20	80	40/30	70/70
11년		22		40/32	
12년		24		40/34	
13년		26		40/36	
14년		28		40/38	
15년		30		40/40	

※ 2018.12.31. 이전 양도 시/2019.1.1. 이후 양도 시
※ 2018.4.1. 이후 양도하는 다주택 중과세가 적용되는 주택은 장기보유특별공제를 배제함

세율

과세표준	2017.1.1.~ 2017.12.31.		2018.1.1.~2018.3.31.		2018.4.1. 이후	
	일반세율/중과세율	누진공제	일반세율/중과세율	누진공제	일반세율/중과세율	누진공제
12,000 이하	6/16		6/16		6/16/26	
46,000 이하	15/25	1,080	15/25	1,080	15/25/35	1,080
88,000 이하	24/34	5,220	24/34	5,220	24/34/44	5,220
150,000 이하	35/45	14,900	35/45	14,900	35/45/55	14,900
300,000 이하	38/48	19,400	38/48	19,400	38/48/58	19,400
500,000 이하	38/48	19,400	40/50	25,400	40/50/60	25,400
500,000 초과	40/50	29,400	42/52	35,400	42/52/62	35,400

※ 2017.8.3.~2018.3.31. 기간 중 중과세율은 당해세율에 10% 가산
※ 2018.4.1. 이후 중과세율은 2주택자는 10%, 3주택자는 20% 가산한 세율임

양도시기별 중과세 계산사례

세액은 양도소득세 기본공제를 감안하지 않고, 지방소득세 10%를 합하여 계산했다. 2017.8.3. 이후 양도분은 2017.12.31. 이전 양도로 가정, 2018.4.1. 이후 양도분(2018.12.31. 이전 양도)은 개정된 세율과 다주택자 중과세 규정을 적용하여 계산했다.

[표7] 10년 이상 보유한 경우

구분		2017.8.2. 이전	2017.8.3. ~ 2017.12.31.	2018.4.1. 이후
2주택자	1억 원	12,730	12,730	33,110
	3억 원	66,440	66,440	137,060
	5억 원	124,960	124,960	247,060
3주택자	1억 원	12,730	20,438	44,110
	3억 원	66,440	89,540	170,060
	5억 원	124,960	163,460	302,060
취득 특례자	1억 원	12,730	12,730	22,110
	3억 원	66,440	66,440	104,060
	5억 원	124,960	124,960	192,060

상기 계산사례를 통해 양도차익이 5억 원일 경우 양도소득세 부담 비율을 보면 2018.4.1. 이후에는 2주택자는 양도차익의 약 50%를, 3주택자는 양도차익의 약 60%를 양도소득세로 부담해야 한다.

아파트 분양권 또는 조합원입주권 프리미엄에 대해 양도소득세를 한 푼도 안 내는 비법

적용사례 ⓗ

다주택자가 수개월 후에 입주예정인 아파트 분양권을 보유하고 있는 경우

대기업에 다니는 김 과장은 요즈음 큰 고민거리가 생겼다. 신도시에서 아파트를 분양받았는데 금년 8월이 입주예정일이다. 문제는 분양받은 아파트가 조정대상지역으로 지정되어 분양권을 전매할 경우 양도소득세가 무려 50% 중과세율이 적용되어 양도차익의 절반을 세금으로 납부해야 할 처지다. 그렇다고 입주 후에 양도를 하자니 3주택자에 해당되어 다주택자 중과세 규정이 적용될 경우 양도소득세는 분양권 양도보다 더 늘어난다. 주택규모나 가액도 국민주택을 초과하고 주택가액도 6억 원이 넘을 것으로 예상되어 주택임대사업자로 등록하더라도 중과세를 피할 수도, 세제 혜택을 받을 수도 없다. 다행히 분양권 전매는 허용되어서 입주권에 무슨 조치를 취하려다가 분양권을 배우자에게 증여하여 양도하면 양도소득세를 절세할 수 있다는 소문을 들었다.

부동산을 배우자에게 증여를 받을 경우에는 5년 후에 양도해야 증여가액이 취득가액이 되어 양도차익을 줄일 수 있고 양도소득세를 절세할 수 있다고 하는데 아파트 분양권은 5년 기한을 지키지 않아도 될까?

현행 소득세법은 양도소득세를 계산할 때 양도가액에서 취득 당시 실지거래가액을 차감하여 양도차익을 계산한다. 매매로 취득한 경우에는 실지거래가액이 있겠지만 상속이나 증여처럼 무상으로 취득한 경우에는 실지거래가액이 존재하지 않는다.

  따라서 무상으로 취득한 경우는 상속세 및 증여세법상 상속 또는 증여 당시 평가액을 취득가액으로 한다. 상속 또는 증여당시 평가액을 취득가액으로 보는 이유는 상속 또는 증여에 의해 소유권이 변동된 경우에는 상속 또는 증여 당시 평가액으로 상속세나 증여세를 부과 받았으므로 동 금액을 양도소득세 계산 시 취득가액으로 인정해주자는 취지로 이해된다.

  그런데 양도소득세율과 상속 및 증여세율이 과세표준구간도 차이가 있고 적용세율도 차이가 날 뿐 아니라 증여공제액도 있어서 증여자가 납부하는 양도소득세와 수증자가 부담하는 증여세와 양도소득세 간에 세 부담 차이가 있을 수밖에 없다. 이러한 사유로 배우자나 직계존비속간에 증여가 이루어진 경우에는 양도기한에 제한을 두었다. 즉, 증여받고 5년이 경과한 이후에 수증인은 양도를 해야 한다. 만일 5년이 되기 전이라면 수증자는 자의적으로 양도할 수 있다. 그러나 조세회피(수증자가 납부한 증여세와 양도소득세가 증여자가 납부할 양도소득세보다 적은 경우를 말함)가 일어날 수 있어서 배우자나 직계존비속으로부터 증여를 받고 5년 이내에 양도하면 취득가액을 증여받을 당시 평가액이 아닌 증여자가 당초 취득한 취득가액을 수증자의 취득가액으로 한다. 이를 세법에서는 배우자 등 이월과세라고 한다.

  이월과세대상은 부동산과 기타자산(부동산 과다법인 등을 말함)에 한하도록 규정하고 있다. 따라서 부동산을 취득할 수 있는 권리인 아파트분양권은 이월과세대상이 아니다. 아파트분양권과 같이 부동산이 아닌 자산은 부부간에 증여를 한 다음 양도할 경우 배우자간에 공제받는 증여공제액인 6억 원까지는 증여세가 없다. 6억 원 이하의 아파트분양권을 증여받아 양도하더라도 양도소득세는 줄어든다. 만일 증여를 받아서 3개월 이내에 매매가 된 경우에는 양도가액이 증여 당시 평가액, 즉 증여가액이 된다. 결국 취득가액과 양도가액이 동일하여 양도소득세가 과세되지 않는 것이다. 여기서 주의할 점은 증여를 받은 후 3개월 이내에 매매가 이루어져야 한다는 점이다. 따라서 매매계약이 체결되기 직전에 증여를 하는 것이 안전한 방법이다. 만일 증여 후 3개월이 경과된 다음 양도할 수밖에 없다면 증여 당시 평가액을 매매사례가액으로 하여 증여세 신고를 해두는 것이 유리하다.

사례를 들어보면 신축중인 아파트를 8억 원에 분양받아 3억 원을 불입한 상태에서 프리미엄이 2억 원이라면 이 분양권의 평가액, 증여가액은 5억 원(불입금액 3억 원 + 프리미엄 2억 원)이 된다. 이 분양권을 양도하기 전에 부부간에 증여를 한 다음 수증자인 일방의 배우자가 양도했을 경우 증여가액이 6억 원 이하이므로 증여세는 없다. 양도소득세는 5억 원에 취득하여 5억 원에 양도하였으므로 양도차익이 발생하지 않아 과세되지 않는다.

이 경우에 중도금대출을 받았다면 승계 받은 채무는 무상으로 증여받은 것이 아니라 매매로 인정되어 프리미엄에 대하여 양도소득세를 과세 받아야 한다. 위 사례에서 중도금 대출이 2억 원 있었다면 과세대상 양도차익은 8천만 원(양도차익×채무액/증여가액 : 2억 원×2억 원/5억 원)으로 계산되어 해당 양도소득세를 납부하여야 한다.

실무상으로는 중도금대출을 변제한 다음 증여를 받아서 양도 후에 양수인은 다시 중도금대출이 안 될 경우가 있으므로 양도소득세를 내지 않기 위해 중도금대출을 미리 변제하는 것은 신중하게 판단해야 한다.

또한 양도한 대금은 수증자에게 귀속되어야 하는데 증여자에게 양도한 대금이 귀속될 경우 부당행위계산부인을 당해 양도소득세 절세 효과가 없으므로 양도대금은 반드시 수증자의 귀속으로 해야 한다.

부부간 증여를 통해 절세할 경우

아파트 분양권이나 재개발 및 재건축 조합원입주권을 부부간 증여를 통해 절세할 경우 증여 후 양도시점, 중도금 대출 여부, 양도한 대금의 귀속에 따라 절세효과가 다를 수 있으므로 반드시 전문가에게 상담을 받고 실행할 것을 권한다. 특히 8·2부동산대책으로 분양권이나 조합원입주권의 전매가 제한된 지역이 있으므로 전매나 명의승계가 가능한지 미리 알아보고 실행하여야 한다.

다주택자
중과세 편

03 다주택자 중과세에서 살아남기

다주택자에 대한 중과세 규정의 입법배경은, 다주택 소유의 경우 거주목적 등 실수요가 아니므로, 부동산투기로 인한 소득을 세금으로 흡수하여 과세형평을 도모하고 부동산투기를 차단하는 데 있다.

그러나 주택은 공급의 비탄력성으로 인해 수요와 공급 법칙에 따라 시장논리대로 가격이 형성되지 않을 뿐 아니라, 공공성이 커서 민간시장에만 공급을 맡겨둘 수도 없다. 국가는 국민의 쾌적한 주거환경을 마련하기 위해 양질의 주택을 공급할 책임이 있고, 국민의 다양한 요구에 부응하는 주택정책을 펴나가야 할 의무도 있다.

국가 예산으로는 공공주택의 공급에 치우치다 보니 시장의 수요를 못 따라가고 있다. 최근 주택이 소유 개념에서 거주 개념으로 바뀌고 있는 추세다. 이에 부응하여 임대주택의 공급을 확대하기 위해 기존에 시행되던 「임대주택법」을 「민간임대주택에 관한 특별법」으로 격상하여 각종 지원을 강화하였다.

민간임대주택에 대한 지원책의 하나로 조세지원도 대폭 확대하였다. 우선 양도소득에 대한 지원부터 임대소득에 대한 지원, 보유 시 보유세에 대한 지원까지 지원 폭이 광범위하다.

다만 이러한 세제지원 가운데 일부는 한시적으로 시행되므로, 감면이나 비과세 적용기한이 종료되면 일시에 세부담이 커질 수 있는 단점을 갖고 있다. 또한 세제지원 대상이 되는 주택은 일정규모 이하거나 일정가액 이하에만 국한되어 있어서 고가주택 등은 세제혜택을 받지 못하고 있다.

그럼에도 다주택 중과세 규정에서 살아남을 수 있는 유일한 방법은 「민간임대주택법」에 따라 시·군·구에 임대주택사업자로 등록하고 세무서에도 사업자등록을 하여 세제혜택을 받는 방법이라고 본다.

특히 일반인들은 주택임대사업자로 등록하면 장점보다는 단점이 많다고 알고 있다. 다주택자가 소유주택을 모두 주택임대사업으로 등록하는 것이 유리하다고는 할 수 없다. 다주택자의 주택 보유현황, 향후 이용계획, 각종 특례혜택 해당 여부 등에 따라 종합적으로 판단해야 한다. 주택임대사업으로 등록할 경우 단점과 장점으로 알려진 사항들을 객관적으로 비교해보고 개별 상황에 따라 유불리를 판단해야 할 것이다.

01 주택임대사업자 등록 시 단점과 장점

주택임대사업자 등록 시 단점

일반적으로 알고 있는 주택임대사업자 등록 시 단점은 5가지로 요약된다.

(1) 의무임대기간을 준수해야 하므로 양도시기 조절이 어렵다.

(2) 임대소득에 대한 종합소득세 부담이 늘어난다.

(3) 연간 임대료 인상 상한율 5%를 준수해야 한다.

(4) 건강보험료 부담이 늘어난다.

(5) 임대사업자 등록 및 임대조건 신고 등 행정협조 사항으로 불편하다.

어느 정도 수긍이 가는 건 사실이나, 위에서 단점이라고 열거한 부분이 현실적으로 얼마나 큰 불이익이 되는지를 정확히 검토해서 장점과 비교할 필요가 있다.

(1) 의무임대기간을 준수해야 하므로 양도시기 조절이 어렵다

첫 번째 단점인 의무임대기간 준수사항을 살펴보자. 임대사업자로 등록하지 않을 경우 현행 부동산 규제에서 소유자가 임의로 처분하는 것이 가능할까?

전매금지 제한이 없더라도 다주택자 중과세 규정이 적용되는 다주택자는 처분이 제한될 수밖에 없다. 물론 양도차익이 발생하지 않은 경우라면 부담세액이 많지 않아 처분이 자유로울 수 있지만, 양도차익이 발생한 경우라면 중과세가 적용된 세액을 부담하고 처분하기는 곤란하다. 그렇다면 중과세 규정이 적용되지 않을 때까지 처분을 미루어야 할 텐데, 현행 각종 규제 시행시기에 비추어 보면 최소 3년에서 최장 6년은 중과세가 시행될 것으로 전문가들은 예상하고 있다. 결국 5년 내외의 기간 동안 처분할 수 없는 상황이라면 임대등록으로 의무기간을 준수해야 하는 것과 별반 차이가 없다.

다주택자에 대한 중과세 규정이 시행되기 이전에는 의무기간 준수가 주택 투자자에게 상당히 큰 부담이 되었을지 모르지만, 다주택자 중과세 규정이 시행되고 있는 지금 상황에는 의무기간 준수 여부에 상관없이 단기간 내에 처분이 어려우므로 단점이라 할 수 없다.

(2) 임대소득에 대한 종합소득세 부담이 늘어난다

주택임대사업은 일반건물이나 나대지 임대보다 세제상 혜택이 매우 크다. 부가가치세가 면세될 뿐 아니라 소득세도 주택수와 임대소득금액에 따라 비과세 범위를 두고 있다. 또한 일정 수입금액까지는 분리과세 제도를 두고 있으며 전세금에 대해서는 과세 최저한을 추가로 두고 임대사업자로 등록할 경우 소득세 감면혜택도 주어진다. 후술하는 주택임대사업자의 세제혜택에서 자세히 살펴보겠지만 소득금액에 따른 소득세 부담이 예상보다 훨씬 작다.

또한 국세청은 이미 다주택자들에 대해 소유자별로 주택수를 파악하고 있을 뿐 아니라, 임차인이 확정일부인을 받기 위해 주민센터에 제출한 임대차계약서를 실시간으로 통보받아 인별로 임대사항을 파악하고 있다. 임대사업자 등록을 별도로 하지 않더라도 주택임대소득에 대해 소유자별로 과세자료가 축적되어 있다는 것이다. 따라서 언제든지 과세시효가 남아 있는 기간에는 임대소득에 대해 과세권을 행사할 수 있으며, 국세청의 주택임대에 대한 과세권은 정부의 주택임대정책을 종합적으로 판단하여 실행해야 하기 때문에 임대사업자 등록 여부와는 무관하다고 할 수 있다.

다만, 지방자치단체에 임대내용을 신고한 것을 과세자료로 활용하면 좀 더 정확한 임대수입금액을 용이하게 파악할 수 있다.

(3) 연간 임대료 인상 상한율 5%를 준수해야 한다

주택임대사업을 하는 투자자들은 대부분 단기투자보다는 장기투자를 선호한다. 특히 대출이나 전세금을 안고 주택을 취득하기 때문에 실제 투입되는 현금은 주택가격의 20~30%다. 이러한 갭투자자들 입장에서는 주택가격이나 전월세가격을 반영하여 임대료를 탄력적으로 인상하기를 원한다. 그런데 임대료 상한율이 제한될 경우 투자금 회수가 늦어지고 임대료 인상에 따른 이익을 향유하지 못해 주택임대등록을 기피하게 될 것이다.

주택가격이 급등하고 따라서 전월세도 자유롭게 인상할 수 있는 여건에서는 갭투자자들에게 임대료 인상율 제한이 큰 장애요인이다. 그러나 지금과 같이 주택가격이 안정세에 접어들고 전월세 시장도 안정되어가는 상황에서는 임대료 상한율만큼 인상하는 것도 쉽지 않다는 것이 전문가들의 분석이다. 따라서 지금의 주택경기에 비추어 볼 때 크게 부담이 되는 단점으로 보기는 어렵다.

(4) 건강보험료 부담이 늘어난다

주택임대사업자 중 상당수는 일정한 고정수입이 없는 경우가 많다. 이 경우 국민건강보험을 자녀들의 피부양자로 등록하여 추가부담 없이 건강보험 혜택을 받고 있다. 그러나 주택임대사업자로 등록해 일정 소득금액이 발생하면 피부양자 자격이 박탈되어 지역보험 가입대상자가 된다. 그러면 건강보험료를 추가로 부담하게 된다. 임대사업소득과 보유재산에 따라 건강보험료 부담액이 다르겠지만, 수십만 원에 이르는 건강보험료가 부담되는 임대사업자도 있을 것이다.

그러나 기왕에 건강보험료를 개별적으로 내고 있는 임대사업자의 경우, 임대소득 증가에 따른 보험료 증가는 많지 않으므로 단점으로 볼 수 없다. 또한 정부는 건강보험료 부과체계의 불합리한 점으로 인해 임대사업자 등록을 기피하고 있다는 점을 인식하여 2020년부터 부과체계를 개선할 예정이라고 발표했다. 또한 2019년부터 임대사업자로 등록할 경우 부가되는 건강보험료를 감면해주겠다고 한다. 따라서 이 부분의 추가 부담도 주택임대등록의 큰 장애요인으로 보기는 어렵다고 본다.

(5) 임대사업자 등록 및 임대조건 신고 등 행정협조사항으로 불편하다

주택임대사업자로 등록하려면 주소지 관할 시·군·구청에 임대등록을 하고, 주소지 관할 세무서에 면세사업자 등록을 해야 한다. 임대등록을 한 이후 임대계약사항이 있을 경우 임대조건신고를 해야 하고, 임대차계약서도 표준임대차계약서로 작성해야 한다. 임대소득에 대해서는 매년 다음 해 2월 10일까지 사업장현황신고를 해야 하고, 다음해 5월 31일(성실신고사업자는 6월 30일)까지 종합소득세 신고를 이행해야 한다.

이러한 신고들은 관할관청에 직접 방문해서 처리할 수도 있지만 지금은 모두 온라인에서 신고 접수가 가능하므로 큰 불편 없이 이행할 수 있다. 또한 1년에 한두 번 하는 행정협조사항이므로 단점이 크다고 볼 수는 없다.

주택임대사업자로 등록할 경우 국민건강보험료 부담이 발생하고 주택임대소득에 대해 소득세 부담까지 늘어나서 투자수익률이 낮아진다고 막연히 불안해한다. 그러나 실제사례로 세부담을 비교해보면 주택의 규모나 가액, 발생하는 임대료 수익 등에 따라 다르긴 하지만 보유기간 중 감면받은 보유세와 양도 시 절세한 양도소득세가, 보유기간 중에 추가로 부담한 소득세나 건강보험료 등에 비해 결코 적지 않다는 것을 알 수 있다.

주택임대사업자 등록 시 혜택

주택임대사업자로 등록할 경우 취득단계에서 취득세 감면, 보유단계에서는 재산세와 종합부동산세 혜택이 있다. 보유기간 중에 발생한 임대소득에 대한 종합소득세 혜택이 있을 뿐 아니라 양도 시 양도소득세와 관련된 혜택이 매우 많다.

주택임대사업과 관련하여 가장 큰 세제혜택은 양도소득세 혜택이다. 이에 대해서는 구체적으로 사안별로 정확하게 알아둘 필요가 있다.

[표8] 주택임대사업자의 세금감면 혜택 요약

구분	세목	감면 요건(전용면적)			혜택
		전용면적 또는 주택가액	임대기간	임대 주택수	
취득	취득세 (지방세특례 제한법 31조)	60㎡ 이하	4년	제한 없음	취득세 면제
		60~85㎡	8년	20호 이상	취득세 50% 감면
보유	종합소득세 (조세특례 제한법96조)	85㎡ 이하, 기준시가 6억 원 이하	4년 이상	1호 이상	소득세 30% 감면
			8년 이상 (준공공임대주택)	1호 이상	소득세 75% 감면
	재산세 (지방세특례 제한법31조, 31조의 3)	40㎡ 이하	–	2세대 이상	재산세 면제
		60㎡ 이하	–	2세대 이상	재산세 50% (준공공 75%) 감면
		85㎡ 이하	–	2세대 이상	재산세 25% (준공공 50%) 감면
	종합 부동산세	매입: 6억 원(수도권 밖 3억 원) 이하	5년 (2018.4.1. 이후 8년)	1호 이상	합산 배제
		건설: 149㎡ 이하, 6억 원 이하	5년 (2018.4.1. 이후 8년)	2호 이상	합산 배제

구분	세목	감면 요건(전용면적)			혜택
		전용면적 또는 주택가액	임대기간	임대 주택수	
매도	조특법 97조의3	85㎡ 이하, 준공공임대주택	8년 이상	제한 없음	장기보유특별공제 70%^{주1)}
	조특법 97조의 4	기준시가 6억 원 이하 (수도권 밖 3억 원)	6년 이상 7년 미만	제한 없음	추가 공제율 2%
			7년 이상 8년 미만	제한 없음	추가 공제율 4%
			8년 이상 9년 미만	제한 없음	추가 공제율 6%
			9년 이상 10년 미만	제한 없음	추가 공제율 8%
			10년 이상	제한 없음	추가 공제율 10%
	조특법 97조의 5	85㎡ 이하, 준공공임대주택	10년 이상	제한 없음	임대기간 중 발생한^{주2)} 양도소득세의 100%
	소득세법 시행령 167조의 3	매입: 6억 원 (수도권 밖 3억 원) 이하	5년 (2018.4.1. 이후 8년)	제한 없음	• 다주택자 중과세 배제 • 1세대1주택 비과세 적용 시 주택수 제외(양도주택은 2년 이상 거주)
		건설: 대지면적 298㎡ 주택연면적 149㎡ 이하, 6억 원 이하	5년 (2018.4.1. 이후 8년)		

주1) 2018.12. 개정 예정임(현행 8년 50%, 10년 70%임)
주2) 양도소득세는 100% 감면되지만 농어촌특별세 20%는 납부함

주택임대사업자에 대한 세제혜택

이번 장에서는 양도소득세의 절세내역과 임대소득에 대한 세제혜택, 실제 임대수입 금액별 사업소득세 부담이 얼마나 되는지, 보유세의 감면혜택이 어느 정도인지 꼼꼼히 살펴보기로 한다.

양도소득세 세제지원 제도에 주목하자

임대주택에 대한 양도소득세 관련 세제혜택은 [표9]와 같다

임대주택에 대해 관련법에 정하는 법정요건과 해당법에서 지원하는 혜택들이 각 근거법마다 요건별로 조금씩 차이가 있는바, 같은 점과 다른 점이

무엇인지 정확히 이해해야 한다.

우선 「민간임대주택에 관한 특별법」(이하 '민간임대주택법'이라 한다)에서 민간이 등록하는 임대주택은 단기민간임대주택, 장기일반민간임대주택(구 준공공임대주택), 기업형임대주택 등 세 가지다. 기업형 임대주택은 일반인들에게 해당사항이 없으므로 설명에서 제외하고, 단기민간임대주택과 장기일반민간임대주택(구 준공공임대주택)에 대해서만 설명하기로 한다.

「민간임대주택법」에서 단기민간임대와 장기일반민간임대로 구분하는 기준은 의무임대기간이다. 단기는 4년을, 장기일반은 8년을 의무임대기간으로 하고 있다. 두 가지 임대사업자 모두 주택의 규모나 가액에 제한은 없으며, 임대주택 호수는 매입 및 건설 모두 1호 이상이면 가능하다.

「민간임대주택법」상 임대사업자로 등록한 경우에는 금융지원에서 혜택이 주어진다. 반면에 연간 임대료 상한선 5%를 준수해야 하고 표준임대차계약서를 사용해야 하는 등 행정적으로 이행해야 할 의무사항이 있다.

민간임대주택으로 등록한 경우 세제혜택은 소득세법과 조세특례제한법에 근거를 두고 있다. 본래 소득세법에서 장기임대사업자로 등록할 경우에 다주택자 중과세를 배제하는 혜택을 주기 위해 장기임대사업자 제도가 도입되었다.

매입임대주택과 건설임대주택 등 2가지로 구분되어 임대사업자를 관리하였는데 매입임대주택은 주택규모 제한이 있다가 2013년도에 삭제되어 없어졌다. 건설임대주택은 현행 규정에도 규모 제한이 있으며 주택가액은 매입과 건설 모두 제한이 있다. 매입은 임대개시 당시 주택 기준시가가 6억 원(수도권 밖은 3억 원) 이하인 데 반해, 건설은 지역에 상관없이 모두 임대개시 당시 주택 기준시가가 6억 원 이하다.

2018.3.31. 이전에 임대사업자로 등록한 경우는 의무임대기간이 5년인 데 반해 2018.4.1. 이후에는 의무임대기간이 8년으로, 즉 장기일반민간임대사업자로 등록해야 세제혜택을 받을 수 있다.

소득세법상 장기임대사업자는 「민간임대주택법」에는 없는 임대사업자다. 즉, 소득세법상 의무임대기간을 5년으로 규정하고 있으므로 불가피하게 단기민간임대주택사업자로 등록해서 의무임대기간을 5년 채우면 소득세법상 장기임대사업자가 된다.

소득세법상 장기임대사업자에 대한 세제지원이 양도하는 주택에 대한 양도소득세가 직접 감액되지는 않는 문제점이 있어서 민간임대주택이 활성화되지 못했다. 이에 정부는 주택임대사업자에 대해 획기적인 세제지원책을 조세특례제한법에서 도입하였다.

2014.1.1. 도입된 세제지원책은 주택임대사업자에 대하여 장기보유특별공제율을 확대한 것이다. 장기일반민간임대주택(구 준공공임대주택)에 대해서는 8년 이상 임대 시 50%, 10년 이상 임대 시에는 70%로 기존 최대 30%였던 공제율을 각각 20%와 40% 추가해주었고, 2019년부터는 8년 이상 임대 시 현행 50%를 70%로 확대할 계획이다.

또한 소득세법상 장기임대주택에 대해서도 장기보유특별공제를 추가로 공제하였는데, 6년 이상 임대 시 1년마다 2%씩 추가로 공제하여 10년 이상 임대 시 최대 10%를 추가공제하도록 했다.

한편, 장기일반민간임대주택(구 준공공임대주택)에 대해서는 장기보유특별공제율을 확대하는 조세지원책에 추가하여 10년 이상 임대 시 양도소득세를 전액 감면(단, 농어촌특별세 20%는 납부함) 혜택을 주는 조세특례제한법을 도입해서 2015.1.1.부터 2017.12.31.까지 한시적으로 시행되다가 2018.12.31.까지로 1년 연장되었다.

　민간임대주택법에 규정된 임대주택 요건과 소득세법상 장기임대주택 및 조세특례제한법상 장기일반민간임대주택(구 준공공임대주택)의 요건에 관하여 각각의 같은 점과 다른 점을 살펴보면 다음과 같다.

[표9] 임대주택에 대한 양도소득세 관련 세제혜택

구분		민간임대주택		소득세법상 장기임대주택		조세특례제한법상 준공공임대주택	
		단기임대	준공공 임대	매입취득	건설취득	장특공제	감면
근거법		민간 임대주택법	민간 임대주택법	소득세법 시행령 167조의 3	소득세법 시행령 167조의 3	조특법(97조의 3)	조특법(97조의 5)
취득구분		매입/건설	매입/건설	매입	건설	매입/건설	매입
의무임대기간		4년	8년	5년(8년)	5년(8년)	8년/10년	10년
면적기준 (임대개시 당시)		제한 없음	제한 없음	제한 없음	대 298㎡ 건 149㎡	국민주택 이하	국민주택 이하
가액기준 (임대개시 당시 기준시가)		없음	없음	6억 원 이하 (수도권 밖 3억 원 이하)	전국 공통 6억 원 이하	없음	없음
호수기준		1호 이상	1호 이상	1호 이상	2호 이상	1호 이상	1호 이상
기타 제한		임대료 연 5% 상한	임대료 연 5% 상한	없음	없음	임대료 연 5% 상한	임대료 연 5% 상한
행정요건		구청임대등록, 세무서 선택적 등록	구청임대등록, 세무서 선택적 등록	구청/세무서 2곳 모두 등록 필수	구청/세무서 2곳 모두 등록 필수	구청/세무서 2곳 모두 등록 필수	구청/세무서 2곳 모두 등록 (3개월 이내 구청 등록)
세제 지원	중과 배제			중과 배제	중과 배제	해당 없음	해당 없음
	비과세 (주택수)			주택수 제외 (양도주택 2년 거주)	주택수 제외 (양도주택 2년 거주)	해당 없음	해당 없음

구분		민간임대주택		소득세법상 장기임대주택		조세특례제한법상 준공공임대주택	
		단기임대	준공공임대	매입취득	건설취득	장특공제	감면
세제 지원	비과세 (거주요건)	조정대상지역 2년 거주요건 배제	좌동	좌동	좌동	좌동	좌동
	감면						100% 감면 (농특세 20% 과세)
	장특 공제			6년 이상 임대 시 매년 2% 추가, 최대 10% 추가공제	6년 이상 임대 시 매년 2% 추가, 최대 10% 추가공제	8년 50% 10년 70%	
	기타 혜택			종부세합산배제	종부세합산배제		
기타 지원사항		저리대출	저리대출				
적용기한		없음	없음	없음	없음	없음	2018.12.31
개정사항				의무임대기간 8년으로 연장	의무임대기간 8년으로 연장	8년 이상 70% 공제확대(예정)	2018.12.31까지 연장

※ 소득세법상 장기임대주택은 2018.3.31.까지는 의무임대기간이 5년, 2018.4.1. 이후는 8년임

장기임대사업주택에 대한 양도소득세 지원

다주택자 중과세 규정 적용 시 중과세가 배제되는 주택이다

장기임대사업주택은 2004.1.1.부터 3주택자에 대한 중과세 규정이 시행되면서, 국가정책에 따라 임대사업 주택에 대해서는 중과세를 배제하기 위해 소득세법에 도입된 규정이다.

이후 민간임대주택에 관한 특별법의 임대요건 개정에 따라 임대기간별로 임대 호수와 규모, 가액기준 등이 계속 변경되었다. 현행은 매입임대주택의 경우에는 주택규모에 상관없이 임대개시 당시 개별 주택가액이 6억 원(수도권 이외의 지역은 3억 원) 이하인 1주택 이상이면 임대사업이 가능하다.

건설임대주택은 주택규모가 149㎡ 이하(대지면적은 298㎡ 이하)로서 임대개시 당시 개별 주택가액이 6억 원(전국 공통 적용) 이하의 주택이 2호 이상이면 임대사업이 가능하다. 임대사업을 영위하려면 지방자치단체에 임대사업자 등록을 하고 주소지 관할 세무서에 사업자등록을 해야 세제혜택을 받을 수 있다.

1세대1주택 비과세 규정 적용 시 거주자의 주택에서 제외된다

장기임대주택은 시행 초기에 중과세를 배제할 목적으로 도입된 규정이라, 1세대1주택 비과세 규정을 적용할 때 거주자의 주택수에 포함되었다. 따라서 거주자가 소유한 1주택을 양도할 경우, 임대사업자로 등록했더라도 거주자의 주택수에 포함되므로 1세대2주택자가 되어 비과세를 받을 수 없었다. 그러다 보니 민간임대주택의 공급 확대를 위해 도입된 임대주택사업이 활성화되지 못했다. 이러한 문제점을 시정하기 위해 2011.10.14.부터는 임대사업자로 등록한 주택은 거주자의 주택에서 제외하도록 개정되었다. 다만 **양도하는 주택은 보유기간 중에 2년 이상 거주해야 비과세를 받을 수 있다.**

1세대1주택 비과세 규정에서 거주자의 주택에서 제외되기 위해서는 구청과 세무서에 장기임대주택으로 등록하고 양도하는 주택에서 2년 이상 거주해야 하는 두 가지 요건이 모두 충족되어야 함에도, 양도하는 주택에서 2년 이상 거주 요건을 모르고 양도했다가 비과세를 받지 못하는 사례가 많으니 특별히 주의해야 한다.

또한 장기임대주택으로 사업자등록을 하고 거주하던 주택을 양도한 다음 임대주택 1채만을 소유하면 1세대1주택을 비과세 받을 수 있는데, 이때 양도하는 장기임대주택은 양도차익 전체를 비과세 받을 수 없고 1세대1주택으로 보유한 기간만 비과세를 받을 수 있다.

따라서 장기임대주택으로 사업자등록을 하고 기존주택을 비과세 받는 것이 유리한지, 기존 일반주택을 양도하면서 양도소득세를 과세 받고 나머지 1주택을 비과세 받는 것이 유리한지 미리 검토한 다음 장기임대사업자로 등록해야 한다.

장기임대주택으로 사업자등록을 잘못하면 오히려 손해

① 양도하는 거주주택의 양도차익 5천만 원,
② 장기임대주택에서 발생한 전체 양도차익 3억 원,
③ 장기임대주택 중 1세대1주택에서 발생한 양도차익 1억 원인 경우
→ 거주주택을 비과세 받을 경우 5천만 원에 대한 양도소득세만 비과세 가능. 나중에 양도하는 장기임대주택을 1세대1주택으로 비과세 받을 경우 양도차익 3억 원 중 1세대1주택 상태에서 발생한 1억 원에 대해서만 비과세를 받을 수 있다. 1세대2주택 보유(양도한 직전거주주택과 함께 보유하는 기간을 말함) 중 발생한 양도차익 2억 원은 비과세를 받을 수 없다. 이런 경우에는 선양도하는 거주주택을 비과세 받기 위해 다른 주택을 장기임대주택으로 사업자등록을 하는 것이 오히려 불리하다. 다주택을 보유한 경우로서 양도하는 주택을 비과세 받기 위해 보유주택을 장기주택임대사업으로 등록할 경우 장래 양도차익이 어느 주택에서 더 발생할 것인지를 따져서 판단해야 한다.

```
① 직전거주주택 ↑·········양도차익 5천만 원·········↑

② 장기임대주택 ↑·········양도차익 2억원·········↑·········양도차익 1억 원·········↑

→ 직전거주주택을 양도하고 장기임대주택이 1주택 소유로 변경되어 비과세를 받게 될 경우, 직전거주주택과 보유기간이 겹치는 기간에 발생한 양도차익 2억 원은 비과세를 받을 수 없고, 직전거주주택 양도 후 장기임대주택이 1주택인 상태에서 발생한 양도차익 1억 원만 비과세를 받을 수 있다.
```

장기임대주택 장기보유특별공제 추가 공제

민간임대주택에 관한 특별법의 시행으로 임대주택 공급 확대 및 서민 주거비 부담 완화를 위해 2014.1.1.부터 장기임대주택에 대하여 장기보유특별공제를 확대 적용하였다. 주된 내용은, 지방자치단체에 임대사업자로 등록하고 세무서에 사업자등록을 한 후 6년 이상 장기임대사업을 한 경우 장기보유특별공제를 추가로 2%씩 가산하여 10년 이상이면 최대 40%까지 공제받을 수 있다는 것이다.

클릭 Click

소득세법상 장기임대주택 요건

① 민간임대주택법에 따라 지방자치단체에 임대사업자로 등록할 것
② 세무서에 사업자등록을 할 것
③ 임대개시 당시 주택 고시가액이 매입임대주택은 6억 원(수도권 이외 지역은 3억 원) 이

하, 건설임대주택은 지역에 상관없이 6억 원 이하일 것
④ 민간건설임대주택 주택규모 149㎡, 대지 298㎡ 이하로서 2호 이상, 매입임대주택은 주택규모에 상관없이 1호 이상이면 장기임대사업자로 등록 가능.
⑤ 의무임대기간은 2018.3.31. 이전 등록한 경우는 5년 이상이지만 2018.4.1. 이후부터는 8년으로 연장된다.

소득세법상 장기임대주택 세제혜택

① 다주택자 중과세 규정 적용 배제
② 1세대1주택 비과세 규정 적용 시 거주자의 주택에서 제외(단, 양도하는 주택은 2년 이상 거주요건 충족할 것)
③ 장기보유특별공제 추가 공제(6년 이상 1년마다 2%씩, 10년 임대 시 10% 추가공제)
④ 주택에 대한 종합부동산세 합산 배제
⑤ 조정대상지역인 경우에도 2년 이상 거주요건은 적용받지 않음

장기보유특별공제율은 일반장기보유특별공제율(연3%, 최대 30%)에 임대기간에 따라 공제율을 가산한다[표10].

[표10] 임대기간에 따른 공제율 가산

임대기간	기본공제율	추가공제율	합계
6년 이상 7년 미만	18%	2%	20%
7년 이상 8년 미만	21%	4%	25%
8년 이상 9년 미만	24%	6%	30%
9년 이상 10년 미만	27%	8%	35%
10년 이상	30%	10%	40%

※ 상기 공제율은 2018.12.31. 이전 양도분에 한해 적용

적용사례 ⑮

장기보유특별공제율을 추가로 가산해 공제받을 경우 세부담은 얼마나 줄어들까?

10년 이상 보유하고 양도차익이 1억/3억/5억인 경우 절세효과
(양도소득세 기본공제 미반영, 지방소득세 10% 포함)

단위 : 천원

양도차익	일반공제	추가공제	절세효과
1억원	12,738	10,098	2,640
3억원	66,440	53,900	12,540
5억원	126,060	104,060	22,000

장기일반민간임대주택 양도소득세 절세전략, 최고의 혜택

이전에 시행된 「임대주택법」이 2013년도에 「민간임대주택특별법」으로 바뀌면서 가장 많이 변경된 규정이 기업형임대주택(뉴스테이)과 장기일반민간임대주택의 도입이라고 할 수 있다. 기업형임대주택은 매입은 100호 이상이고 건설은 300호 이상이라서 개인이 투자하기는 어려운 일이라, 기업형임대주택에 대한 세제지원 설명은 생략하기로 한다.

장기일반민간임대주택(구 준공공임대주택)의 경우 의무임대기간을 8년으로 정하는 대신 금융과 세제에서 획기적인 지원책을 마련하여, 기업형임대주택과 함께 민간임대주택 공급 확대의 핵심 축을 구성하려 했다.

장기보유특별공제 최대 70% 공제 확대

장기임대주택을 10년 이상 임대할 경우 장기보유특별공제를 10% 추가로 공제하는 데 반해 장기일반민간임대주택(구 준공공임대주택)은 8년 이상이면 50%, 10년 이상이면 60%를 공제하는 조치가 2014.1.1.부터 시행되었다. 이어서 2016년부터는 10년 이상 임대한 장기일반민간임대주택(구 준공공임대주택)에 대해 장기보유특별공제를 60%에서 70%로 상향조정했다.(2019.1.1. 이후 양도분은 8년 이상인 경우 장기보유특별공제 70%로 개정 예정)

10년 이상 보유하면 양도차익의 30%만 양도소득세를 납부한다는 것은 양도소득세율이 누진세율임을 감안하면 80% 이상 절세효과가 나타나는 것이다.

적용사례 ⓰

양도차익이 1억/3억/5억인 경우 절세효과

❶ 10년 이상 보유하고 양도차익이 1억/3억/5억인 경우 소득세법상 장기임대주택과 조특법상 장기일반민간임대주택(구 준공공임대주택)의 절세효과 비교

단위 : 천원

양도차익	장기임대 공제	준공공 공제	절세효과
1억원	10,098	3,762	6,336
3억원	53,900	18,260	35,640
5억원	104,060	41,360	62,700

❷ 2019.1.1. 이후 8년 보유 후 소득세법상 장기임대주택과 조특법상 장기일반민간임대주택(구 준공공임대주택)의 절세효과 비교

단위 : 천원

양도차익	장기임대 공제	준공공 공제	절세효과
1억원	14,850	3,762	11,080
3억원	76,472	18,260	58,212
5억원	143,660	41,360	102,300

※ 2019.1.1. 이후부터는 장기보유특별공제율이 1년에 2%씩 15년 이상 30% 공제임

양도소득세 100% 면제 도입과 적용시한 연장

장기일반민간임대주택(구 준공공임대주택)에 대해 장기보유특별공제를 추가로 최대 60%까지 받을 수 있는 규정을 신설했음에도 시장에서는 임대주택 공급 확대라는 가시적인 성과를 거두지 못했다. 이는 정부에서 획기적인 세제지원 제도를 도입했음에도 국민들에게 충분히 홍보되지 않았기 때문이라고 생각된다.

시행 1년 만에 추가로 장기일반민간임대주택에 대해 양도소득세를 100% 면제해주는 감면 제도를 2015.1.1.부터 시행하였다. 이는 항구적으로 시행하기에는 너무 큰 세제혜택이라서, 장기일반민간임대주택에 관심을 끌 수 있는 기간을 3년으로 보고 2017.12.31.까지만 한시적으로 시행하였다. 그럼에도 시장은 여전히 장기일반민간임대주택에 대해 별로 관심이 없었고 역시 기대에 훨씬 못 미쳤다.

이번 부동산 8·2대책에서 출구전략을 마련해주었는데 바로 장기일반민간임대주택 면제규정 연장이다. 당초 정부는 3년을 연장하여 2020.12.31.까지 한시적으로 적용할 것으로 발표했으나 2017년 말 세법개정 시 2018.12.31.까지만 적용되는 것으로 개정되었다. 이 규정은 양도소득세가 전액 면제되므로 지방소득세도 따라서 면제된다. 다만, 농어촌특별세는 면제된 양도소득세의 20%를 납부해야 한다.

장기일반민간임대주택(구 준공공임대주택)의 감면요건

장기일반민간임대주택에 대하여 민간임대주택특별법에서는 별도의 제한규정이 없다. 주택수는 물론 주택 규모와 가액 모두 제한규정이 없고, 연간

임대료 인상률을 5%로 제한한 규정만 있다. 다만 준주택인 오피스텔을 임대주택 대상으로 삼으면서 규모와 시설 기준을 별도로 두고 있다.

이에 반해 세법에서는 주택규모에 제한을 두고 있다. 조세특례제한법상 감면대상 장기일반민간임대주택이 되기 위해서는 국민주택규모 이하여야 한다. 별도의 가액기준은 없다. 다만, 중과세 적용을 받지 않거나 1세대1주택 비과세 규정을 적용받으려면 소득세법상 장기임대주택 요건을 별도로 충족하여야 한다. 즉, 임대개시 당시 개별주택 고시가액이 6억 원(수도권 이외의 지역은 3억 원) 이하여야 한다.

국민주택 이하의 장기일반민간임대주택은 개별주택 고시가액에 상관없이 조세특례제한법상 감면대상 주택이 되지만, 6억 원을 초과한 주택은 중과세 적용 시나 비과세 규정 적용 시 세제혜택을 받을 수 없다는 점에 유의해야 한다.

양도소득세가 100% 면제되는 장기일반민간임대주택은 건설장기일반민간임대주택의 경우 적용대상이 아니다. 이는 오랫동안 보유한 나대지에다 장기일반민간임대주택을 건설하였을 경우 비사업용토지로 보유한 토지에서 발생한 양도차익까지 양도소득세가 면제되는 문제점을 안고 있어서 건설장기일반민간임대주택은 면제대상에서 제외한 것이다.

따라서 매입장기일반민간임대주택에 한하여 100% 양도소득세를 면제받을 수 있다. 또한 매입장기일반민간임대주택은 취득일로부터 3개월 이내에 지방자치단체에 임대사업자등록을 하고 세무서에 사업자등록을 마쳐야 면제규정을 적용받을 수 있다. 장기보유특별공제를 70%까지 받는 장기일반민간임대주택의 경우 주택임대등록 기한에 대한 특별한 제한 규정이 없는 데 반해, 양도소득세 면제규정을 적용받기 위해서는 임대사업등록 기한이 추가로 있음에 유의해야 한다. 소득세법상 장기임대주택은 연간 임대료 상한이 요건에 없는 데 반해 조세특례제한법상 장기일반민간임대주택은 임대료 5% 인상제한도 감면요건에 추가로 규정되어 있다.

적용사례 ⑰

100%와 70%의 절세효과 차이

10년 이상 보유하고 양도차익이 1억/3억/5억인 경우 조특법상 양도소득세 100% 감면되는 장기일반민간임대주택과, 조특법상 장특공제 70% 공제되는 장기일반민간임대주택의 절세효과 비교(양도소득세 기본공제 미반영, 지방소득세 10% 포함)

단위 : 천원

양도차익	일반 납부 시 ('18.4.1. 이후 양도 가정)	100% 감면 농특세 납부 시	준공공 장특공제 70% 적용 시	절세효과
1억 원	12,730	2,547	3,762	1,215
3억 원	66,440	13,288	18,260	4,972
5억 원	126,060	25,212	41,360	16,148

임대주택 규모 및 가액별 양도소득세 혜택 총정리

구분	국민주택 이하/ 6억 원 이하	국민주택 이하/ 6억 원 초과	국민주택 초과/ 6억 원 이하	국민주택 초과/ 6억 원 초과
① 1세대1주택 비과세 주택수 제외	○	×	○	×
② 다주택자 중과세 배제	○	×	○	×
③ 종합부동산세 합산배제	○	×	○	×
④ 장기보유특별공제 40% 공제	○	×	○	×
⑤ 장기보유특별공제 70% 공제	○	○	×	×
⑥ 양도세 100% 감면	○	○	×	×
⑦ 조정대상지역 2년 거주 비과세 요건 적용 배제	○	○	○	○

(범례 : 적용 ○, 배제 ×)

※ 국민주택규모 이하의 주택기준시가 6억 원 이하인 주택의 세제혜택이 가장 크고, 국민주택규모 초과하고 주택기준시가 6억 원을 초과하는 주택의 세제혜택은 조정대상지역에서 2년 거주 비과세 요건을 받지 않는 혜택 하나만 받는다.

이는 소득세법상 혜택 ①, ②와 종합부동산세 합산 배제③, 조세특례제한법상 장기임대주택 장기보유특별공제 추가공제④는 주택규모와는 상관없이 가액기준(6억 원 이하, 지방은 3억 원 이하)만 적용되고, 조세특례제한법상 준공공임대주택 혜택인 ⑤와 ⑥은 주택가액과는 상관없이 국민주택규모 이하의 주택만 적용되기 때문이다. ⑦조정대상지역 2년 거주 비과세 요건 배제 혜택은 주택규모나 가액에 상관없이 임대주택으로 등록만 되어도 거주요건에서 배제된다.

다주택자 중과세에서 살아남기

주택임대사업에 대한 종합소득세 바로 알기

03

주택임대소득의 과세체계

소득이 있는 곳에 세금이 있다. 그러나 소득이 있더라도 세금이 없는 곳이 있다. 농업소득은 소득세를 부과하지 않는다. 또한 농민이 부업으로 하는 사업은 일정 소득액까지는 비과세 혜택을 주고 있다.

농민만큼은 아니지만 주택임대사업에 대해서도 정부는 많은 세제혜택을 주고 있다. 주택은 국민들의 생활에 필수적인 의식주의 하나에 해당하기 때문이다. 정부는 국민들의 주거안정을 위해 필요한 수만큼의 주택을 공급해야 할뿐 아니라 주거환경을 개선하여 삶의 질을 높이는 주택정책을 펴야 한다.

이렇게 주택이 공공재로서 취급되기 때문에 민간공급을 확대하는 지원책들이 만들어지는 것이며, 양도소득세의 세제지원에 이어 사업소득세에서도 일반부동산 임대와는 달리 별도의 과세체계와 조세지원제도를 갖고 있다.

주택임대소득은 주택수에 따라 과세체계가 다르다

주택임대소득은 주택수에 따라 과세체계가 다르다.

1주택자에 대해서는 임대소득을 비과세해주고, 고가주택(과세기간 종료일 현재 기준시가가 9억 원을 초과하는 주택을 말함)의 월세만 과세한다. 2주택자는 월세만 과세대상으로 삼고 전세금이나 임대보증금(이하 '보증금'이라 한다)은 과세에서 제외한다. 3주택자 이상인 경우에 한해 보증금을 과세하는데 3억 원을 초과하는 금액 중에서 60%만 과세대상으로 한다. 보증금에 대한 수입금액은 간주임대료를 계산하여 수입금액으로 계상한다.

주택수에 따른 과세범위는 세대별이 아닌 부부만 합산하여 주택수를 계산한다. 따라서 동일세대원인 자녀와 부모가 주택을 소유하고 있더라도 주택수에 포함되지 않는다. 또한 주택규모가 60㎡ 이하이고 개별주택 기준시가가 3억 원 이하인 주택은 2018.12.31.까지 임대 주택수에서 제외된다.

[표11] 임대 주택수에 따른 과세체계

부동산 종류			소득세		부가가치세
		과세구분	2018.12.31. 이전	2019.1.1. 이후	
주택 이외의 부동산			과세		과세
주택	1주택 보유	일반주택	월세 및 전세 모두 비과세		면세
		고가주택	월세만 과세	・2천만 원 이하 : 비과세 ・2천만 원 초과 : 종합과세	・2천만 원 이하 : 분리과세 ・2천만 원 초과 : 종합과세	
	2주택 보유				
	3주택 보유		월세 및 전세보증금 모두 과세		

적용사례 ⑱

20억 원을 보증금으로 받은 경우
1년간 임대료 수입은?

(20억 원-3억 원) × 60% × 1.6%(간주임대료 이자율) = 16,320,000원

주택임대소득은 일정금액 이하의 수입금액은 비과세와 분리과세를 한다

　주택에 대한 임대소득은 원칙적으로 사업소득에 포함되는데 일반 상가나 공장 또는 나대지에서 발생한 임대소득과는 달리 취급하고 있다. 다른 부동산에서 발생한 임대소득에 대해서는 비과세 규정이나 분리과세 규정을 별도로 두지 않는다. 유일하게 주택에서 발생한 임대소득에 대해서만 수입금액이 2천만 원 이하인 경우 비과세 규정을 두고 있다. 비과세 규정은 2014년에 신설되어 2016년 말까지 한시적으로 적용하였으나 2018.12.31.까지 연장되었다. 2019년부터는 분리과세를 함으로써 세부담을 최소화했다. 주택수에 따른 과세체계에서 주택수 계산은 부부합산으로 하지만 주택임대소득에 대한 비과세 및 분리과세, 종합과세는 부부합산이 아닌 개인별로 한다.

> **클릭 Click**
>
> ## 비과세와 분리과세
>
> 비과세는 국가가 과세권을 아예 포기하는 제도라서 별도로 비과세 대상임을 신고할 의무가 없다. 분리과세는 특정한 소득에 대하여 일정한 세액을 납부함으로써 납세의무가 종결되는 제도다. 개인의 경우 6가지 소득(이자, 배당, 사업, 근로, 연금, 기타)을 합산하여 과세하는 종합과세(소득에 따라 누진세율이 적용되는 방식)에 반대되는 개념으로, 분리과세를 하면 주택임대소득만 따로 저율의 단일세율(14%, 지방소득세 포함 시 15.4%)이 적용되어 세부담을 줄여준다.

소형임대주택은 소득세 등이 감면된다

소형임대주택(국민주택규모 이하이면서 임대개시 당시 주택 기준시가가 6억 원 이하인 주택)을 임대한 경우는 소득세와 법인세를 30% 감면해주고, 장기일반민간임대주택(구 준공공임대주택)의 경우에는 75%까지 감면해준다. 감면요건은 지방자치단체와 세무서에 임대주택사업자등록과 사업자등록을 두 군데 모두 해야 하고, 임대 주택수가 1호(2017.12.31. 이전까지는 3호) 이상이어야 한다. 이 감면규정도 2019.12.31.까지 한시적으로 시행된다.

임대주택사업자의 결손금은 다른 소득과 통산한다

사업을 하다가 손해(수입금액보다 지출한 경비가 많아서 오히려 손해를 본 경우를 말함)를 본 경우에는 개인의 다른 소득과 통산하여 소득금액을 계산한다. 예를 들어 식당을 운영하다가 2천만 원의 손실이 생겼을 경우 금융기관에서 이자소득이 5천만 원 있다면 이자소득 5천만 원에서 식당사업에서 손실을 본 2천만 원을 차감하여 3천만 원에 대해서 소득세를 내면 된다. 그런데 일반부동산임대에서 발생한 손실은 다른 소득에서 차감할 수 없다. 단지 주택임대사업에서 손실이 발생했을 때는 다른 소득에서 차감할 수 있다.

주택임대사업자 소득세 계산하기

　주택임대사업자에 대한 소득세는 현재 다주택을 소유한 자가 2018.3.31.까지 보유한 주택을 처분할 것인지 아니면 주택을 더 구입할 것인지를 결정하는 데 중요한 고려사항이다. 그도 그럴 것이 일단 주택임대사업자로 등록하면 소득세 부담도 늘어나지만 국민건강보험료도 발생할 수 있고 국민연금도 추가로 부담할 수 있다. 국민연금은 나중에 연금을 수령할 수 있으므로 엄격히 말하면 추가부담이라고 할 수 없다. 하지만 주택임대사업자에게 주어진 조세지원 혜택과 추가로 발생한 부담을 비교 검토해야 선택이 쉬워진다. 그러기 위해서는 가장 부담이 큰 소득세가 어떻게 계산되며 발생한 임대소득에 대해 어느 정도 소득세 부담이 되는지 가늠할 수 있을 정도만 소득세 계산과정을 알아둘 필요가 있겠다.

[표12] 주택임대사업 소득세 계산구조

구분	분리과세	종합과세
①수입금액	수입금액	수입금액
②필요경비	① × 70%(미등록 시 50%)	장부로 계산/추계로 계산
③소득공제	400만 원	부양가족에 따라 공제
④과세표준(①-②-③)		다른 소득과 합산
⑤세율	14%	초과 누진세율
⑥산출세액(④×⑤)		

임대수입금액이 연간 2천만 원 이하인 경우

 임대수입금액이 연간 2천만 원 이하인 경우는 2018.12.31.까지는 소득세를 비과세하고 2019.1.1. 이후부터는 분리과세가 적용된다. 그럼 어느 정도 세부담이 되는지 알아보자.

 수입금액이 2천만 원 이하일 경우 분리과세는 일반 주택임대소득 계산과 달리 특례 규정을 별도로 두고 있다. 수입금액에서 필요경비를 70%(미등록 시 50%) 공제한 다음 400만 원을 추가로 공제한 소득금액에 분리과세 세율 14%를 적용하여 소득세를 계산한다. 산출된 소득세의 10%를 추가로 지방소득세로 내야 하므로 소득금액에 15.4%를 적용한 금액이 임대소득에 대한 소득세 등이라고 할 수 있다.

 수입금액이 인별로 2천만 원 이하인 경우는 거주자의 다른 소득과 종합하여 과세하지 않고 별도로 분리과세를 적용하므로 세부담이 거의 없다고 할 수 있다.

적용사례 ⑲

주택 임대수입금액 2천만 원일 경우 2019년 이후에 납부할 소득세는 얼마일까?

20,000,000 − (20,000,000 × 70%) − 4,000,000원 = 2,000,000원

2,000,000원 × 15.4% = 308,000원

→ 소득세와 지방소득세 합계액은 308,000원

감면세액(단기임대일 경우 30%, 장기일반민간임대일 경우 75%) 차감한 납부 세액은 단기임대 시 215,600원/ 장기일반민간임대 시 77,000원임

임대수입금액이 2천만 원을 넘을 경우

임대수입금액이 2천만 원을 넘을 경우에는 전체 소득금액이 종합과세된다. 우선 소득금액을 계산하는 과정을 이해해야 하는데 분리과세 방식은 간편하게 계산할 수 있도록 필요경비, 기타공제액, 적용세율을 일률적으로 정해두었기 때문에 과세표준과 산출세액 계산이 용이하다.

소득세는 총수입금액에서 필요경비를 차감하여 소득금액을 계산한다.

소득금액은 장부와 증빙에 의해 실제대로 계산하는 것이 원칙이다. 장부는 임대수입금액에 따라 간편장부 방식과 복식부기장부('복식장부'라고 한다)

방식으로 계산할 수 있는데, 복식장부 방식은 전문적인 회계지식이 있어야 하므로 회계에 대한 전문지식이 없는 개인이 직접 기장하기는 곤란하다. 일반적으로 세무사 사무소에 기장을 맡겨서 장부를 만들고 기장에 의해 재무상태표와 손익계산서가 작성되면 자동으로 소득금액이 계산된다.

장부상 수입금액은 월세에 대한 부분만 기장 처리되기 때문에 보증금에 대한 간주임대료는 별도로 계산하여 월세에 의한 수입금액과 간주임대료를 합친 금액이 총수입금액이 된다. 필요경비는 각 계정과목에 연간 지출한 총액이 합해져서 계산된다.

주택을 구입하는 데 지출한 융자금에 대한 지급이자, 건물에 대한 감가상각비, 제세공과금, 중개수수료, 수선비, 기타 지급수수료 등 주택임대를 위해 필수적으로 지출된 비용들은 증빙에 의해 지출근거를 장부에 기장하여 들어간 비용을 파악한다.

총수입금액에서 기장에 의해 확인된 경비들을 차감하면 주택임대사업에서 발생한 실제 소득금액이 계산된다.

소득금액을 장부나 증빙에 의하지 않고 추계로 계산하는 방식도 있다. 추계 방식이란 정부에서 업종별로 수입금액에 비례되는 경비율을 고시하면 그 경비율에 해당하는 금액을 경비로 공제하여 소득금액을 계산하는 방식이다.

경비율은 단순경비율이 있고 기준경비율이 있는데, 단순경비율에 의해 소득금액을 계산하는 방식은 총수입금액에서 단순경비율을 적용한 비용을 차감한 금액이 소득금액이 된다.

예를 들어 단순경비율이 55%인 주택임대사업에서 수입금액이 3천만 원일 경우 소득금액은 30,000,000원 - (30,000,000원 × 55%) = 13,500,000원이다.

기준경비율은 3대 비용(매입비용과 임차료, 인건비 등)에 대해 실제 지출된 대로 비용을 인정받고 나머지 비용에 대해서만 추가로 일정 비율대로 비용을 인정해주는 방식으로 소득금액을 계산한다. 3대 비용에 대해서는 반드시 지출증빙을 갖추어야 한다.

수입금액이 5천만 원인 주택임대사업자가 3대 비용으로 3천만 원을 지출했고 기준경비율이 18%인 경우 소득금액 계산은?

50,000,000원 - 30,000,000원 - 50,000,000 × 18% = 11,000,000원

주택임대사업에 대한 수입금액이 2천만 원을 초과하는 경우에는 추계에 의하든지 장부에 의하든지 세무사의 도움을 받아서 소득세를 처리하는 것이 시간과 비용을 줄이는 방법이다.

04 임대주택자에 대한 보유세 감면 규정

임대주택에 대한 재산세 감면

- 대상주택 : 공동주택 또는 오피스텔 2세대 이상 임대사업자

- 적용기한 : 2021.12.31.

- 감면율

구분	감면율	
	장기일반민간임대	단기임대
40㎡ 이하	면제	면제
40~60㎡	75%	50%
60~85㎡ 이하	50%	25%

- 임대주택 활성화 방안 : 2019.1.1. 이후 시행

① 8년 이상 장기 임대하는 소형주택(전용면적 40㎡ 이하)에 한하여 1호만 임대하는 경우에도 재산세 감면혜택 부여

② 다가구주택(모든 가구당 40㎡ 이하)에 대해서도 8년 이상 임대 시 재산세 감면혜택 부여

종합부동산세 과세표준합산 배제 임대주택

구분	주거 전용면적	주택가격	주택수	임대기간
건설임대 (공공, 민간)	149㎡ 이하	6억 원 이하	특별시, 광역시, 도 2호 이상	5년/8년 이상
매입임대	–	6억 원(비수도권 3억 원) 이하	전국 1호 이상	5년/8년 이상
기존임대 (2005.1.5. 이전 임대)	국민주택규모 이하	3억 원 이하	전국 2호 이상	5년 이상

※ 2018.3.31. 이전에 임대등록을 한 경우에는 의무임대기간이 5년이지만 2018.4.1. 이후 임대등록을 하면 의무임대기간이 8년 이상인 장기일반민간임대주택(구 준공공임대주택)에 한하여 합산배제를 받을 수 있다.

클릭 Click

임대주택별 재산세 및 종합부동산세 산출세액 현황

개별주택가액	면적	주택수	재산세 등	종부세 등	합계
200,000	40㎡ 이하	5채	1,740	1,529	3,269
300,000	60㎡ 이하	5채	2,880	3,737	6,617
500,000	85㎡ 이하	4채	4,416	6,516	10,932
1,000,000	85㎡ 초과	3채	8,892	13,170	22,062

※ 임대주택에 대한 재산세와 종합부동산세가 감면되거나 합산 배제될 경우 절감되는 지방세를 예상할 수 있음

05 임대사업자에 대한 취득세 혜택

- 대상주택 : 공동주택 건축·분양 또는 주거용 오피스텔 분양 시
- 감면율

    ① 신규분양 60㎡ 이하, 1호 이상, 단기 및 장기일반민간임대 공통 적용 : 면제(취득세액 200만 원 초과 시 85% 감면)

    ② 신규분양 60~85㎡ 이하, 20호 이상 장기일반민간임대 시 : 50% 감면

적용사례 ⓴

종합소득세와 건강보험료 VS 종합부동산세

나대로 여사는 1990년대 후반에 다세대주택 8세대를 취득해 임대를 주고 있다가 8·2 부동산대책이 발표되자 급하게 처분하려 했다. 그런데 양도소득세를 계산해보고 깜짝 놀랐다. 처분예상가액은 28억 원 정도인데 전세금으로 25억 원을 받은 상태라 보증금을 공제하고 남은 돈이 3억 원밖에 되지 않았다. 다세대주택 양도에 따른 양도소득세는 5억 원이 조금 넘는 금액이었다. 다세대주택을 처분해도 양도소득세 낼 돈도 남지 않아 고민에 빠진 것이다.

장기일반민간임대사업자로 등록이라도 시행초기에 해놓았더라면 앞으로 4년 정도만 지나도 양도소득세가 많이 줄어들었을 텐데 임대사업자 등록도 해놓지 않았다. 임대주택으로 등록하지 않은 사유를 물었더니 종합소득세와 건강보험료가 많이 나온다고 해서 하지 못했다고 한다. 그런데 나대로 여사가 1년에 납부한 종합부동산세만 해도 8백만 원 가까이 되었다.

다주택자 중에는 나대로 여사와 같은 투자자가 의외로 많다. 민간임대주택법에 따라 단기든 장기일반민간이든 임대주택으로 등록만 했더라도, 임대주택에 대한 종합부동산세에서 합산배제를 받았을 것이고 재산세도 추가로 감면받을 수 있었다. 더구나 2014년부터 장기일반민간임대주택(구 준공공임대주택)으로 등록했더라면 이미 4년이 지났으므로 남은 4년만 더 임대를 주면 양도소득세도 대폭 줄일 수가 있었다.

다주택자들은 구체적으로 각종 세금혜택이 얼마나 되며, 임대주택으로 등록을 하면 부담이 얼마나 더 늘어나는지를 계산해 비교해본 후 판단해야 나대로 여사와 같은 불이익을 막을 수 있다.

나대로 여사는 다주택자 중과세 규정에 해당되어 어차피 2018.4.1. 이후에는 처분할 수도 없으니 세제혜택이 가장 큰 장기일반민간임대주택(구 준공공임대주택)으로 등록을 마쳤다.

민간임대주택법과 세법상 관련규정 비교

구분	민간임대주택법	소득세법	조세특례제한법
임대료 상한율	연간 5%	해당 없음	연간 5%
임대료 상한율 기준금액	임대등록 후 최초 계약 체결기준	좌동	좌동
단기에서 준공공으로 전환 시 임대기간 계산	100% 인정	규정 없음	97조의3 : 단기임대기간 중 1/2만 인정(5년 한정)
매수자 승계조건으로 양도 시 인정 여부	의무기간 통산	통산규정 없음	통산규정 없음
재개발·재건축 시 통산 여부	폐업 후 신규 등록	관리처분계획인가일 이전 6월~준공일 이후 6월까지 기간은 임대사업 간주 (단, 해당기간은 임대기간에 통산하지 않음)	97조의5 : 좌동
등록의무 요건	구청에 주택임대등록	구청과 세무서에 임대사업자 등록	구청과 세무서에 임대사업자 등록
임대의무기간 미충족 시 제재	과태료 부과대상	보유 시 세제혜택 추징 및 양도 시 추가 혜택 배제	양도 시 세제혜택 배제

부록

**2017.12.13.
정부발표 임대주택
활성화 방안**

| 보도자료 인용 |

Ⅰ. 추진 배경

◉ 주거복지 로드맵(11.29)을 통해 무주택 임차인의 주거안정을 위한 공적 임대주택 85만 호 공급계획을 수립한 데 이어,

• 私的 전월세주택 세입자(임차가구의 70%)의 주거불안을 해소하기 위해 사실상 전월세상한제가 적용되는 등록 민간임대주택 확충방안 마련

1. 임대차시장 현황

■ (가구기준) '16년 기준 전체 1,937만 가구 중 자가 거주 1,102만(자가점유율 56.8%) 가구를 제외한 835만 가구가 임차가구이고,

• 이 중에서 공공임대 136만, 법인임대 42만, 무상임대 77만 가구를 제외한 총 580만 가구가 私的 임대차시장에서 전월세 형태로 거주

■ (주택기준) '16년 기준 주택재고 총 1,988만 채 중 개인이 보유한 주택은 1,759만 채이고, 이 중 임대용 주택은 총 595만 채로 추정

• 임대용 주택 중 임대사업자로 등록하여 임대료 인상(연 5%)과 임대기간(4~8년)이 규제되는 등록임대주택은 79만 채(임대용 주택의 13%)

※ 등록 민간임대주택은 사실상 계약갱신청구권과 전월세상한제가 적용

⇨ 여전히 516만 채(87%)의 私的 임대주택에 거주하는 세입자들은 잦은 이사와 과도한 임대료 상승 등으로 주거불안에 수시로 노출

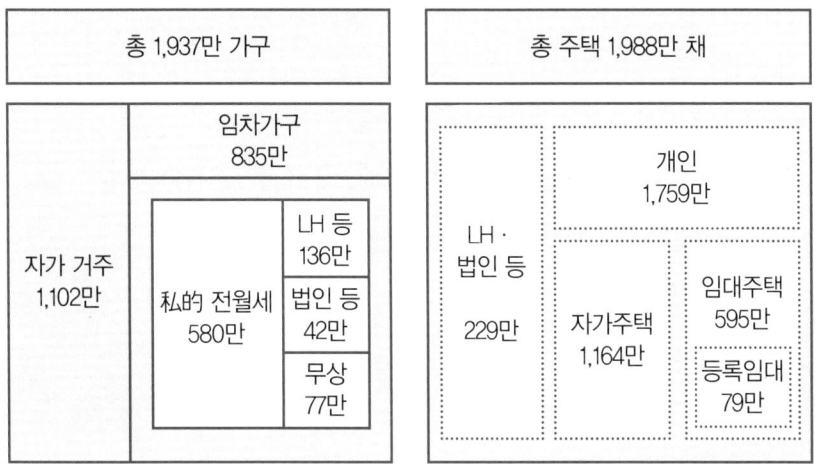

2. 임대주택 등록 활성화 필요성

■ 私的 임대주택에 거주하는 세입자의 주거불안 해소 필요

• 전월세는 한 집에 거주하는 기간이 평균 3.5년으로 짧고(자가 10.6년), 10년('07~'16)간 전국 아파트 전세값이 73% 상승하는 등 주거불안 심각

■ 자가보유 촉진과 공적임대 확대는 현실적 한계

• 자가보유율은 선진국 대부분이 60% 내외(한국 59.9%)이며, 대출에 기반한 자가보유 촉진은 가계부채 건전성 등을 고려할 필요

• 공적임대주택은 향후 5년간 85만 호를 공급하여 '22년에는 재고 200만 호를 확보할 계획이나, 재정여력 등 고려 시 추가확대에 제약

⇨ 집주인과 세입자가 상생* 가능한 등록 민간임대주택을 늘릴 필요

※임대주택으로 등록 시 집주인은 폭넓은 세제감면 혜택을 받게 되고, 세입자는 임대료 급증 걱정 없이 4년 또는 8년 이상 안정적으로 거주 가능

■ 최근 등록이 빠르게 늘고 있으나 등록률은 여전히 낮은 수준

• 개인의 등록 민간임대주택은 최근 4년간 2배 증가('12년 40만 채 → '16년 79만 채)하였으나, 전체 임대용 민간주택의 13% 수준

– 여전히 많은 집주인들이 4년 또는 8년간 주택 매각이 제한되고, 건강보험료가 증가하는 것을 우려

⇨ 등록에 소극적이고, 등록하더라도 4년 단기임대(93%) 위주로 등록

구분(연말 기준)	'12	'13	'14	'15	'16
등록 임대사업자(만 명)	5.4	7.9	10.4	13.8	20.2
등록 민간임대주택(만 호)	40	43	46	59	79

● 세입자의 주거안정을 위해서는 등록에 따른 부담은 최소화하고 혜택은 늘려 집주인들의 자발적 임대주택 등록을 늘려나가되,

• 임차인 권리보호 강화와 함께 임대차시장 정보 인프라 구축 필요

Ⅱ. 기본 방향

◉ 민간임대주택 등록 촉진, 임차인 권리보호 강화 등을 통해 私的 전월세주택 세입자도 안심하고 오래 살 수 있는 주거환경 조성

• 향후 5년간 공적임대주택 85만호 공급과 함께 등록임대 100만 호 확충을 통해 '22년에 임차가구의 45%에게 전월세상한제 혜택 제공

집주인과 세입자가 상생하는 임대차시장 정착

집주인

임대주택 등록 시 지원 확대

❶ 지방세 감면 확대
- '21년까지 취득세 재산세 감면
- (8년 임대 시) 40㎡ 이하 소형주택 재산세 감면 호수기준(2호) 폐지
- (8년 임대 시) 다가구주택(모든 가구당 40㎡ 이하)도 감면

❷ 임대소득세 감면 확대
- 1주택만 임대해도 감면
- 필요경비율 차등화 (등록 70%, 미등록 50%)

❸ 양도세 감면 확대
- (8년 임대 시) 양도세 중과배제, 장기보유특별공제 70% 적용

❹ 종부세 감면기준 개선
- (합산배제) 5년 → 8년 임대 시

❺ 건보료 부담 완화
- 4년 임대 40%, 8년 임대 80% 감면

세입자

주거안정 강화

❶ 4~8년간 거주 가능
- 이사 걱정 없이 한 집에서 오래 거주
- 이사 및 중개비용 절감

❷ 임대료 절감 : 연 5% 이내 인상
⇨ 전월세상한제 수혜대상 확대 ('16년) 23% → ('22년) 45%

권리보호 및 거래안전 강화

❶ 권리보호 강화
- 계약갱신 거절 통지기간 단축
- 임대차 분쟁조정위원회 실효성 강화

❷ 거래안전 강화
- 소액보증금 최우선변제범위 확대
- 전세금 반환보증 활성화

임대차시장 정보 인프라 구축

❶ 정보 인프라 구축 : 임대등록시스템 및 임대차시장 정보 DB 구축
❷ 행정지원 강화 : 등록절차 간소화, 임차인에게 등록임대주택 정보제공 등

Ⅲ. 세부 추진방안

1. 임대주택 등록 활성화

> ● 旣 예고된 대로 '19년부터 임대소득 과세와 건보료 부과를 시행하되, 등록사업자에 대해서는 부담이 최소화되도록 인센티브를 확대
>
> ● 장기임대주택 등록을 유도하기 위해 8년 장기임대 위주로 지원

❶ 지방세 감면 확대

■ (현행) 임대주택으로 등록한 공동주택·오피스텔에 대해 취득세·재산세를 면적과 임대기간에 따라 차등하여 감면 중('18년 말 일몰 예정)

구분		40㎡ 이하	40~60㎡	60~85㎡
취득세	공통	공동주택 건축·분양 또는 주거용 오피스텔 분양 시		
	4년 단기	면제(1호 이상) (취득세액 200만 원 초과 시 85% 감면)		—
	8년 장기			50% 감면(20호 이상 시)
재산세	공통	2호 이상 임대 시 공동주택 건축·매입 또는 주거용 오피스텔 매입 시		
	4년 단기	면제 (재산세액 50만 원 초과 시 85% 감면)	50% 감면	25% 감면
	8년 장기		75% 감면	50% 감면

■ (개선) 취득세·재산세 감면기간을 연장하고, 재산세 감면대상 확대

• (감면연장) 등록 임대주택에 대한 취득세·재산세 감면기한을 '18년에서 '

21년까지 3년간 연장(사후심층평가 후 '18년 세법 개정)

• (재산세) 8년 이상 장기임대하는 소형주택(전용 40㎡ 이하)에 한하여 1호만 임대하는 경우에도 재산세 감면혜택 부여('19년 시행)

− 아울러 서민이 주로 거주하는 다가구주택(모든 가구당 40㎡ 이하)에 대해서도 8년 이상 임대 시 재산세 감면혜택 부여('19년 시행)

❷ 임대소득 과세 정상화 및 등록사업자 감면 확대

■ (현행) 주택임대소득 연 2천만 원 초과에 대해서는 종합과세 중이며, 2천만 원 이하는 분리과세 대상이나 '18년까지 과세 유예

• (경비 공제) 연 2천만 원 이하 분리과세 시 필요경비율 60%를 적용하고, 다른 종합소득금액이 2천만 원 이하이면 기본공제 400만 원 추가

※ 연소득 1천만 원 이하는 과세표준 0원으로 비과세[(1천만 원×40%)−400만 원=0원], 연소득 2천만 원은 과표 400만 원으로 세금 56만 원[(2천만 원×40%)−400만 원]×14%

• (임대보증금) 부부합산 보유주택이 2주택 이하인 경우는 비과세

− 3주택 이상은 보증금 합계액에서 3억 원을 제외한 금액의 60%에 대해 이자상당액('17년, 연 1.6%)을 간주임대료로 환산하여 과세

※ 이와 별도로 '18년까지 전용 60㎡ & 3억 이하 소형주택은 과세대상에서 제외

• (등록 시 감면) 4년 임대 시 30%, 8년 75% 감면 중(6억 원 + 85㎡ 이하)

■ (개선) 예정대로 '19년부터 2천만 원 이하도 분리과세하되, 필요경비율 차등화 및 감면대상 확대를 통해 등록사업자의 부담은 완화

• (정상과세) '18년까지 유예되어 있는 연 2천만 원 이하 임대소득에 대한 과

세를 추가 유예 없이 '19년부터 정상 과세(분리과세)

- (필요경비율 조정) 분리과세 시 적용하는 필요경비율(현행 60%)을 등록사업자는 70%, 미등록사업자는 50%로 차등 조정('19년)

※ 주택임대소득 외 다른 종합소득금액이 2천만 원 이하(기본공제 적용)인 경우, 등록 시 임대소득 1,333만 원까지, 미등록 시 8백만 원까지 소득세 부담 없음

- (감면기준 확대) 현재 3호 이상 → 1호 이상으로 확대('18년 시행)

임대소득세 납부금액 | 8년 임대 시, 지방소득세 별도

임대소득	현재 기준		개선	
	등록	미등록	등록	미등록
연 1,000만 원	0원	0원	0원	14만 원 / 년
연 1,500만 원	7만 원 / 년	28만 원 / 년	2만 원 / 년	49만 원 / 년
연 2,000만 원	14만 원 / 년	56만 원 / 년	7만 원 / 년	84만 원 / 년

❸ 양도소득세 감면 확대

■ 8년 이상 임대사업자를 중심으로 감면혜택 강화

- (장특공제 확대) 준공공임대로 등록하여 8년 이상 임대 시에는 양도세 장기보유특별공제 비율을 50%에서 70%로 상향('19년 시행)

- (장기임대 유도) 양도세 중과배제, 장기보유특별공제 및 종부세 합산배제 대상을 5년 이상 임대 → 준공공임대로 등록하여 8년 이상 임대하는 경우로 개선하여 장기임대주택 공급 유도('18. 4월 시행)

구분		현행	개선
양도세	준공공임대 장기보유특별공제	8년 이상 임대 시 85㎡ 이하 50% 적용	70%
		10년 이상 70% 적용	
종부세	중과배제 합산배제	5년 이상 임대하는 6억 원 이하 주택	8년 이상

❹ 건강보험료 정상부과 및 등록사업자 감면

■ 임대소득 정상과세에 따라 건보료도 정상부과('19년 소득분부터) 하되,

• '20년 말까지 등록한 연 2천만 원 이하 분리과세 대상 사업자는 임대의무기간 동안 건보료 인상분 대폭 감면(8년 임대 시 80%, 4년 40%)

※ 연 2천만 원 초과 임대소득에 대해서는 현재도 소득세와 건보료 부과 중

가입유형별 건보료 인상분 추정

현재 가입유형	미등록 시 평균 인상액	등록 시 평균인상액	
		8년 임대	4년 임대
피부양자*	154만 원 / 년	31만 원 / 년	92만 원 / 년
지역가입자	16만 원 / 년	3만 원 / 년	9만 원 / 년
직장가입자	10만 원 / 년	2만 원 / 년	6만 원 / 년

* 임대소득세 부과로 피부양자가 지역가입자로 전환된 경우의 건보료 부담액
(다만, 등록 시에는 임대소득이 연 1,333만 원 이하인 경우 피부양자 자격 유지)

• '21년 이후 건보료 감면에 따른 등록증가 효과, 건보료 부과체계 개편 추이 등을 고려하여 감면 연장 여부 검토

〈참고1〉 임대소득 과세대상 개요

구 분			전세	등록시 평균인상액
1주택 보유자	공시가격 9억 초과	2천만 원 초과	비과세	종합과세
		2천만 원 초과		분리과세
	공시가격 9억 이하			비과세
2주택 보유자		2천만 원 초과	비과세	종합과세
		2천만 원 이하		분리과세
3주택 이상 보유자		2천만 원 초과	비과세 (60㎡ & 3억 이하)	종합과세
		2천만 원 이하		분리과세

비과세 대상   분리과세('19년부터 과세)   종합과세(과세 중)

■ '19년부터 연 2천만 원 이하 임대소득에 대해서도 과세 예정이나,

• 등록 시는 경비율 70%가 적용되므로, 연 1,333만 원까지 소득세 부담이 없으며(주택임대소득 외 다른 종합소득금액이 2천만 원 이하인 경우), 초과 시에도 소득세 대폭 감면(4년 임대 30%, 8년 75%)

⇨ 임대소득이 연 2천만 원인 8년 장기임대 등록사업자가 부담하는 소득세 (지방소득세 별도)는 연 7만 원 수준

※ [2,000만 원 × (1−70%)] − 400만 원(기본공제)] × 14%(세율) = 28만 원
  → 28만 원 × [1−75%(감면율)] = 7만 원

• 다만, 등록하지 않을 경우 면세점은 연 8백만 원으로 축소되고, 최대 연 84만 원의 소득세(지방소득세 별도) 납부

■ 전세보증금의 경우 부부 합산 2주택 이하 보유자의 전세보증금은 과세되지 않고 3채 이상부터 간주임대료로 환산되어 과세되나,

• 이 경우에도 소형주택(60㎡ & 3억 원 이하)은 과세되지 않으며, 비소형주

택의 보증금도 3억 원까지 과세대상에서 제외

■ 월세의 경우는 1주택 보유자가 보유한 공시가격 9억 원 이하의 주택(전체 주택의 99.3%, 수도권은 98.5%)은 비과세 대상

〈참고2〉 보유호수별 소득세 및 건보료 부담

◉ 이번 방안으로 세부담이 늘어나는 주요 대상은 3주택 이상을 보유한 다주택자이면서 등록하지 않고 있는 고액 임대사업자
◉ 1주택 보유자는 사실상 소득세나 건보료 부담증가가 없고, 2주택 보유자의 경우에도 등록 시에는 부담이 크게 완화

'16년 통계청 주택소유 현황 | 다가구 거처 미구분

구 분	1주택 보유자	2주택 보유자	3주택 이상 보유	합계
인원	1,133만 명(85.1%)	156만 명(11.7%)	41만 명(3.1%)	1,331만 명(100%)
주택	1,022만 호(70.4%)	268만 호(18.5%)	162만 호(11.1%)	1,452만 호(100%)

■ 연 2천만 원 이상 종합과세 대상자

• 연 2천만 원 이상 임대소득 사업자는 종합과세 대상자로 구분하여 현재도 소득세와 건보료를 정상 부과 중으로,

- 실제로 '16년은 임대사업자 총 3.3만 명의 임대수입 1.5조 원(1인당 4,700만 원)에 대해 소득세 1,468억 원(1인당 445만 원)을 징수

국세청 임대소득세 징수 현황

구분		'13년	'14년	'15년	'16년
2천만 원 초과	신고인원(명)	24,474	27,666	30,414	33,025
	수입금액(억 원)	11,104	13,163	14,536	15,776
	추정 임대소득세액(억 원)	956	1,163	1,316	1,468

• 임대사업자로 등록 시는 2천만 원 이하 임대소득자와 동일하게 세제감면 혜택을 폭넓게 지원 중이나, 건보료는 감면 없음
⇨ 고액 임대사업자의 성실한 신고를 유도하고 임대등록을 촉진하기 위해 '18.4월부터 임대차시장 DB를 운영할 예정

■ 연 2천만 원 이하 분리과세 대상자

① 1주택 보유 시

• 본인 소유주택을 전세로 임대한 경우
⇨ 소득세와 건보료 부담이 발생하지 않음
• 본인 소유주택을 보증부월세로 임대한 경우
⇨ 공시가격 9억 원 이하 주택(전국 99.0%)을 임대 시에는 비과세

② 2주택 보유 시

• 본인거주 주택 1채 외, 나머지 1채를 전세로 임대한 경우
⇨ 소득세와 건보료 부담이 발생하지 않음
• 본인거주 주택 1채 외, 나머지 1채를 보증부월세로 임대한 경우
⇨ 등록 시 연 1,333만 원(월 111만 원)까지 비과세되며 초과 시에도 소득세(4년 30%, 8년 75%), 건보료(4년 40%, 8년 80%) 감면
⇨ 그러나 미등록한 경우 연 임대소득 800만 원(월 66만 원)까지만 비과세되며, 초과 시에는 소득세 및 건보료 감면 없음

③ 3주택 보유 시

• 본인 거주 주택 1채 외, 나머지 2채를 전세로 임대한 경우
⇨ 보증금도 간주임대료로 환산하여 소득세가 부과되며, 소형주택(전용 60

m² 및 공시가격 3억 원 이하)은 주택수 산정 시 제외(비과세)
- 본인 거주 주택 1채 외 1채는 전세, 1채는 보증부월세인 경우 + 본인 거주 주택 1채 외 2채가 모두 보증부월세인 경우

⇨ 등록 시 보증금을 환산한 간주임대료와 월세의 합계액이 연 1,333만 원 이하인 경우 비과세, 초과 시에도 소득세 · 건보료 감면

⇨ 미등록 시 간주임대료와 월세 합계가 800만 원 이하만 비과세

2. 임차인 보호 강화

❶ 임차인 권리보호 강화

- (전세금반환보증 활성화) 임대인 동의절차* 즉각 폐지, 가입대상 보증금 한도 상향(수도권 5→7억, 지방 4→5억), 저소득 · 신혼 · 다자녀가구 등 배려계층 보증료 할인 확대(30→40%) 등을 통해 활성화('18.2)

※ 현재는 유선확인 절차를 거쳐 임대인이 동의하지 않을 경우 보증 가입 불가

- (계약갱신 거절기간 단축) 임대차계약 갱신거절 통지기간을 '계약 만료 1개월 前'에서 '계약 만료 2개월 前'까지로 단축(주임법, '18.下)

※ 2개월 전에 거절을 통지하지 않으면 동일 조건으로 다시 임대차한 것으로 간주

- (임대차분쟁조정위원회 실효성 강화) 분쟁조정 신청이 있는 경우 피신청인의 의사와 관계없이 조정절차를 개시(주임법, '18.下)

※ 현재는 임차인이 분쟁조정을 신청해도 피신청인이 거부하면 조정 개시 불가

- (소액보증금 보호 강화) 다른 담보물권자보다 우선하여 변제받을 수 있는 최우선 변제 소액보증금* 상향(시행령, '18.下)

※현행 우선변제금액 : 서울 3,400만 원, 그 외 지역별로 1,700만 원~2,700만 원
⇨ 차임 및 보증금 실태파악, 시장영향 등을 고려하여 조정범위 검토

❷ 임대주택 등록의무화 및 계약갱신청구권·전월세상한제

■ '18년에 조세개혁특위 등을 통해 다주택자에 대한 임대보증금 과세, 보유세 등 부동산 과세체계에 대한 종합적인 개편방안 마련

■ 이번 활성화방안을 통해 자발적 임대주택 등록을 유도하면서, 향후 시장상황 등을 감안하여 '20년 이후 등록 의무화를 단계적으로 추진
• 아울러, 임대차시장 DB를 통한 임대사업 현황분석, 등록 의무화 등과 연계하여 계약갱신청구권 및 전월세상한제를 도입

3. 임대차시장 정보인프라 구축 및 행정지원 강화

■ 임대차시장 정보인프라 구축

■ (현황) 여러 기관이 주택소유(재산세, 건축물대장), 임대차계약(확정일자, 월세세액공제) 자료를 분산 관리하여 정확한 시장현황 파악이 곤란
• 등록 임대사업자의 주택 매각, 임대조건 변경, 주민등록 전출입 등에 대해서도 체계적 관리가 미흡

■ (개선) 국토부, 국세청, 행안부가 보유한 주택소유, 임대차계약 자료를 연

계하여 주택보유 및 임대사업 현황을 파악하는 DB 구축('18.4)
- 등록 임대사업자 관리를 위하여 임대등록시스템도 신규 구축('18.4)

▷ 이를 통해 3주택 이상 다주택자 위주로 주택보유현황, 미등록 임대사업자 정보를 국세청, 건강보험공단 등과 정기적으로 공유

■ 임대인 행정지원 및 임차인 정보제공 강화

■ (현황) 사업자 등록을 위해 지자체와 세무서에 각각 별도의 등록 신청이 필요하며, 주소지가 아닌 곳에서는 임대사업 등록이 불가
- 임차인은 등록주택을 찾기 어렵고, 지자체 업무과다로 등록 시 혜택과 의무사항에 대한 충분한 안내가 부족한 상황

■ (개선) 지자체에 임대 등록 시 세무서에도 자동으로 등록 신청이 되도록 하고, 주소지가 아닌 임대주택 소재지에서도 등록 허용('18.4)
- 마이홈(www.myhome.go.kr, 콜센터 1670-8004, 전국 42개 상담센터)을 통해 임대사업자 등록과정을 지원하고, 지자체 전담인력도 확충
- 임대차 계약 시 임대인이 임차인에게 등록임대 여부, 임차인 권리 등을 고지토록 하고, 등록임대주택을 마이홈에서 쉽게 찾도록 지원

Ⅳ. 기대 효과

■ 세입자 : 계약갱신청구권 + 전월세상한제 사실상 적용

• 세입자는 경제적인 혜택과 함께 장기간 안정적으로 거주 가능

- (임대기간) 임대인은 임차인에게 귀책사유*가 없는 한 임대의무기간 4년 또는 8년 동안 재계약 거절 불가 ☞ 계약갱신청구권

※(예) 월 임대료 3개월 이상 연속 연체, 임대인 동의 없이 시설 개축·증축 등

- (임대료 인상) 연 5% 이내에서 임대료 증액 제한 ☞ 전월세상한제

⇨ 급격한 임대료 인상과 이사 걱정 없이 4년 또는 8년 동안 안정적으로 거주 가능하고, 잦은 이사에 따른 비용도 절감 가능

《임차인의 경제적 혜택 사례》
◉ 전세가격 3억 원 등록임대주택에 8년간 거주 시 : 연간 약 200만 원 절감
 • 전세보증금 대출금 이자비용 절감액* : 연간 약 160만 원
 ※ 최근 전셋값 인상률 대비 등록 시 임대료 인상률 제한 적용
 • 이사비용 및 중개수수료 절감액 : 연간 약 40만 원
 ※ 등록 시 8년간 이사횟수 1회, 미등록 시 2.2회(평균 거주기간 3.5년) 가정

■ 집주인 : 경제적 혜택 + 사회적 기여

• 임대주택 등록 시 현행 국세 및 지방세 감면 혜택 외에 재산세와 소득세의 감면대상이 추가로 확대되고,

※ 재산세 감면대상 확대 : 다가구주택 및 1호만 임대하는 소형주택 추가

※소득세 감면대상 : 1호를 임대하는 경우에도 감면 혜택 부여

- 연 2천만 원 이하 임대소득에 대한 '19년 본격 과세에도 불구하고, 필요경비율 조정 등에 따라 감면 대상이 확대되는 효과

※등록 시 현재는 연 1,000만 원부터 과세되나, '19년부터 연 1,333만 원부터 과세

- 특히, 그간 임대등록 의사결정에 걸림돌로 지적되어왔던 건강보험료 부담도 크게 완화되어 등록에 따른 경제적 혜택 증가

※'19년에 임대소득세가 부과되더라도 등록 시는 연 1,333만 원 이하는 피부양자 유지(미등록 시는 연 800만 원 이하만 피부양자 유지)

※피부양자가 지역가입자로 전환되더라도, 8년 임대 등록 시에는 연 31만 원만 추가 부담하는 반면 미등록 시에는 연 153만 원의 건보료를 추가 부담

• 또한 그간 다주택자가 소득세·건보료 부담을 피하기 위해 임대사업 등록을 하지 않는다는 비판에 대해서도,

- 임대등록 활성화를 통해 미등록사업자에 대해서도 정당한 세금과 건보료를 납부하게 하여 사회적 책임을 유도

⇨ 집주인은 자발적인 임대등록을 통해 세금·건보료 혜택을 받고, 세입자에게 임대료 급등 없이 오랫동안 살 수 있는 주택을 제공

■ 사회 전체 : 임대차시장 안정 + 재정 절감

• 주거복지로드맵에 따라 '22년까지 등록임대 200만 호(향후 5년간 100만 호 순증)와 공적임대 200만 호(향후 5년간 85만 호 순증) 등 공적 규제가 적용되는 임대주택을 총 400만 호 확보

※등록임대 100만 호 증가는 공공임대 100만 호 확충과 유사한 효과가 있으며 공공임대

주택 건설을 위한 재정 및 기금 75조 원 절감 가능

⇨ '16년에는 전체 임차가구(835만 가구)의 23%가 계약갱신청구권과 전월세상한제가 적용되는 주택에 거주하고 있으나, '22년에는 전체 임차가구(약 900만 가구)의 45%로 확대되어 주거안정 강화

• 아울러 임대주택 등록이 확대되면 미등록 임대주택의 임대료 인상과 무리한 퇴거 요구를 억제하여 전월세시장의 전반적인 안정에 기여

⇨ 등록사업자에 대한 혜택 강화를 통해 *私的* 임대주택을 등록임대주택으로 전환하여 집주인과 세입자가 상생하는 임대차시장 구축

Ⅴ. 향후 추진계획

구분	조치사항	추진일정
1단계	① 전세금 반환보증 활성화	'18.2월
	② 임대차시장 정보 인프라 구축 ① 주택보유 및 임대사업 현황파악 DB 구축 ② 임대등록 지원강화 및 임차인 정보제공 강화	'18.4월
	③ 양도세 중과배제 및 종부세 합산배제 등록기준 조정(5 → 8년 임대)	'18.4월
	④ 임차인 보호 강화를 위한 주임법령 개정	'18. 下
2단계	① 임대소득 과세 및 건보료 부과 정상화('19년 소득분부터) ① 소득세 정상 부과 ('20.5월~) • 연 2천만 원 이하 임대소득 분리과세 실시 • 분리과세 필요경비율 차등적용 (등록 시 70%, 미등록 시 50%) ② 임대소득자 건보료 정상 부과 ('20.11월~) ② 등록시 혜택 강화 ① 국세감면(8년 이상 임대 시) • 양도세 장특공제 비율 확대(50→ 70%) ② 지방세 감면 • (4년 이상 임대 시) 취득세 · 재산세 감면 일몰 연장('18 → '21년) • (8년 이상 임대 시) 재산세 감면(소형주택은 1채 임대 시도 면제, 소형 다가구주택도 면제) ③ 건보료 감면 • 4년 임대 시 40%, 8년 임대 시 80%	'19.1월 시행
3단계	① 임대등록 의무제 단계적 도입 ② 계약갱신청구권 및 전월세상한제 도입	'20년 이후

VI. 과제별 조치사항

추진과제	조치사항	추진일정	담당

1. 임대주택 등록 활성화

1-1. 지방세 감면 확대

추진과제	조치사항	추진일정	담당
❶ 취득세·재산세 감면 일몰 연장('18→'21)	지방세특례제한법 개정	'18.下	행안부
❷ 소형주택(40㎡ 이하) 재산세 감면 호수기준 폐지	지방세특례제한법 개정	'18.下	행안부
❸ 다가구주택(모든 임차가구당 면적 40㎡ 이하) 재산세 감면	지방세특례제한법 개정	'18.下	행안부

1-2. 임대소득 과세 정상화 및 등록사업자 감면 확대

추진과제	조치사항	추진일정	담당
❶ 2천만 원 이하 주택임대소득 분리과세 시행	별도 조치 불필요	'19년~	기재부
❷ 분리과세 필요경비율 차등	소득세법 및 동법 시행령 개정	'18.下	기재부
❸ 소득세 감면 호수기준 완화	조세특례제한법 개정	완료	기재부

1-3. 양도세·종부세 감면 요건 강화

추진과제	조치사항	추진일정	담당
❶ 준공공임대 양도세 장기보유 특별공제율 확대	조세특례제한법 개정	'18.下	기재부
❷ 양도세 중과배제, 장특공제 종부세 합산배제 적용 대상 임대 기간 연장 (5년→8년)	소득세법 시행령 종합부동산세법 시행령	'18.下	기재부

1-4. 건강보험료 정상부과 및 등록사업자 감면 확대

추진과제	조치사항	추진일정	담당
❶ 2천만 원 이하 주택임대소득 건강보험료 부과	별도 조치 불필요	'19년~	복지부
❷ 등록 임대사업자 건보료 감면 (8년 80%, 4년 40%)	관련 고시 개정	'19년~	복지부

추진과제	조치사항	추진일정	담당

2. 임차인 보호 강화

2-1. 임차인 권리보호 및 거래안전 강화

추진과제	조치사항	추진일정	담당
1 전세금반환보증 활성화	HUG 내부규정 개정	'18.2월	국토부
2 계약갱신 거절기간 단축	주택임대차보호법 개정	'18.下	법무부
3 주택임대차 분쟁조정위원회 실효성 강화	주택임대차보호법 개정	'18.下	법무부
4 소액보증금 최우선변제범위 확대	주택임대차보호법 시행령 개정	'18.下	법무부

2-2. 임대등록 의무화, 계약갱신청구권·전월세상한제 도입

추진과제	조치사항	추진일정	담당
1 부동산 과세체계 개편	조세재정개혁 특위 논의 등을 거쳐 마련	'18년	기재부
2 단계적 등록의무화	향후 시장상황 등 감안 단계적 등록의무화	'20년 이후	국토부
3 계약갱신청구권, 전월세상한제	등록의무화와 연계, 단계적 도입	'20년 이후	법무부 국토부

3. 정보 인프라 구축 및 행정지원 강화

3-1. 임대인 관리 기반 구축

추진과제	조치사항	추진일정	담당
1 임대차시장 DB 구축 및 임대 등록 시스템 구축	• 민간임대주택법 개정 • DB 및 시스템 시범운영	기 조치 '18.4월	국토부
2 지자체 담당공무원 증원	기준인건비 반영 및 지자체별 채용	'18.上	행안부 지자체

3-2. 임대사업자 행정지원 및 임차인 정보제공 강화

추진과제	조치사항	추진일정	담당
1 등록절차 간소화	민간임대주택특별법 시행령 개정	'18.上	국토부
2 임차인 정보제공 강화	민간임대주택특별법 개정 및 시스템 구축	'18.上	국토부

〈참고3〉 현행 등록임대주택 세제감면 제도 및 달라지는 점
주택가액은 공시가격, 면적은 전용면적 기준

1. 지방세

■ 현행

구분		전용면적(㎡)			비고
		40 이하	40~60	60~85	
취득세 (지특법 제31조, 제77조의2)	단기(4년)· 기업형· 준공공(8년)	면제 * 1호 이상 임대 ** 다만, 취득세액 200만 원 초과 시 85% 감면		50% 감면 * 8년 이상 20호 이상 임대 시	① 18.12.31.일까지 등록하는 경우 적용 - 공동주택 신축, 공동주택·주거용 오피스텔의 최초 분양받은 경우에 한정 - 신축의 경우, 토지 취득일로부터 2년 이내 착공 시에만 적용
재산세 (지특법 제31조)	단기	면제 * 재산세액 50만 원 초과 시 85% 감면	50%	25%	① 18.12.31.일까지 등록하는 경우 적용 ② 2호 이상 임대 시 감면 ③ 공동주택 건축·매입, 오피스텔 매입
	기업형·준 공공		75%	50%	

《달라지는 점》

① 취득세/재산세 감면기간 연장 '18.12.31 → '21.12.31
② 재산세 감면 : 2호 이상 → 1호 이상(8년 이상 + 40㎡ 이하 한정, '19년~)
③ 재산세 감면 : 공동주택, 오피스텔 → 다가구 포함(8년 이상 + 40㎡ 이하 한정, '19년~)

2. 임대소득세

■ 현행

구분	전용면적(㎡)			비고
	40 이하	40~60	60~85	
단기	30% 감면			① '18년까지 2천만 원 이하 임대소득 비과세 ② 85㎡ & 6억 원 이하 주택(오피스텔 포함) + 3호 이상 임대하는 경우 적용 ③ 분리과세 시 필요경비율 60% 인정
기업형 준공공	75% 감면			

《달라지는 점》

① 2천만 원 이하 비과세를 '18년에 예정대로 종료하고 분리과세 시행('19년~)
② 감면대상 : 3호 이상 → 1호 이상 임대('18.1월~)
③ 필요경비율 : 60% → 등록 시 70%, 미등록 시 50%('19년~)

3. 양도소득세

■ 현행

	① 양도소득세 장기보유특별공제율 적용(소득공제율)							
	구 분	3~4년	4~5년	5~6년	6~7년	7~8년	8~9년	9~10년	10년~
단기 기업형 준공공	미등록	10%	12%	15%	18%	21%	24%	27%	30%
	단기	10%	12%	15%	20%	25%	30%	35%	40%
	기업형, 준공공	10%	12%	15%	20%	25%	50%	50%	70%

☞ (예시) 준공공임대주택으로 등록하여 10년 이상 임대한 경우 장기보유특별공제 70%

② 다주택자 중과/장특 배제(수도권 6억원/비수도권 3억 원 이하, 5년 이상 임대 시)

《달라지는 점》
① 장기보유특별공제 확대 : 8~9년 50% 10년 이상 70% → 8년 이상 70%('19년~)
② 다주택자 중과배제/장특공제 적용대상 : 5년 이상 → 8년 이상 임대('18.4월~)

4. 종합부동산세

■ 현행

건설형 임대	합산배제	① 149㎡ 이하 & 6억 이하 + 2호 이상 + 5년 이상 임대시 적용
매입형 임대		① 수도권 6억/비수도권 3억 이하 + 1호 이상 + 5년 이상 임대 시 적용

《달라지는 점》
① 합산배제 적용대상 : 5년 이상 임대 → 8년 이상 임대('18.4월~)

Ⅶ. 임대주택 활성화 방안 Q&A

1. 총괄

① 임대주택 등록 활성화 방안의 추진배경과 의의는?

- 그간 지속적인 공공임대주택 공급 확대에도 불구하고, 여전히 임차가구의 약 70%가 개인이 사적으로 임대하는 주택에 거주하여,
  - 과도한 임대료 인상과 잦은 이사 등으로 주거불안에 자주 노출

- 자가보유 촉진, 공공임대주택 확대가 현실적으로 어려운 상황에서 임차가구의 주거불안을 해소하기 위해서는
  - 사적 전월세 주택을 임대기간이 보장되고 임대료 인상이 제한되는 등록임대주택으로 전환하여, 오랫동안 안심하고 살 수 있는 주택을 늘릴 필요가 있고,
  - 이를 위해 임대주택을 등록에 따르는 부담은 줄이고 혜택은 늘려 집주인들의 자발적인 등록을 촉진함으로써 집주인과 세입자가 상생할 수 있는 임대차시장을 구축하고자 함

- 이번 임대주택 등록 활성화 방안이 시행되면,
  - 세입자 입장에서는 사실상 계약갱신청구권과 전월세상한제가 적용되는

주택이 크게 늘어 급격한 임대료 인상과 이사 걱정 없이 4년 또는 8년 동안 안정적으로 거주할 수 있게 되고,
• 집주인 입장에서는 임대주택 등록에 따라 '19년부터 예정되어 있는 연 2천만 원 이하 임대소득에 대한 과세와 건강보험료 부담을 대폭 감면받을 수 있고, 세입자의 주거안정에도 기여 가능
• 사회 전체적으로도 등록임대주택을 활용해 서민 주거안정을 강화함으로써 공공임대주택 공급에 드는 비용을 절감하여 다른 분야에 활용할 수 있고, 전월세시장과 집값 안정 효과도 기대

2. 임대사업자 등록제도 관련

② 임대사업자 등록을 위한 절차는?

■ 현재는 단독 또는 공동주택을 1호(1세대) 이상 소유하거나, 분양·매매·건설 등을 통해 주택을 소유할 예정인 사업자는 사업자 주소지의 시·군·구청을 방문하거나 정부24(www.gov.kr)를 통해 신청하면 됨
• 향후에는 사업자 주소지뿐 아니라 임대주택 소재지의 시·군·구청을 방문하여 등록 가능하도록 개선할 예정이며
• 정부24(www.gov.kr)뿐 아니라 새로운 임대등록시스템*을 활용하여 지자체 방문 없이 온라인으로 사업자 등록신청이 가능하게 할 예정
※ '18.4월부터 운영하고, 마이홈 포털(www.myhome.go.kr)과도 연계

③ 등록 가능한 임대주택에 제한이 있는지?

■ 등록이 제한되는 주택의 유형은 없으나, 본인 거주 주택(다가구 제외), 무허가 주택, 비주거용 오피스텔* 등의 경우 등록이 제한됨

*오피스텔의 경우 전용면적이 85제곱미터 이하이면서 상하수도 시설이 갖추어진 전용 입식 부엌, 전용 수세식 화장실 및 목욕시설을 갖춘 주거용만 등록 가능

④ 등록한 임대주택을 임대의무기간 중간에 매각할 수 있는지? 매각이 가능한 경우와 중도 매각 시 불이익은?

■ 원칙적으로 등록 임대주택은 임대의무기간 내 매각이 금지되며 무단 매각 시 과태료(주택당 최대 1천만 원)가 부과됨

• 다만, 지자체에 양도신고를 한 후 다른 임대사업자(임대사업자로 등록예정인 경우도 포함)에게는 양도할 수 있고, 양도허가*를 받은 경우에는 일반인에게도 양도 가능

※ 임대사업자가 2년 연속 적자, 2년 연속 부(負)의 영업현금흐름, 재개발·재건축 등의 경제적 사정이 발생할 경우 지자체에 양도허가 신청 가능

⑤ 4년 단기임대로 등록한 후에 8년 장기임대로 변경할 수 있는지?

■ 그간에는 임대사업자 등록 시 처음에 선택한 임대주택 유형을 중간에 변경하는 것이 불가능하였으나,

• 지난 9월 민간임대주택에 관한 특별법 시행령 개정을 통해 임대의무기간이 4년인 단기임대주택을 임대의무기간 8년인 기업형 또는 준공공 임대주택

으로 변경을 허용하였음

■ 8년 장기임대로 변경할 경우 잔여기간 동안은 8년 등록임대주택 기준에 따라 재산세, 임대소득세 감면, 종합부동산세 합산배제 등 혜택을 적용받을 수 있음

⑥ 등록 임대주택에 대한 임대료 인상제한 내용은?

■ 등록임대주택은 임대의무기간 동안 연 5% 이내에서 임대료 증액이 제한되어 사실상 전월세상한제가 도입되는 효과

※ (민간임대특별법 제44조제2항) 임대사업자가 임대의무기간 동안에 임대료의 증액을 청구하는 경우에는 연 5퍼센트의 범위에서 주거비 물가지수, 인근 지역의 임대료 변동률 등을 고려하여야 함

⑦ 등록 임대주택에 거주하는 임차인은 얼마 동안 거주할 수 있는지?

■ 임차인에게 귀책사유*가 없는 한 임대의무기간 종료 시까지 안정적으로 거주할 수 있으며, 임대의무기간 종료 후에도 임대사업자와 협의 후 지속 거주 가능 ☞ 실질적으로 계약갱신청구권이 도입되는 효과

*귀책사유 : 월 임대료를 3개월 이상 연속 연체한 경우, 주택 또는 그 부대시설을 임대사업자 동의 없이 개축·증축·변경한 경우 등

⑧ 중간에 임대조건이 바뀌거나 임차인이 변경되면 신고를 해야 하는지? 이런 변경 신고 시에도 지자체에 가야 하는지?

■ 임대사업자는 임대차기간, 임대료 등 임대차계약에 대한 사항을 계약 체결일로부터 3개월 이내에 사업자 주소지 또는 임대주택 소재지 시군구청에 신고(방문 또는 인터넷)하여야 하고, 신고한 사항이 변경되는 경우에도 3개월 이내에 변경신고를 하여야 함

※ 민간임대주택에 관한 특별법 제67조, 임대차계약 신고를 하지 아니하거나 거짓으로 신고한 자에게는 1천만 원 이하의 과태료를 부과한다.

⑨ 임대주택의 전대가 가능한지?

■ 임차인은 사업자와 협의 후 전대를 할 수 있음

• 다만, 임차인이 사업자와 협의 없이 무단으로 양도·전대할 경우 임대차계약 해지 등의 사유에 해당될 수 있음

⑩ 현재 임대사업자 등록 후 세금 혜택을 받으려면 구청과 세무서를 각각 방문해야 하는 불편함이 있는데?

■ '18.4월부터 새로운 임대등록시스템을 운영할 예정이며, 이를 통해 임대인이 지자체에 임대사업자 등록을 신청할 때 임대인의 희망에 따라 자동으로 세무서에도 등록 신청이 되도록 개선할 계획

⑪ **세입자가 본인이 등록 임대주택에 거주하는지를 어떻게 확인할 수 있는지?**

■ 현재는 등록임대주택 여부를 임대차계약 시 임차인이 확인하여야 함

■ '18.4월부터는 임대차계약 시 임대인이 등록 임대주택 여부, 임차인의 권리 등을 임차인에게 고지하도록 하고, 새롭게 운영되는 임대등록시스템 등을 통해서 등록임대주택을 검색할 수 있도록 할 예정

⑫ **임대사업자 등록 제도에 대해 상담할 수 있는 곳이 있는지?**

■ 임대사업자로 등록하기를 원하는 사업자는 우선 해당 주소지의 시·군·구청에 문의할 수 있고,

• LH 공사의 마이홈 콜센터(1670-8004), 전국 42개소에 있는 오프라인 마이홈 상담센터, 마이홈포털(http://myhome.go.kr)을 통해 임대사업자 등록 절차 및 등록 시 혜택 등을 상담받을 수 있음

3. 임대인 세제 및 건보료 부과 관련

⑬ **임대사업자 등록을 하면 세제, 건보료 혜택은 모든 주택이 적용받을 수 있는지?**

■ 국세와 지방세 감면은 주택유형과 주택규모 등에 따라 감면 대상 여부 및 감면 폭에 차등이 있으며

• 건강보험료는 연 2천만 원 이하의 임대소득에 한해 임대의무기간 동안 40%(4년 임대), 80%(8년 임대) 감면할 예정임

구 분		주택 유형	주택 규모	주택 가액	임대소득 규모	임대기간
국세	양도세 (중과배제, 장특공제 등)	모든 주택	제한 없음 *준공공임대 장특공제 85㎡ 이하	수도권 6억, 지방 3억 이하 *준공공임대장특 공제 제한 없음	제한 없음	8년 이상
	종부세 (합산배제)	모든 주택	제한 없음	수도권 6억, 지방 3억 이하	제한 없음	8년 이상
	임대소득세 (감면)	모든 주택	85㎡ 이하 * 수도권 외 읍면지역은 100㎡	전국 6억 원 이하	제한 없음	4년 및 8년 차등
지방세	취득세 (면제·감면)	공동주택	85㎡ 이하	제한 없음	제한 없음	8년 이상
	재산세 (면제·감면)	공동주택 * 40㎡ 이하 다가구주택	85㎡ 이하	제한 없음	제한 없음	4년 이상 *일부는 8년 이상
	건보료 감면	모든 주택	제한 없음	제한 없음	연 2천만 원 이하	4년 및 8년 차등

⑭ **현재 소득세가 비과세되고 있는 2천만 원 이하 주택임대소득의 과세시점, 과세대상 소득 및 신고방법은?**

■ (과세시점 및 과세대상 소득) '19년 1월 1일 이후 발생하는 임대소득부터 임대소득세가 과세됨

따라서 '18년 12월 31일 이전에 임대차 계약을 한 경우에도 '19년 1월 1일 이후 계약기간에 대한 임대소득은 소득세 과세대상에 해당

■ (신고방법) 해당 과세기간의 주택임대소득에 대해 다음 해 5월 중 주소지

관할 세무서에 소득세를 신고·납부함('19년 임대소득분은 '20년 5월에 신고·납부)

- 2천만 원 이하 주택임대소득자의 경우에는 분리과세* 방식과 종합과세** 방식 중 선택하여 소득세를 신고·납부할 수 있음

* (분리과세) 2천만 원 이하 주택임대소득을 다른 종합소득과 분리하여 14% 세율로 과세

** (종합과세) 다른 종합소득과 합산하여 기본세율(6%~42%)로 과세

⑮ 주택임대소득(월세+간주임대료)이 과세되는 대상자는 누구인지?

■ (1주택 소유자) 부부합산 1주택 소유자의 경우 월세 소득만 과세대상에 해당되고 보증금은 비과세

- 다만, 기준시가 9억 원 이하* 주택의 월세 소득은 비과세되고, 주택가액이 9억 원을 초과하는 경우만 과세대상에 해당

* 국외 소재 주택의 경우 주택 가액과 무관하게 임대료(월세)에 대해 소득세 과세

■ (2주택 소유자) 부부합산 2주택 소유자의 경우 월세 소득만 과세대상에 해당되고 보증금은 비과세

■ (3주택 이상 소유자) 부부합산 3주택 이상 소유자의 경우 월세 소득과 임대보증금에 대한 간주임대료를 합산하여 과세

■ 간주임대료 계산 시 소형주택(전용면적 60㎡ & 기준시가 3억 원 이하)의 보증금과 비소형주택의 보증금 합계 3억 원까지는 과세대상에서 제외함

- 이에 따라 비소형주택의 전세 임대만 있는 경우 임대사업자로 등록 시 보증금의 합계가 16.8억 원, 미등록 시 11.3억 원 이상인 경우에만 과세대상이 됨

> ◉ 간주임대료 : (비소형주택의 임대보증금 - 3억 원) × 60% × 이자상당액('17년 기준 연 1.6%) - 임대사업 부분에서 발생한 수입이자 및 배당금의 합계액
> ◉ 과세대상소득 : [(월세 소득 + 간주임대료) - (월세 소득 + 간주임대료) × (1-50%* or 70%**) - 400만 원] × 14%***
> * 임대사업자 미등록 시 기본공제율
> ** 임대사업자 등록 시 기본공제율
> *** 임대소득 2천만 원 이하 분리과세 시 단일세율 적용

■ (면세점) 분리과세를 적용할 경우 임대사업자 등록 여부에 따라 소득세 면세점이 달라짐
- 주택임대소득 외 다른 종합소득금액이 2천만 원 이하*인 경우

* 주택임대소득 외 다른 종합소득금액이 2천만 원 이하인 경우 기본공제(4백만 원) 적용

- 임대사업자로 등록 시는 과세대상 임대소득 연 1,333만 원(월 111만 원)까지, 미등록 시는 연 800만 원(월 66만 원)까지 소득세 부담이 없음

임대소득 과세 기준('19년 이후 적용)

임대(월세+간주임대료)소득		임대사업자 미등록 시	임대사업자 등록 시
2천만 원 초과		종합과세	종합과세
2천만 원 이하	~1333만 원	분리과세	분리과세
	1333만 원~8백만 원	분리과세	과세 제외
	8백만 원~	과세 제외	과세 제외

⑯ 주택임대소득 외 다른 종합소득금액이 2천만 원 이하인 사람이 2천만 원 이하 주택임대소득에 대하여 분리과세 방식으로 소득세를 신고할 경우 세부담 수준은?

■ (임대사업자 등록) 임대사업자로 등록할 경우 필요경비율을 70% 인정받아 연 임대소득 1,333만 원*까지 과세되지 않고, 추가적인 감면(4년 임대 30%, 8년 임대 75%)도 받을 수 있음

* [1,333만 원 × (1−70%) − 400만 원**(기본공제)] = 0원

** 주택임대소득 외 다른 종합소득금액이 2천만 원 이하인 경우 기본공제(4백만 원) 적용

• 이에 따라 연 2천만 원의 임대소득이 있는 사람이 8년 장기임대하는 경우 (감면 요건 충족*) 부담하는 소득세는 연 7만 원** 수준임(4년 임대 시에도 연 20만 원 수준임)

* (소득세 감면 요건) 사업자등록 + 85㎡ 이하 + 기준시가 6억 원 이하

** [2,000만 원 × (1−70%)] − 400만 원(기본공제) × 14%(세율) = 연 28만 원 → 연 28만 원 × [1−75%(감면율)] = 연 7만 원

※ 지방소득세(10%) 0.7만 원을 포함 시 연 7.7만 원

■ (임대사업자 미등록) 그러나 임대사업자로 등록하지 않을 경우 필요경비율을 50%만 인정받아 소득세 면세점이 연 8백만 원으로 축소되고, 소득세 감면도 없음

* [800만 원 × (1−50%) − 400만 원(기본공제)] = 0원

• 따라서 연 2천만 원의 임대소득이 있는 경우 연간 84만 원*의 소득세를 납부해야 하며, 이는 8년 등록임대 사업자가 부담하는 소득세(연 7만 원)의 12배 수준임

* [2,000만 원 × (1−50%)] − 400만 원(기본공제)] × 14%(세율) = 84만 원

※ 지방소득세(10%) 8.4만 원을 포함 시 92.4만 원

⑰ 2천만 원 초과 주택임대소득자도 임대사업자로 등록 시에 건강보험료 감면을 받을 수 없는지?

■ 2천만 원 초과 주택임대소득은 종합과세 대상으로 이미 보험료가 부과되고 있으므로, 임대 등록 시에도 보험료 감면은 없음

• 2천만 원 이하 주택임대소득에 대한 등록 시 건강보험료 감면은 임대등록에 따른 인센티브 부여로 임차인의 주거안정을 강화하고, 임대소득 과세 대상 전환으로 인한 보험료 상승 충격 완화를 위한 취지

• 다만, 2천만 원 초과 임대소득자도 등록 시 소득세, 재산세, 취득세, 종합부동산세 감면 등 각종 인센티브를 적용받을 수 있음

⑱ 2천만 원 이하 임대소득에 대한 건보료 부과는 어떠한 절차를 거쳐 언제부터 시행되는지?

■ 건강보험료는 과세소득을 기준*으로 부과되며,

• 현재도 연 2천만 원 초과 임대소득은 건보료가 부과 중이며,

• '19년부터 2천만 원 이하 주택의 임대소득도 과세됨에 따라 건보료도 '19년 소득분부터 부과됨

■ '19년 임대소득분에 대한 건보료는 '20.10월에 국세청이 건강보험공단에

제공한 과세자료를 토대로, '20.11월에 부과됨

⑲ 양도세·종부세 혜택 임대기간 강화(5년→8년)의 시행시기는? '18.4월 이전에 등록한 5년 임대도 혜택을 받을 수 있는지?

■ '18.4.1일 이후에는 양도세 중과배제 및 종부세 합산 배제 혜택을 받기 위해서는 8년 임대주택(준공공임대주택)으로 등록*하여 8년 이상 임대하여야 함

* 임대사업자 등록(지자체) 및 면세사업자 신고(세무서) 필요(원스톱 신청 추진)

■ 다만, 이미 임대주택을 등록하여 임대하고 있거나 '18.3.31.일까지 신규등록하는 경우에는 현재와 같이 5년간 임대하면 양도세 중과 배제 및 종부세 합산 배제 혜택을 받을 수 있음

⑳ 다가구주택에 대한 재산세 감면 혜택을 부여하는 경우, 개별 가구의 면적 산출방식은?

■ '18.4월부터 건축물대장을 통해 재산세 감면 대상이 되는 다가구주택*의 가구별 면적 확인이 가능토록 관련규정을 개정**할 계획

* 8년 이상, 사업자 거주 가구 외에 모든 가구가 가구당 40㎡ 이하인 경우에 한정

** 현재 건축물대장에는 다가구주택의 가구별 면적 기재의무가 없어 확인이 어려우나, 건축법 시행규칙 등을 개정하여 건축물대장에 다가구의 가구별 면적을 표기하도록 변경

• 신규 건축물은 건축물대장에 다가구주택의 가구별 면적을 구분 표기하도록 하고, 기존 건축물*은 임대인의 신청을 통해 건축물대장에 층별 가구수

및 가구별 면적을 표기하도록 변경을 허용

* (기존 건축물) '18.4월부터 신규 대장 양식을 통해 변경기재가 가능하도록 하고, 재산세 감면은 임대인이 건축물대장을 변경하여 확인 가능한 경우에 한해 감면

㉑ 이번 제도 개선으로 집주인 동의 없이도 전세금 반환보증 가입이 가능해지는지?

■ 집주인 동의 여부와 관계없이 전세금 반환보증에 바로 가입 가능

• 지금까지는 전세보증금 반환보증 채권을 HUG로 양도하기 위해 내용 증명 및 임대인 유선 절차를 거쳐 임대인이 동의하지 않을 경우 가입할 수 없었고,

– 임대인이 동의한다 하더라도 가입 신청부터 완료까지 1~2주의 기간이 소요되어 제도 활성화의 장애요인으로 작용

■ 2019년 2월부터는 임대인 유선확인 절차를 생략하고, 임대인의 동의 여부와 관계없이 반환보증에 바로 가입을 허용할 계획

• 다만, 임대인에게 전세보증금 반환보증 채권 양도에 대한 내용 증명은 현행과 같이 발송할 필요

02편

1세대1주택
비과세 관련 절세 비법과
황당한 과세 사례

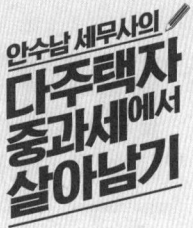

1세대1주택
비과세 관련 절세 비법과
황당한 과세 사례

05

1세대1주택 비과세 요건 바로 알기

01 1세대1주택 비과세 규정은 지뢰밭이다

세상은 이로운 것이 오히려 독이 되는 경우가 허다하다. 1세대1주택 비과세 규정도 그렇다.

부동산거래에서 가장 많은 부분을 차지하는 것이 '주택'이다. 일반인들이 가장 많이 소유한 부동산도 주택이고, 세금 분쟁이 가장 많은 것도 1세대1주택 비과세 규정이다. 일반인들에게 가장 친근하면서도, 비과세 규정을 제대로 알지 못해 발생하는 황당한 과세사례도 주택과 관련한 것이 가장 많다.

1세대1주택 비과세 규정이 다른 부동산에 비해 세금분쟁도 많고 비과세 판단에 오류가 많은 것은 다음과 같은 이유다.

첫째, 1주택에 대한 비과세 규정이 주택경기 억제책과 부양책에서 약방의 감초처럼 항상 등장하기 때문이다. 과세규정에서 보유기간을 늘리거나 줄이는 것이 과세 강화와 완화의 방법으로 사용된다. 거주기간이 추가되거나 삭제되기도 하고, 기간을 조정한다거나 특정지역에 거주요건을 추가하기도 삭제하기도 한다. 일반주택에는 거주요건이 삭제되었는데 특례주택에는 그대로 남아 있어서 혼란을 야기하기도 한다.

> **클릭 Click**
>
> ## 거주요건이 삭제되었음에도 적용되는 사례
>
> - 장기임대주택보유 시 양도하는 일반주택은 2년 이상 거주해야 비과세된다.
> - 직장 이전 등으로 출·퇴근이 곤란해서 부득이하게 이사를 해야 할 때 2년 보유 요건을 충족하지 못하고 양도하는 경우 1년 이상 거주한 주택에 한하여 보유기간 특례를 받을 수 있다.
> - 재개발·재건축 중에 거주목적으로 대체 취득한 주택은 1년 이상 거주하다가 양도해야 비과세를 받을 수 있다.
>
> ※ 2017.8.3. 이후 조정대상지역에서 취득한 주택은 2년 이상 거주요건을 충족해야 한다.

고가주택의 범위도 비과세 규정 강화에 계속 사용되어왔다. 주택규모가 점점 축소되더니 어느 때부터 아예 사라져버렸다. 주택가액도 기준시가를 기준으로 적용하다가 실지거래가액으로 바뀌더니, 고가주택 기준가액 또한 5억 원에서 6억 원, 9억 원으로 점점 높아졌다. 지금의 고가주택 요건은 주택면적에 상관없이 실지거래가액이 9억 원을 초과하는 주택을 말한다.

2주택 비과세 특례규정이 있는데 그중에서도 일시적 1세대2주택 특례규정은 비과세 강화대책이나 완화대책과 함께 사용된다. 즉, 중복보유기간을 연장하거나 단축함으로써 비과세 요건을 강화하거나 완화한다.

중복보유기간을 1년에서 2년으로 연장했다가 지금은 3년으로 또다시 연장하였다.

둘째, 비과세 규정에 예외규정이 많은데 요건들을 적용하기가 쉽지 않아서 전문가들도 판단에 오류가 많다. 이러한 사례는 너무 많아서 본문에서 사례마다 자세히 설명하기로 한다.

셋째, 주택경기 활성화대책과 억제대책에 조세감면이나 중과세 제도가 도입되면 비과세 규정과 충돌이 일어난다. 따라서 별도 예외규정을 곳곳에 두고 있는데 이러한 세세한 부분까지 오류 없이 정확히 판단하려면 세무사들마저도 비과세 규정 판단만으로 수익이 보장되어야 가능하다. 설령 해당규정을 숙지했더라도 몇 년이 지나면 기억이 가물가물해져서 그런 조항을 정확히 기억하고 있기는 어렵다.

외환위기로 부동산경기가 완전히 침체된 상황에서 주택경기 부양을 위해 2000.11.1.부터 2003.6.30. 기간 중에 신규로 분양을 받았거나 신축한 경우에 양도소득세를 감면해주었다. 더불어 다주택자에 대해서도 중과세를 배제해주면서 1세대1주택 비과세 규정을 적용할 때 거주자의 주택수에서 제외해주었다.
이렇게만 규정이 계속 유지되었으면 정말 좋으련만, 입법이 되어 시행되자 불과 2년도 지나지 않아 서울 강남에서 시작된 아파트 투기열풍이 전국적으로 번졌다. 미분양주택을 해소하고 주택 건설을 활성화하기 위해 도입한 제도가 오히려 불난 곳에 기름을 붓는 격이 되었다.

　부랴부랴 과세강화 대책을 세우는데 이미 조세지원책으로 도입된 신축주택까지 손을 보게 된다. 비과세 규정 적용 시 주택수에서 제외해주는 규정을 2006.12.31까지 양도하는 주택까지만 적용하고 2007.1.1.부터는 주택수에 포함해버린 것이다.

　보유하고 있는 주택을 양도하더라도 비과세를 해준다고 해서 미분양주택을 분양받았더니 2006.12.31.까지 양도해야 비과세를 받을 수 있다는 얘기다. 미분양주택은 오히려 주택가격이 떨어져서 손해를 보고 있는데 양도차익이 5억 원이나 발생한 기존주택은 비과세를 못 받는다면, 이런 조세정책을 이해할 수 있을까? 문제는 이렇게 규정이 개정된 줄도 모르고 5억 원이나 차익이 발생한 주택을 비과세인 줄로만 알고 2007.1.1. 이후에 양도했다면? 그래서 비과세를 못 받았다면?

　이 규정은 당초 입법 시에는 감면 적용시한이 2003.6.30.까지였다. 그런데 서울과 과천 그리고 이른바 5대 신도시(분당, 평촌, 산본, 일산, 중동을 말함)는 적용시한을 6개월 단축해서 2002.12.31.까지만 적용되고 2003.1.1.부터는 적용이 배제되었다. 다만 2002.12.31. 이전에 착공하고 2003.6.30. 이전에 준공된 주택은 경과부칙에서 종전대로 혜택을 주었다. 그러나 2003.1.1. 이후에 착공해 6월30일까지 준공을 내서 감면혜택을 받으려고 준비한 사람들에게는 황당한 일이 아닐까?

　넷째, 입법과정에서 국민 누구나 쉽게 알 수 있는 쉬운 세법이어야 하는데 요건 몰랐지 하는 식의 규정들이 산재해 있다. 예를 들어 일시적 1세대2주택인 경우 비과세 특례규정에는 종전주택을 취득하고 1년이 지나서 새로운 주택을 취득해야 하고, 새로운 주택을 취득한 지 3년 이내에 종전주택을 양도해야 하며, 양도하는 주택은 2년 이상 보유요건을 충족해야 한다.

종전주택을 보유한 지 1년이 지난 후 새로운 주택을 취득해야 한다는 요건은 원래는 없었다. 종전주택을 새로운 주택 취득일로부터 2년 이내 양도해야 한다는 규정을 3년으로 늘리면서 새로운 주택의 취득시기가 비과세 요건으로 추가된 것이다.

세법을 전문적으로 접하는 사람이 아닌 비전문가들은 종전주택을 처분하는 기한만 늘어났다고 알고 그 기한만 준수해서 양도했다가 황당한 과세를 받고서야 분통을 터뜨린다.

1년이 지난 다음 취득요건을 추가하고 3년으로 연장할 바에는 차라리 종전대로 두었더라면 비과세를 못 받는 황당한 일이 없었을 것이다.

마지막으로, 세대구성원 간의 소통 문제로 비과세를 받지 못하는 사례도 너무 많다. 미혼인 33세 딸과 함께 사는 아버지가 일시적 2주택인 줄 알고 20년 보유한 주택을 양도했다. 그런데 나중에 알고 보니 딸이 학원강사로 5년 동안 번 돈으로 1억5천만 원짜리 도시형 생활주택을 구입해둔 것이다. 아버지 소유 주택을 양도하기 3개월 전에 말이다. 자신이 열심히 해서 이룩한 성과를 부모님께 나중에 알려 놀라게 해주고 싶은 마음에서 그랬다고 한다. 딸이 구입한 1억5천만 원 주택 때문에 아버지가 양도한 주택은 양도소득세를 2억 원이나 물었다.

이런 사례도 있다. 아내는 부도난 여동생에게 융자 1억 원을 끼고 2억5천만 원짜리 아파트를 구입해주었다. 여동생이 신용불량자라서 소유권을 자신의 명의로 할 수 없다고 해서 조카에게 명의를 이전하라고 했다. 조카가 빚 내서 산 아파트를 자신의 명의로 할 수 없다고 해서, 홧김에 아내는 자신의 명의로 소유권 등기를 해두었단다.

아내는 친정에 도움을 준 일이라 남편에게 알리지도 못했다. 아내가 그런 줄은 까맣게 몰랐던 남편은 살던 아파트를 20억 원에 팔고 공기 좋은 서울 외곽의 아파트를 구입했다. 중도금 받은 돈으로 새로 취득한 아파트의 잔금을 치르고 소유권 이전까지 마친 상태에서 평화롭게 잔금을 받았다. 그리고 세무사를 통해 1세대1주택 비과세가 적용되는 고가주택으로 6천만 원의 양도소득세를 납부했다.

그로부터 6개월 뒤 세무서로부터 "귀하는 1세대3주택자이므로 양도소득세를 수정신고하라"는 안내문을 받았고, 아내의 동생을 도와준 일 때문에 5억 원이 넘는 양도소득세를 추가로 납부해야 했다.

앞으로 주제별로 이런 황당한 과세사례가 많이 소개되겠지만, 비과세되는 주택인 줄 알고 양도했다가 과세 받은 사람들의 사례는 정말 많다. 이 경우 양도차익이 적어 양도소득세가 적게 부과된 사람들도 있지만, 보유기간이 길어서 양도소득세가 수억 원에 이르는 사람들도 부지기수다.

이렇게 비과세를 받지 못하고 추가로 양도소득세를 과세 받게 되면 경제적으로 큰 고통을 받아 삶의 질이 급격히 떨어진다는 데 문제의 심각성이 있다. 필자는 양도소득세를 전문적으로 취급하지만 절대로 하지 않는 일이 한 가지 있다. 전화로 1세대1주택 비과세가 되는지 여부를 판단해주는 일이다. 혹여 하나라도 실수를 한다면 뒷감당을 할 수가 없기 때문이다.

필자의 경험으로는 1세대1주택 비과세 판정은 지뢰밭을 걸어가는 느낌이라고나 할까? 미로 찾기만큼이나 어렵게 느껴지는 분야다. 모든 경우를 적용하여 비과세 여부를 완벽하게 확인할 수 있는 체크리스트를 만드는 것이 필자의 꿈이다.

1세대1주택 비과세
요건 바로 알기

1세대1주택 비과세 규정은 거주자에 한하여 적용된다

02

세법에는 4대 과세요건이 있다. 납세의무자, 과세대상, 과세표준, 세율을 말한다. 모든 세법은 반드시 이 네 가지 과세요건을 두고 있고, 비과세와 감면규정도 함께 둔다.

비과세 규정과 감면규정은 반드시 적용대상을 따로 규정한다. 1세대1주택 비과세 규정도 적용대상을 거주자로 한정하고 있다. 거주자로 한정한다는 것은 두 가지 경우에 해당하면 적용대상에서 제외한다는 의미다. 두 가지의 경우란 비거주자와, 자연인이 아닌 법인이나 단체가 소유하는 주택을 말한다. 1거주자로 보는, 단체가 아닌 자연인인 거주자에 한해 비과세 규정이 적용된다. 아무리 세계화 국제화라고 하더라도 우리나라에 있는 주택을 세계 만인들에게 비과세를 해줄 수는 없는 것이고, 세계 모든 나라들은 자국민에 한해 비과세나 감면제도를 두고 있다.

　우리나라에서 태어나 대한민국 국적을 가지고 계속 국내에 거주한 거주자와, 외국에서 태어나 외국 국적을 갖고 국외에서 거주하는 외국인은 판단이 용이하다. 국내에서 태어나서 외국으로 이민을 갔거나, 오랫동안 국외에서 체류하다 일정 기간 국내에 머물거나, 외국 국적을 갖고 국내에서 직업을 갖고 살고 있는 외국인들이 문제다.

　특히 최근에 국내에 거소를 둔 기간이 1년 이상에서 183일로 개정되면서, 외국으로 이민을 간 재외국민들이 거주자 요건을 충족하기 위해 일시 귀국하여 183일 이상 거소를 둔 경우 거주자에 해당되는지가 이슈가 되고 있다.

이민자가 국내에 183일을 살면 비과세 받을 수 있다는 말이 사실일까?

적용사례 ㉑

183일 거소 요건은 필요조건일까, 충분조건일까?

20년 전에 미국으로 이민을 간 장교포 씨는 당시 살던 아파트를 팔지 않고 세를 주고 갔는데 최근 시세를 알아보니 15억 원이 넘었다.

문제는 이민 당시에는 1주택자일 경우 아무 때나 양도해도 고가주택으로 비과세를 받을 수 있었는데, 2006년부터는 해외로 이민을 간 경우는 출국일로부터 2년 안에 양도해야 비과세를 받는 것으로 세법이 개정되어 꼼짝없이 양도소득세를 내게 되었다. 양도세를 계산해보니 4억 원가량 되어서, 그 많은 세금을 내고 팔려니 마음이 내키지 않아 고민하고 있었다.

그런데 최근에 교포 사회에서 알려진 바에 따르면, 세법이 개정되어 비과세를 받을 수 있는 길이 있다는 것이다. 종전에는 이민 가서 해외에서 거주하던 사람이 거주자가 되려면 1년 이상 국내에서 거주해야 했지만 지금은 183일, 즉 6개월 정도만 거주해도 거주자로 인정받을 수 있다. 거주자로 인정받으면 국내의 주택을 양도할 경우 내국인과 똑같이 9억 원까지는 비과세를 받을 수 있어 4억 원이던 양도소득세가 2천만 원으로 줄어든다는 것이었다. 그래서 장교포 씨는 일시 귀국했다. 과연 장교포 씨는 거주자로 인정되어 비과세를 받을 수 있을까?

위 사례를 통해 거주자 여부를 판단하는 기준을 이해해보기로 한다.

장교포 씨는 이미 직장을 은퇴해 쉬고 있던 터라 2개년도(2018년부터는 1개년도에 한함)에 걸쳐서 6개월 정도 한국에 살더라도 문제가 없었다. 4개월 전에 한국에 일시 귀국해 친척 집에서 머물면서 두 달만 더 있으면 세금 혜택을 받을 수 있다는 기대에 부풀어 있었다.

그런데 최근에 장교포 씨와 비슷한 시기에 이민을 갔다가 국내의 아파트를 비과세 받으려고 귀국해 6개월 동안 산 다음 아파트를 팔았는데 비과세를 못 받았다는 임교포 씨를 만났다. 두 교포 씨는 해외 이주자가 귀국해서 6개월 이상을 살았을 경우 비과세 혜택을 받을 수 있는 방법이 있는지 수소문 끝에 절세왕 세무사를 찾았다.

거주자와 비거주자는 세법을 적용할 때 차이가 많다.

소득세법상으로는 거주자에 해당되면 세금이 더 많이 부과되니 불리하다. 거주자는 국내는 물론 해외에서 발생한 소득 모두에 대해 소득세를 내야 하기 때문이다. 한때 세상을 떠들썩하게 한 선박왕, 완구왕 등에 대한 수천억 원의 세금 추징은 거주자로 보았기 때문에 논란이 되었던 것이다.

반면에 양도소득세는 거주자보다는 비거주자가 불리하다. 주택에 대한 비과세나 일반 감면규정 등이 대부분 거주자에 한해 적용되기 때문이다. 한국에서 태어나 계속해서 국내에 거주한 사람들은 모두 거주자로 분류되기 때문에 판정에 문제가 없다. 장교포 씨처럼 해외로 이민을 가서 살던 비거주자가 국내에 귀국해서 6개월 정도 거주했을 경우 소득세법상 거주자로 인정받을 수 있는지가 문제다.

우선 소득세법에서 거주자와 비거주자의 판정 기준을 보면 직업, 가족들의 거주지, 재산 보유 현황 등이 주가 되고, 그 외에도 주된 경제활동과 항구적으로 거주할 곳 등도 영향을 미친다. 따라서 국내에 183일 이상 거소를 둔 경우라고 해서 항상 거주자로 판정받을 수 있는 것이 아니다.

장교포 씨나 임교포 씨처럼 이민 가기 전에 사둔 국내 아파트를 비과세 받기 위해 일시적으로 귀국해서 6개월 이상 거소를 둔 경우에는 직업·가족거주지·재산상태 등에 비추어 일시적으로 거소를 둔 경우에 해당되므로 거주자로 인정되지 않는다. 즉, 직업은 없더라도 대부분의 재산이 국외에 있고 가족들도 대부분 국외에 거주하고 있는 상태이며, 향후에도 국외에서 계속 거주할 것으로 예상되는 사람은 국내에 귀국해서 6개월 이상 체류했다는 이유만으로 거주자로 볼 수는 없다는 것이다.

만약 이민을 가서 해외에서 살다가 은퇴 후 국내에서 항구적으로 거주하기 위해 국외재산을 정리해서 귀국하고 국내의 주택을 처분한 대금도 국내에서 사용할 예정이면서 6개월 이상 살았다면 거주자로 판정받을 수 있을 것이다.

따라서 183일 거소 요건은 필요조건일 뿐 충분조건은 아니라고 할 수 있다.

안수남의 절세 Tip

거주자 판정 기준

현행 소득세법은 질병치료, 관광, 친지방문의 목적으로 귀국해서 국내에 체류한 경우는 거소를 둔 경우로 볼 수 없다고 2016년도에 관련조항을 개정하였다. 일시적 거소를 둔 비거주자들의 거주자 판정 기준을 명확히 한 개정규정에 비추어보면 장교포 씨와 임교포 씨 같은 경우에 거주자로 인정해주지 않는 이유를 이해할 수 있을 것이다.

만일 영구 귀국할 계획이라면 영주권을 취소하고 국내에서 주민등록을 회복하는 것이 중요하다. 또한 국외에 있는 재산을 정리하고 장래 국내에 계속 거주할 주택을 취득하거나 일정기간 임차한 곳에서 항구적으로 살 수 있는 살림도구 등을 갖추고 국민건강보험에 가입하는 등 거주자와 동일하게 생활한다면 거주자로 판정받을 수 있다고 본다.

03 1주택 비과세의 출발점, 세대 개념을 바로 알자

1세대의 중요성

세대라는 용어는 여러 분야에서 사용된다. 주민등록법에서 사용하는 개념이 가장 널리 쓰인다. 세법에서의 세대는 함께 사는 가족을 의미한다. 보통 주택과 관련된 규정에서 사용되기 때문이다. 가족 단위로 1주택이 필요하다는 인식에서 비롯된 것 같다.

세대의 개념은 광범위하게 사용되는데 동일세대 여부를 잘못 판정하여 낭패를 보는 경우가 의외로 많다. 우선 주택수를 계산할 때 세대 단위로 계산하는 경우가 많다. 1세대1주택 비과세 규정과 다주택자 중과세 규정 모두 주택수를 세대 단위로 계산한다. 2018.4.1.부터는 주택수에 따라 비과세와 중과세 적용대상이 되는지 여부가 결정되므로, 잘못 판단하면 심각한 일이 벌어진다. 1세대1주택 비과세대상주택으로 알고 양도하였는데 다른 주택이 주택수에 포함될 경우 다주택자 중과세가 적용되기 때문이다.

이 밖에도 세대의 개념은 보유 및 거주 기간 계산에도 사용된다. 동일세대 간에 상속이나 증여가 이루어진 경우에는 보유 및 거주 기간을 계산할 때 피상속인(증여자)과 상속인(수증자)의 보유 및 거주 기간을 통산해서 계산한다. 동일세대가 아닌 경우에는 상속개시일 또는 수증일로부터 기산하여 보유 및 거주 기간을 계산한다.

또한 주택과 부수토지도 소유자가 다를 경우 동일세대원이 각각 주택과 부수토지를 소유하면 부수토지도 비과세를 받지만, 동일세대가 아니면 주택만 비과세 대상이고 부수토지는 나대지로 취급된다. 상속주택은 거주자의 주택수에서 제외되는 특례규정이 적용되는데, 동일세대 간에 상속이 이루어지면 이러한 특례를 받을 수 없다.

이와 같이 세대의 개념은 비과세와 중과세 규정에서도 사용되고 종합부동산세에서도 동일하게 사용되는 아주 중요한 개념이므로 정확히 알아두어야 한다.

1세대의 요건

소득세법에서 규정하고 있는 '1세대'란 거주자 및 그 배우자가 그들과 동일한 주소 또는 거소에서 생계를 같이하는 가족과 함께 구성하는 1세대를 말한다. 세대의 개념을 정확히 이해하려면 세대의 기본구성 단위, 세대에 포함되는 가족의 범위, 생계를 같이한다는 의미를 알아야 한다.

세대의 기본구성 요건

1세대는 본인과 배우자 2인이 세대구성의 기본단위다. 따라서 원칙적으로 배우자가 없는 단독세대는 세대로 인정받을 수 없다. 부부가 주민등록상 세대를 따로따로 분리하더라도 부부를 합쳐서 1세대로 본다. 다만 예외적인 사유에 해당되면 배우자가 없어도 단독세대를 인정한다.

클릭 Click

배우자가 없어도 1세대로 보는 범위

① 거주자의 연령이 만 30세 이상인 경우
② 배우자가 사망했거나 이혼한 경우
③ 소득이 최저생계비* 수준 이상으로서 소유하고 있는 주택을 유지·관리할 수 있는 경우

*최저생계비 : 「국민기초생활 보장법」 제2조 제11호에 따른 기준 중위소득의 40%

가족의 범위

거주자와 그 배우자의 직계존속과 직계비속 및 형제자매를 말한다. 직계존속과 직계비속은 그 배우자를 포함한다. 따라서 부모님이 재혼한 경우 계부나 계모도 가족에 포함되고, 직계비속의 배우자인 며느리와 사위도 가족

의 범위에 들어간다. 다만 형제자매의 배우자(제수, 형수, 매형, 제부 등)는 가족의 범위에 포함되지 않는다.

즉 고모와 이모, 큰아버지와 작은아버지는 부모님 기준으로는 가족의 범위에 포함되지만 본인 기준으로는 가족의 범위에 포함되지 않는다. 할아버지와 할머니는 직계존속이므로 가족의 범위에 포함된다.

가족의 범위는 거주자 본인만을 기준으로 하는 것이 아니라 본인 배우자의 가족도 동일하게 적용되므로 주의해야 한다.

생계를 같이한다는 의미

생계를 같이한다는 의미에 대해 세법에서 별도로 규정한 바는 없다. 통상 동일한 주소 또는 거소에서 생활을 같이하는 것을 의미하므로 일상생활에서 볼 때 수입을 구분하지 않고 동일한 생활자금으로 생활하는 단위, 즉 숙식을 같이하고 경제활동까지 같이한다는 의미다.

동일세대는 우선 생계를 함께하는 가족이어야 하므로, 생계를 달리하는 가족은 동일세대가 아니다. 장남과 함께 사는 부모님은 장남과는 동일세대지만 차남과는 생계를 달리하므로 동일세대가 아니다. 형제자매도 생계를 같이하면 동일세대가 될 수 있지만 생계를 달리하면 동일세대가 아니다. 직계비속인 자녀의 경우 생계를 달리하더라도 자녀가 단독세대 구성요건이 되면 독립세대로 인정되어 부모와 동일세대가 아니지만, 독립세대 구성요건이 안 되면 부모와 동일세대로 본다.

예를 들어 부모님은 서울에 거주하고 24세 된 아들은 천안에서 대학을 다니고 있다면 주민등록을 분리하고 생계를 달리하더라도 아들이 단독세대 구성요건 3가지에 해당되지 않으므로 부모님과 동일세대가 된다.

위의 사례에서 아들이 천안에서 직장을 다니고 있다면 소득이 있는 경우에 해당되므로, 부모와 실질적으로 생계를 달리한다면 단독세대가 인정되어 부모와 다른 세대가 된다.

일시퇴거자

세대원 중에 취학·질병의 요양·근무상 또는 사업상 형편으로 본래의 주소 또는 거소를 일시 퇴거한 자는 가족에 포함한다.

안수남의 절세 Tip
세대 판정 요령

- **기준** : 주민등록상 동일세대로 등재된 세대원

- **제외된 가족 파악**
  : 사실상 생계를 달리하는 경우(직계 비속에 한함)
    - 독립세대 구성요건 충족 : 다른 세대
    - 독립세대 구성요건 미충족 : 동일세대
    - 일시적 퇴거 사유(군 입대, 질병의 요양 등) : 동일세대
  : 사실상 생계를 함께하는 경우(직계존비속 및 형제자매에 한함)
    - 경제적 공동체 : 동일세대
    - 경제적 독립체 : 다른 세대

- **세대원 중 사실상 생계를 함께하는 경우** : 가족관계 파악
  : 가족에 해당하는 경우(배우자의 직계존속, 형제자매)
    - 경제적 공동체 : 동일세대
    - 경제적 독립체 : 다른 세대
  : 가족에 해당되지 않는 경우 : 다른 세대

- **주민등록상 세대원 중 사실상 생계를 달리하는 경우**
  - 독립세대 구성요건 충족 : 다른 세대
  - 독립세대 구성요건 미충족 : 동일세대

가족이 동일한 장소에서 살아도 경제공동체가 아니면 구제방법 있다

적용사례 ㉒

경제공동체가 아닌 자매가 함께 살았다는 이유만으로 동일세대일까?

공기업에 근무하는 조 팀장은 30대 후반인 동생과 함께 본인 소유의 집에서 함께 살았다. 부모님 집은 불과 차로 10분 거리인데도 자매가 따로 살게 된 것은 결혼으로 인한 갈등 때문이었다. 두 자매는 직장생활에서 능력을 인정받아 관리자로 근무하지만 결혼에는 소극적인 반면, 부모님은 사회적으로 안정된 직장에서 근무하는 딸들이 혼기를 놓쳐 직장생활에만 전념하는 것이 불만이었다. 자매는 경제적으로도 안정되어 수년 전에 언니와 동생이 모두 주택을 한 채씩 구입해놓은 상태였다. 언니는 살고 있는 아파트가 좀 좁아서, 늘려가기 위해 본인 소유의 아파트를 양도하였다. 언니는 주택이 한 채라서 양도소득세가 당연히 비과세되는 줄 알고 양도했는데, 세무서에서는 함께 살고 있는 동생도 1주택을 소유하고 있으므로 1세대2주택이라고 보아 양도소득세를 추징했다.

한집에서 살고 있는 자매는 세법상 가족에 해당하므로 외형상 동일세대라는 세무서의 판단은 문제가 없어 보인다. 즉, 세법상으로는 생계를 함께하는 가족은 동일세대이고, 가족은 직계존비속뿐만 아니라 형제자매도 포함되기 때문이다.

또한 일반적으로 생계를 함께한다는 의미는 한집에서 숙식을 같이하는 것으로 생각하기 때문에 과세관청은 함께 사는 자매를 동일세대로 보아 주택 수를 관행적으로 판단하였다.

그러나 법원의 판단은 달랐다. 양도 당시 자매가 같은 주소지에서 주민등록상 동일한 세대를 구성하였다고 하더라도 각각 30세가 넘는 미혼으로 별도의 직업과 소득이 있고 각자의 자금으로 생활하였다면 1세대로 볼 수 없다는 것이다(대법원 2010두3664 판결).

한편, 혼인한 자녀가 부모와 함께 거주했더라도 배우자와 자녀가 있는 30세가 넘는 근로자로서 과세대상 급여액이 있었고 부모도 사업·이자소득 등이 있어 각각 독립적이고 안정적인 소득이 있었던 점 등에 비추어, 동거주택에서 부모와 함께 거주하였으나 생계를 같이하는 관계가 아니라 독립된 세대를 구성했다고 봄이 타당하다(서울고법 2013누118)는 판결도 있다.

법원의 판단을 보면 가족과 같은 장소에서 생활하더라도 독립적으로 경제활동을 한다면 동일세대로 보기는 어렵다는 견해로 이해된다. 요즈음 언론에서 유행한 경제적 공동체냐, 경제적 독립체냐 하는 말이 이 경우 적절한 표현 같다.

경제적 공동체 판단 기준?

동일세대 여부를 경제적 공동체 여부로 판단할 때 입증 방법은 상황에 따라 다르다. 공통적인 입증 방법을 제시한다면 각자의 소득을 어떻게 관리하였는지, 생활비(아파트관리비나 공공요금 등)는 분담하였는지, 재산소유는 구분되고 있는지, 기타 소비활동(신용카드 결제, 통신비 부담 등)은 각자 책임하에 지급하였는지, 채무관리나 채무의 지급이자는 채무자별로 구분하여 부담하였는지 등을 입증하면 경제적으로 독립하여 생활한 사실이 객관적으로 입증될 수 있다고 본다.

주민등록상 동일세대라도 사실상 생계를 달리하면 다른 세대로 인정될까?

부모님과 주민등록은 같이 되어 있으나 사실상 생계를 달리한 경우

회사원인 박 과장은 부모님과 함께 살다가 결혼을 하면서 사실상 따로 살았다. 경제적으로 여유가 있어서 아내가 모은 돈과 합해 부부공동으로 아파트를 구입해 이사한 것

> 이다. 아내도 직장생활을 하고 있고 부모님과는 같은 아파트 단지에서 살고 있어서 굳이 주민등록을 이전할 필요를 못 느껴 부모님 댁에 그대로 두었다.
>
> 그런데 아내 입장에서 시댁과 가까이 사는 것이 상당히 불편했고, 직장과의 출·퇴근 거리도 만만치 않아 직장 핑계를 대고 이사하기 위해 살던 집을 양도하였다. 3년 전에 구입한 아파트가 재건축 얘기가 나오면서 가격이 상당히 올랐지만 양도소득세가 비과세된다고 해서 세금 걱정은 안 했다. 1세대1주택으로 비과세가 되면 세무서에 양도소득세를 별도로 신고할 필요가 없다는 중개업소의 안내대로 비과세 신고를 하지 않았다.
>
> 양도 후 2개월이 지나자 세무서로부터, 부모님도 집이 있어서 1세대2주택이라 비과세를 받을 수 없으니 양도소득세를 자진신고하라는 안내문이 왔다.

동일세대 여부는 원칙적으로 사실상 생계를 같이하는지 여부에 따라 판단한다. 따라서 주민등록상으로 같은 세대로 등록되어 있을지라도 사실상 생계를 달리한 사실을 입증하면 동일세대로 볼 수 없다. 과세관청인 세무서는 세대별로 주택수를 계산할 때 주민등록상으로 세대원을 확인하고 세대원에 대해 주택 소유 여부를 파악하기 때문에 일단은 주민등록상으로 판단할 수밖에 없다. 박 과장도 부모님과 주민등록이 같이 되어 있어서 국세청의 전산상으로는 1세대2주택으로 파악되었던 것이다. 절세왕 세무사의 도움을 받아 사실상 생계를 달리한 사실을 입증하여 1세대1주택 비과세 판정을 받았다.

반대로 주민등록상으로는 형식적으로 세대를 분리했다 하더라도 실질적으로 생계를 함께한다면 동일세대로 본다. 사실상 생계를 같이하면서 일시적으로 주민등록만 분리한 경우에는 생계를 달리한 것으로 보지 않는다.

생계를 달리했다는 걸 증명할 놀라운 증거들

옛날에는 사실상 생계를 달리했다는 사실을 입증하는 객관적인 자료가 많지 않았다. 심지어는 자녀가 연인과 나눈 손편지가 증거로 채택되어 구제받던 시절도 있었다. 지금은 주변에서 찾아보면 생계를 달리했다는 놀라운 증거들이 많다.

- 아파트 관리사무소 입주자카드
- 인터넷 가입증명 / 유선전화 가입증명
- 유선TV 가입사실확인서
- 택배 배달 증명
- 신용카드 사용 내역
- 현금인출기 사용 기록
- 지하철 요금 결제 내역(탑승역 확인 가능)
- 핸드폰 통화 내역 (기지국 위치)
- 신문 구독 확인, 우유 또는 건강식품 공급 확인
- 노인정 회원관리부
- 공공요금 영수증(관리비, 수도료, 전기료, 도시가스비 등)

장인 장모를 모시고 살 때는 불량한 마음을 먹어라

적용사례 ㉔

장모님을 모시고 살 경우 처갓집도 주택수에 포함될까?

외동딸을 아내로 맞아 공직자로 40년간 근무하고 정년퇴임한 박순진 과장은 7년 전부터 건강이 안 좋으신 장모님을 모시고 살게 되었다. 단독주택이 불편하다는 아내의 뜻에 따라 20년 전부터 거주하던 단독주택을 처분하고 아파트를 구입해 이사했다. 처분 시 1주택이라서 양도소득세 신고도 안 했다.
그런데 세무서로부터 양도소득세를 자진신고하라는 안내문을 받았다. 자초지종을 알아보니 장모님이 소유한 1주택 때문에 1세대2주택자에 해당되어 비과세를 받을 수 없다는 것이었다. 장모님 집은 처갓집이지 내 집이 아니라는 박 과장의 주장은 받아들여질까?

장인이나 장모와 함께 살면서 장인 장모 소유의 주택이 있고 본인 소유 주택이 있을 때 본인 주택을 몇 채라고 생각할까? 사심이 있는 사람이라면 2주택을 소유했다고 생각할 수도 있지만, 보통 사람은 처가는 처가고 내 집은 한 채라고 생각할 것이다.

그러나 세법상으로는 장인 장모도 함께 살면 본인 배우자의 존속이므로 동일세대가 되어 1세대2주택을 소유하고 있는 것이다. 현행 세법상 가족의 범위에는 직계존속과 그 배우자가 포함되는데, 본인만이 아니라 배우자도 포함해 판단하므로 남자 기준으로 볼 때 배우자인 아내의 직계존속인 장인 장모도 가족에 해당된다.

주민등록상에서 장인 장모는 동거인, 세법에선?

질병치료 때문에 또는 주택을 멸실하고 재건축 때문에 일시적으로 함께 살고 있는 경우 등의 사유를 입증할 경우는 비록 함께 거주했더라도 동일세대로 보기 어렵다. 장인 장모도 동거봉양 합가에 해당하므로 60세가 넘었을 경우 5년(2018.1.1. 이후 양도분은 10년) 이내 양도하는 주택은 비과세를 받을 수 있다. 가족에는 배우자의 형제자매인 처남과 처제도 포함되므로 주택수 계산에 주의해야 한다. 주민등록상 장인 장모 등은 동거인으로 기재되므로 전문가들마저도 가족관계가 아니라고 잘못 아는 경우도 있으니 주의해야 한다. 장인, 장모, 처남, 처제와 주민등록만 함께 되어 있을 뿐 사실상 생계를 달리했다면 경제적 독립체임을 입증하여 세대를 달리 판단받을 수 있다.

위장으로 이혼했더라도
이혼한 부부는 동일세대로 볼 수 없다

적용사례 ㉕

다주택자 중과세를 피하기 위해 이혼 후
주택을 양도하고 재결합한 부부가 동일세대일까?

오 남편과 양 아내는 1997년에 혼인신고를 마친 법률상 부부였다. 2008년 1월 협의이혼신고를 한 후 양 아내는 2003년에 취득한 아파트를 2008년 9월 양도했다. 4개월 쯤 지난 2009년 1월에 다시 혼인신고를 마쳤다. 양 아내는 양도한 아파트를 1세대1주택 비과세대상으로 보아 양도소득세를 신고하지 않았다.

세무서는 이혼한 후에도 사실상 혼인관계를 유지하고 있고 배우자도 7채의 아파트를 소유하고 있으므로 양 아내가 양도한 아파트를 1세대3주택 이상에 해당하는 주택으로 보았다. 따라서 1세대1주택 비과세대상이 아니라 3주택 이상 소유자로 보아 60%의 중과세율을 적용하여 양도소득세를 과세하였다.

국세청은 양도소득세를 회피할 목적으로 이혼하였거나 이혼 후에도 혼인관계를 유지하는 위장이혼일 경우 사실상 부부관계로 보아 동일세대라는 입장이었다. 이러한 국세청의 입장은 실질과세를 과세근거로 삼는 법리에 비춰 볼 때 어느 정도 설득력이 있다. 일선 세무서는 국세청의 유권해석에 따라 위장이혼은 동일세대로 보아 과세 여부를 판단하였다.

이에 대해 대법원은 양도소득세의 비과세 요건인 1세대1주택에 해당하는

지를 판단할 때 거주자와 함께 구성하는 배우자는 법률상 배우자만을 의미한다고 해석되므로, 거주자가 주택의 양도 당시 이미 이혼하여 법률상 배우자가 없다면, 그 이혼을 무효로 볼 수 있는 사정이 없는 한 종전 배우자와는 분리되어 따로 1세대를 구성하는 것으로 보아야 한다(2016두35083, 2017.9.7.)고 최근에 판시하고 있다.

한편, 협의이혼에서 이혼의 의사는 법률상의 부부관계를 해소하려는 의사를 말하므로, 일시적으로나마 법률상의 관계를 해소하려는 당사자 간의 합의하에 협의이혼 신고가 된 이상, 그 협의이혼에 다른 목적이 있다고 하더라도 양자 간에 이혼의 의사가 없다고는 말할 수 없고, 그 협의이혼은 무효로 되지 아니한다.

국세청의 실질과세 논리보다 대법원의 법률혼주의 우선 적용이 전체적인

클릭 Click

법률혼주의와 사실혼주의

법률혼주의는 법률상의 절차에 따라 혼인의 의사를 표시함으로써 성립되는 혼인주의로서 '형식혼주의(形式婚主義)'라고도 하며, 일정한 법률적 형식을 요건으로 하는 점에서 사실혼주의(事實婚主義)와 다르고, 또 종교상의 절차를 필요로 하지 않는 점에서 종교혼주의(宗敎婚主義)와 다르다. 혼인은 당사자인 남녀의 의사의 합치에 의하여 성립하는 사적 생활관계인 점에서는 두 남녀 간의 개인적인 일이라고 할 수 있다. 그러나 혼인은 모든 친족적 생활의 기반을 이루는 것이므로 이와 관련하여 극히 중요한 국가적·사회적 문제가 일어나며, 국민의 윤리, 사회의 풍교(風敎)에 미치는 영향이 중대하므로 혼인당사자의 자유에만 일임할 수는 없다. 이에 국가는 혼인의 실질적 성립요건과 형식적 성립요건, 혼인의 효력 등 혼인적 신분질서를 법으로 정함으로써 이 법정요건에 적합한 결합만을 보호하지 않을 수 없다. 오늘날 문명국은 대부분 법률혼주의를 채택하고 있고 소수의 국가에서 종교혼주의를 병용하고 있다. 민법에는 혼인은 호적법에 정한 바에 의하여 신고함으로써 그 효력이 생긴다고 규정하고 있어 엄격한 법률혼주의를 취하고 있다(출처 : 한국민족문화대백과)

법질서 유지를 위해 더 타당하고, 이에 따라 세법상 부부의 동일세대 여부도 오로지 법률혼주의로 판단하여야 한다는 명쾌한 판례로 평가받는다. 다만 사례와 같이 다주택자로 중과세되는 것을 피하기 위해 의도적으로 위장이혼한 정황이 명백함에도 법률혼주의를 취하는 대법원의 판단을 근거로 대놓고 조세회피가 일어날 수도 있으므로 입법을 통해 의도적인 탈세를 막아야 할 것 같다.

25년간 별거하고 연락이 두절된 부부를 동일세대로 볼까?

적용사례 ㉖

세상에 어떻게 이런 일이?

한 여사는 25년 전에 집을 나간 남편이 다른 여자를 만나 자녀까지 두고 산다는 소식만 들었다. 다행히 슬하에 아들이 있어서 식당업을 하며 어렵게 집을 장만해 이제 어느 정도 안정된 생활을 하게 되었다. 아들이 군대를 다녀와서는 서둘러 결혼해서 고생한 어머니를 모시고 살겠다고 했다. 한 여사는 기특한 마음에 아들의 제안을 받아들였다. 일단 사는 집이 좁으니까 좀 넓은 집으로 이사할까 하는 참에 규모와 위치, 가격이 모두 만족스러운 아파트가 나와서 덜컥 계약을 했다. 마침 세입자가 아들 결혼식 무렵에 계약기간이 끝나서 집을 비워줄 수 있다고 해서 우선 융자를 받고 모자란 금액은 빚을

> 낼 생각으로 아파트를 먼저 취득한 것이다.
>
> 아들이 여기저기 알아본 바로는 종전주택을 팔기 전에 새 주택을 먼저 구입하더라도 3년 안에만 팔면 비과세를 받을 수 있다고 하여 안심하고 주택을 처분하였다. 그런데 '세상에 이런 일이?'에나 나올 법한 일이 벌어졌다. 25년 전에 집 나간 남편이 주택을 2채나 갖고 있어서 비과세는 당연히 못 받고 1세대3주택으로 중과세를 받는다는 것이다. 사실상 생계를 달리할 뿐 아니라 실질적으로 부부라 할 수 없는 한 여사의 남편은 다른 세대로 볼 수 있을까?

처음 문제가 되었을 때만 해도 조세심판원의 판단은 왔다 갔다 했다. 단순히 부부 사이가 안 좋아서 상당 기간 별거한 경우는 부부관계를 유지한 것으로 간주해 동일세대로 보았다. 반면에 이 사례와 같이 혼외 자녀까지 낳아 실질적으로 남남으로 살고 있으면 부부관계가 해소된 것으로 간주해 부부를 각각 다른 세대로 보기도 했다.

대법원은 별거 기간, 별거 사유, 혼외 자녀 유무에 상관없이 우리나라 민법이 법률혼주의를 따르므로 동일세대로 판단하였다. 위장으로 이혼했더라도 무효에 해당되지 않는 한 부부관계는 해소된 것으로 보아 다른 세대로 판단한 것과 동일한 논리를 적용하고 있는 것이다.

인생에 전혀 도움도 못 주고 고통만 준 남편의 처사와, 아들 하나 믿고 어렵게 살아온 한 여사 처지를 고려하면 가혹한 과세처분임엔 틀림없다. 하지만 부부 간에는 법률혼주의를 따르는 한 구제방법이 없어서 안타까운 일이다.

황당한 과세사례를 피하는 방법

연락이 두절된 남편이라도 법적으로 이혼 수속을 밟지 않는 한 동일세대로 본다. 그러므로 세무상 불이익을 보지 않으려면 사전에 재판에 의한 이혼을 하거나, 주택을 양도하기 전에 과세관청에서 배우자의 부동산 소유 현황을 조회하여 확인한 다음 양도 여부를 결정하여야 황당한 과세사례를 피할 수 있다.

위장으로 세대분리를 하였다가 세무조사로 적발된 사례

세무 전문가들의 판단이 엇갈린 이유

20년 이상 2주택을 소유하고 있던 박 화가는 2007년부터 2주택 이상에 대한 중과세 제도가 도입되자, 중과세를 피하고 오히려 비과세를 받기 위해 세무 전문가의 조언을 받아 2007년 7월에 함께 사는 아들에게 1주택을 증여했다. 2016년 1월에 아들과 세대분리를 했고, 2017년 7월에 아들 소유의 주택을 양도하려다가 혹시나 비과세를 받는 데

> 문제가 없는지 세무 전문가들에게 상담을 했다. 그런데 비과세를 받을 수 있다는 견해와 받을 수 없다는 견해로 엇갈렸단다. 절세왕 세무사와 상담해보고 나서야 핵심을 잘못 짚었다는 사실을 알았다.

한 세무 전문가는 보유기간이 9년이나 되어 2년 이상 보유 요건을 충족했기 때문에 비과세가 된다고 했다. 또 다른 전문가는 보유기간을 세대분리한 이후부터 기산해야 하므로 아직 2년 요건을 충족하지 못했기 때문에 비과세를 받을 수 없다고 했다.(현행 1세대1주택 비과세 요건은 2017.8.2. 이전 취득한 주택의 경우 2년 이상 보유 요건만 있음.)

추가로 확인해보니 아들은 아직 미혼이고, 나이는 만 31세이며, 현재 금융기관에서 근무하고 있다. 일반적으로 여기까지 사실관계를 확인했으면 질문에 대한 답이 나온다. 즉, 미혼인 자녀가 부모와 다른 세대로 인정받으려면 나이가 만 30세 이상이거나 소득이 있어야 하는데 두 가지 요건에 모두 해당되므로 부모와 다른 독립세대로 인정된다. 따라서 보유요건 충족 여부만 판단하면 된다. 보유기간은 세대분리 시기에 상관없이 취득시점부터 양도일까지의 기간이어서 2년 이상 보유요건을 충족했으므로, 상담자가 질문한 내용대로 답변한다면 비과세라고 판단했더라도 잘못된 상담이라 말할 수 없다.

핵심을 벗어난 상담으로 인한 피해 사례를 수없이 보아왔기에 몇 가지를 더 물었다.

Q 양도소득세가 나오면 얼마나 되는가?

A 1억5천만 원 정도다.

Q 부모님이 사는 곳과 아들이 사는 곳은?

A 부모님은 서울특별시 송파구 마천동, 아들은 서울특별시 송파구 가락동에 살고 아들 직장은 경기도 성남시다.

Q 아들은 어느 집에 살고 있는가?

A 아들 소유 주택에 주민등록이 되어 있다.

Q 그 주택이 단독인가 아파트인가, 세입자는 있는가?

A 32평 아파트이고 전세를 주었으며 세 가족이 살고 있다.

Q 아들은 어느 방에 거주하는가?

이 질문 끝에 상담자는 사실은 아들의 주민등록만 세대분리를 해두었고 실제는 부모와 한집에 살고 있다고 했다. 여기까지 사실관계를 확인하면 어떤 결론이 나올까?

상담자는 보유요건을 충족했으므로 공부상으로만 판단하면 1세대1주택 비과세를 받을 수 있다. 그러나 담당 공무원이 합리적인 의심을 갖거나 경험이 많은 베테랑이라면, 주민등록상 세대분리가 되어 있더라도 실제로 생계를 달리하는지 검토할 경우 문제가 있다는 걸 한눈에 알 수 있다. 부모는 마천동에, 아들은 가락동에 불과 수백 미터 내에서 생계를 달리해서 산다는 것도 자연스럽지 않을 뿐 아니라, 아들이 거주한다는 본인 소유의 아파트를 이미 타인에게 임대를 주었는데 그중 일부에서 본인이 거주한다는 게 현실적으로 가능한 것인가? 비과세가 배제될 경우 내야 할 양도소득세가 1억5천만 원이나 되는데 주민등록상 세대분리된 것을 곧이곧대로 믿고 비과세로 판단해줄 공무원이 얼마나 될까?

　상담자처럼 담당 공무원이 주민등록상 아파트에 아들이 실제로 거주하고 있는지 사실조사를 할 수 있다는 걸 전혀 염두에 두고 있지 않다가 세금을 추징당하는 사례는 의외로 많다.

전문가와 효과적으로 상담하는 방법은?

섣불리 예단해 좁혀서 상담하지 말고 사실관계를 있는 대로 얘기하고 알고 싶은 것을 물어야 한다. 이 상담사례처럼, 아들은 2007년도에 아버지로부터 증여받은 1주택을 소유한 상태에서 2016년 1월에 부모님과 아들이 세대분리를 했는데 아버지와 아들이 각각 1주택이라면 비과세가 되느냐고 물으면, 보유기간 기산이 세대분리부터인지 아니면 취득일부터인지만 놓고 판단해버리기 쉽다. 그냥 과정 전체를 말하고 비과세가 가능한지를 물어야 한다는 것이다.

또한 있는 사실을 모두 진실하게 알려주는 것이 중요하다. 만약 상담자가 아들은 주민등록상으로만 세대분리가 되어 있을 뿐이고, 사실은 부모랑 함께 살고 있다는 것을 얘기했더라면 판단에 오류가 없었을 것이다. 상담자들은 본인에게 불리한 사실은 숨겨두고 유리한 상황만 얘기하는 경우가 많은데 이렇게 상담하다가 오판으로 재산상 손실을 입는 사례가 의외로 많다는 것을 알았으면 한다.

세금은 실질에 따라 판단하므로 허위나 가장으로 처리하다가 적발되면 낭패를 볼 수 있다. 위 사례도 아들이 직장 근처에 원룸을 임차하여 사실상 생계를 달리하고 있는 상태에서 아들 소유의 주택을 양도한다면 1세대1주택으로 인정받을 수 있다

눈 가리고
아웅 하지 마라

적용사례 ㉘

주택을 양도하기 직전에
부모님 주민등록을 세대분리했다면?

회사원인 박 이사는 부모님을 동거봉양한 지 10년이 넘었다. 본인 주택을 양도하려는데 아버지가 1주택을 소유하고 있어서 1세대2주택이라 비과세를 못 받는 상황이었다. 세금관계를 잘 아는 친구를 만나서 고민을 털어놓았더니 부모님을 주민등록상으로만 세대분리해서 다른 형제의 집으로 전입해두면 그냥 비과세를 받을 수 있단다. 친구의 얘기만 믿고 계약체결 직전에 부모님 주민등록을 큰형님 댁에 옮겨두고 주택을 양도했다.

8개월쯤 지나자 세무서로부터 세무조사 사전통지가 나왔다. 조사담당 공무원으로부터 아무런 연락이 없어서 세무서에 전화를 했다. 세무조사는 언제 나올 것인지 물었다. 그랬더니 담당공무원은 조사가 다 끝났다고 했다. 조사가 어떻게 끝났는지 묻자 부모님이 박 이사와 함께 거주하면서 주민등록만 세대분리한 사실이 확인되었기 때문에 더 세무조사를 할 필요가 없다는 것이었다. 혹시 실제로 부모님과 생계를 달리했다면 입증자료를 세무서에 제출하라고 했다. 아파트 경비원이 조사공무원에게 박 이사 부모님이 박 이사랑 이사 온 이후 지금까지 함께 거주하고 있고, 오늘 아침에도 새벽운동 다녀오는 걸 보았다고 자세하게 확인서를 작성해주었다고 했다. 나중에 확인해보니 경비원은 박 이사가 부모님께 효도를 해서 무슨 상이라도 받는 줄 알고 자세히 설명해주고 확인서를 작성해주었다는 것이었다.

세무공무원은 프로 중에서도 프로들의 집단

부모님과 함께 살다가 부동산을 계약하기 직전에 주민등록상 세대분리를 했다면, 건전한 상식을 갖고 있는 공무원이라면 당연히 합리적인 의심을 하지 않을까? 양도소득세가 많지 않은 경우에는 과세자료가 많은 세무서에서 일일이 확인하지 못하고 그냥 넘어가는 경우도 있을 수 있다. 주민등록을 위장으로 분리해서 문제해결을 하라고 조언을 해서 한두 번 해결되면 그 조언을 해준 사람은 '아, 그런 방법도 괜찮구나.' 하는 믿음을 갖는다. 그러고는 양도소득세가 얼마 나오는지도 고려하지 않고 수억 원이 나오는 경우까지도 괜찮다고 조언했다가 문제가 생기면 "안 되는 경우도 있네요."라든지 "재수 없이 똑똑한 사람을 만났네요."라고 얼버무리고 만다. 전문직인 세무공무원은 프로 중에서도 프로들의 집단이다. 밥만 먹고 그 일만 하는 공무원인데 일반인들이 사용하는 탈세수법을 한두 번만 경험했을까?

1세대1주택
비과세 관련 절세 비법과
황당한 과세 사례

06 주택수 계산은 미로찾기

1세대1주택 비과세 규정은 주택수 판정이 가장 난해하다. 우리가 알고 있는 주택에 국한하여 본다면 어려울 것이 없다. 즉 주변에 있는 아파트, 연립주택, 다세대주택, 단독주택 중 한 채만 보유하고 있다면 단순히 보유기간이나 거주기간 요건만 판단하면 되기 때문이다.

　사실은 비과세 규정에서 주택에 해당하는지 여부만 해도 헷갈리는 상황이 한둘이 아니다. 주택으로 건축되었는데 양도일 현재는 주거용으로 사용하지 않는 경우, 상가 등으로 건축되었는데 양도일 현재는 주거용으로 사용하는 경우, 남의 토지에 무허가로 주택을 지어서 건물이 있다는 것이 공부상 어디에도 나타나지 않은 경우, 주택으로 건축허가를 받아 펜션으로 사용하고 있는 경우, 시골에 사둔 주택을 방치해서 폐가 상태인 경우 등이 주택에 해당한다면 다른 주택을 양도할 때 주택수에 영향을 미칠 것이다.

　또한 신축한 주택은 언제부터 본인 소유 주택수에 포함되는지부터 주택이 멸실되어 나대지로 양도하였는데 천재지변으로 멸실된 경우도 있고, 계약한 다음 매수자의 요청으로 멸실한 경우, 본인이 자의적으로 멸실한 경우 등도 있는데 이 경우 나대지 양도로 볼 것인지, 주택의 부수토지 양도로 볼 것인지도 혼란스럽다.

　더구나 다가구주택, 겸용주택, 고가주택 등은 단독주택과 달리 비과세 규정이 상황에 따라 다르게 적용되므로 일반인들이 잘못 판단하여 황당한 과세를 받는 경우도 많다. 특히 2주택 특례가 적용되는 주택들은 요건들이 간단치가 않아서 주택수 판정을 잘못하여 비과세가 배제되는 사례가 가장 많다.

나아가 조세특례제한법상 감면대상주택들은 1세대1주택 비과세 규정을 적용할 때 대부분 주택수에서 제외하도록 규정하고 있음에도, 20여 년 전부터 시행된 규정도 있다 보니 꼼꼼하게 따져보지 않으면 혜택을 놓치는 경우도 허다하다.

재개발 및 재건축과 관련된 비과세 규정은 비과세 규정 중에서도 가장 난해한 분야다. 종전에는 관리처분계획인가가 난 다음 공사가 들어가면 일단 주택수에서 제외되었으나 2006.1.1. 이후부터는 주택수에 포함되도록 규정하고 있어서 혼란이 가중되고 있다.

주택수 판단은 세대의 개념과 함께 비과세대상 여부를 파악하는 데 결정적인 사항이므로 신중에 신중을 기해야 한다. 주택수 판정에서 실수를 하게 될 경우 비과세만 못 받는 것이 아니라 다주택자로 중과세까지 받을 수 있어서 상상할 수 없는 조세부담이 발생할 수 있기 때문이다.

2018년 4월 1일부터는 세법이 가정파괴법이 될 수도 있다는 것을 명심하자.

01 주택의 범위는 어디까지일까?

소득세법에서 주택에 대한 정의를 보면, 허가 여부나 공부상의 용도구분에 관계없이 사실상 주거용으로 사용하는 건물을 말한다. 이 경우 그 용도가 분명하지 않으면 공부상의 용도에 따른다고 규정하고 있다. 한편, 건축법에서 '주택'은 세대의 구성원이 장기간 독립된 주거생활을 할 수 있는 구조로 된 건축물의 전부 또는 일부 및 그 부속토지를 말하며 단독주택과 공동주택으로 구분한다고 규정하고 있다.

통상 건축법에 따라 주택이 신축되고 건축물대장에 주택의 용도로 등재되므로, 주택으로 사용되는 주택은 주택수 판정에 의문의 여지가 없으니까 주의를 기울이지 않아도 된다.

그러나 주택 중에는 건축물의 용도가 객관적으로 명백하지 않은 무허가

건물, 주택으로 건축허가를 받아 신축하였으나 사실상 상시 주거용으로 사용되지 않는 건물(펜션, 별장), 장기간 방치되어 사실상 주택의 기능을 상실한 주택(폐가), 건축법상 주택에 해당되지만 종업원 등을 위하여 사용되는 것으로 공동취사 등을 할 수 있는 구조이나 독립된 주거의 형태를 갖추지 아니한 기숙사, 주택의 일부를 계절적으로 휴양객에게 민박용으로 제공하는 주택 등 주택으로 볼 것인지 여부가 애매한 주택이 많다. 따라서 소유하고 있는 건축물이 건축물관리대장상에 주택으로 등재된 이상 사실상 이용 용도에 따라 주택 여부가 달라지므로 주택의 해당 여부는 반드시 전문가의 판단에 따라야 한다.

클릭 Click

주택법상 주택의 종류

단독주택(단독주택, 다중주택, 다가구주택)과 공동주택(다세대주택, 연립주택, 도시형생활주택, 아파트), 준주택(오피스텔)으로 구분하되 고시원(국토교통부장관이 고시한 기준에 적합한 경우로서 500㎡ 이하)은 제2종 근린생활시설로 분류한다.

평수가 작은 무허가주택도 주택이다

재개발구역의 무허가주택을 소유한 상태에서 아파트를 처분하였다면?

한 여사는 살고 있는 아파트에서 멀지 않은 곳이 재개발될 예정이라는 소문을 듣고 무허가주택을 한 채 구입했다. 그 무허가주택은 시유지에 지어진 집이고 크기도 13평에 지나지 않아 투자금액도 수천만 원밖에 되지 않았다. 10년이 지나도록 재개발된다는 소문만 무성할 뿐 진척될 기미가 안 보여 잘못 투자한 게 아닌지 후회되기도 해서 잊고 살았다.

그러다가 공기 좋은 곳으로 이사를 갈 작정으로 20년 넘게 거주해온 아파트를 아무 생각 없이 양도했다. 중개업소에서도 양도하는 아파트가 7억 원 정도로, 9억 원이 넘지 않으면 세금이 없다고 했다.

세무서로부터 13평짜리 주택이 한 채 있어서 비과세를 받을 수 없다는 연락을 받고서야 십수 년 전에 사놓은 무허가주택이 생각났다. 한 여사는 수천만 원짜리 무허가주택 때문에 1억 원이 넘는 양도소득세를 내야 했다.

주택은 건축법상 관할관청에 적법한 신고절차나 허가절차를 받아서 건축해야 한다. 건축허가를 받지 않거나 불법으로 건축된 주택이라 하더라도 주택의 외형을 갖추고 영구적으로 주택으로 사용할 목적으로 건축된 건축물인 경우에는 당연히 주택에 해당한다. 따라서 무허가주택을 한 채만 소유한 경우에는 비과세를 받을 수 있고, 다른 주택을 양도할 경우에는 무허가주택도 주택수로 포함해 비과세 여부를 판단해야 한다. 특히 재산세도 과세되지 않았기 때문에 과세관청에서 주택 소유 사실을 알지 못할 것으로 생각하고 주택을 양도했다가 비과세를 못 받은 사례가 많으니 주의해야 한다.

무허가주택의 부수토지 비과세 범위

무허가주택을 양도하고 비과세를 받을 때는 주택의 부수토지 비과세 범위가 문제다. 주택정착면적의 5배(도시지역 밖은 10배)까지만 비과세를 받을 수 있는데 무허가주택은 건축물대장이나 부동산등기부로 주택면적을 확인할 수 없기 때문이다.

이 경우에 재산세가 부과되었다면 재산세과세대장 사본이나 지방세과세내역서 사본으로 확인이 가능하다. 객관적인 입증자료가 없는 경우에는 지적공사에 현황측량을 의뢰하되 건축면적을 별도로 산정해줄 것을 추가로 요청하여 지적측량성과도를 발급받으면 입증이 가능하다.

무허가 건물을 2년 이상 소유한 사실은 거주자의 주민등록등본, 전력공급확인원, 기타 공공요금 납부영수증 등으로 확인 가능하다.

주택의 기능을 상실한 폐가는 주택에서 제외할 수 있다

적용사례 ③

시골 농촌에 5년간 방치된 집은 주택수에 포함될까?

단독주택에서 20년째 살아온 박불면 씨는 수리할 것도 많고 난방도 문제라서 단독주택을 양도하고 아파트로 이사했다. 주택은 한 채밖에 없기 때문에 양도소득세는 비과세될 줄 알았다. 그런데 얼마 후 세무서로부터 1세대2주택이라고 수천만 원의 양도소득세가 과세되었다.

알고 보니 1990년도 후반에 친정 부모님이 증여해준 시골집 때문이었다. 5년 전까지만 해도 친척이 그 집에서 살았는데 자식 집으로 이사하면서 빈집이 되었다. 몇 년간 돌보지도 않아 완전한 폐가 수준이었고, 박불면 씨는 사실상 이를 집이라고 생각하지 않았다. 그런데 이 시골의 폐가 때문에 서울 주택이 비과세를 받지 못하게 되었던 것이다. 사람이 살 수도 없는 폐가인데 건축물관리대장과 등기부등본에 주택으로 등재돼 있다는 사실만으로 거액의 세금을 내야 하는 박불면 씨는 억울함에 잠을 이룰 수 없었다.

주택이라 함은 장기간 주거생활을 할 수 있는 구조로 된 건축물로서 실제 주거에 사용할 수 있는 주택의 기능을 갖추어야 한다. 상시 사용되지 않고 일시적으로 공가인 상태는 주택의 기능을 갖추고 있고 장차 주택으로 계속 사용될 예정이므로 당연히 주택으로 보아야 한다.

박불면 씨가 보유한 시골주택의 경우, 장기간 방치되어 사실상 주택의 기능을 상실했고 향후 주택으로 사용될 가능성도 없는 폐가인데 공부상 주택으로 등재되어 있다는 이유만으로 주택으로 보아야 할 것인지가 문제다. 조세심판원은 "사실 확인 결과 이 폐가는 단수, 단전 상태로 장기간 방치되어 왔고 건물의 부식 상태가 심각하여 사실상 주택의 기능이 상실되었다."면서 주택으로 볼 수 없다고 하여 주택수에서 제외하였다. 국세청도 이러한 조세심판원의 심판결정을 받아들여, 전기 및 수도 시설도 갖추어지지 않은 채 방치되어 사람이 사실상 거주하기 곤란한 정도인 폐가의 경우는 공부상 주택으로 등재되어 있다고 하더라도 주택의 기능이 상실되었으므로 주택수에 포함되지 않는다고 유권해석을 변경하였다.

안수남의 절세 Tip

폐가의 기준과 분쟁을 막는 방법

시골에 수년간 방치된 빈집들은 주거용으로 사용하기 위해 신축하는 비용에 버금가는 공사비가 들어간다면 폐가로 보는 데 문제가 없을 것 같다.

그러나 세법상 다툼의 여지를 없애려면 폐가 상태인 주택을 완전 멸실하고 공부도 정리한 다음 다른 주택을 양도해야 할 것이다. 시골에 있는 주택 중에는 지붕이 슬레이트인 경우 건물 철거비용이 과도하게 발생(석면이라는 유해물질 때문에 철거비용이 고가여서 정부에서 철거비용을 지원해주는데 예산상의 이유로 지원이 지연되기도 함)하여 현실적으로 철거하기가 용이하지 않을 수 있다. 이런 경우에는 주택만 세대를 달리하는 가족에게 증여하는 것도 분쟁을 막는 방법이다.

> ## 클릭 Click
>
> ### 멸실이 확정된 공가에 대한 판단
>
> 지상주택이 주거용으로 사용되지 않고 공가상태에서 확실히 멸실될 거라면 주택으로 볼 수 없다. 공익사업용으로 수용이 예정된 경우라든지, 국가나 지방자치단체가 법령에 따라 철거지시를 내려 일정기간 경과 후 멸실이 이행된 경우 등은 다툼의 여지가 없다. 그러나 사인 간 거래에서 멸실이 확정된 것인지 여부는 개별적 사유이므로 전문가의 판단이 필요하다.

펜션의 일부를 거주용으로 사용할 경우 주택으로 본다

적용사례 ③

펜션은 영업용으로 사용하면 주택이 아니다?

서울에서 구의원을 하는 김 의원은 강원도 횡성에 사둔 임야가 펜션타운에 인접해 있어 장래 전망이 좋다고 해서 아내 명의로 펜션을 지었다. 마침 장남이 건강이 좋지 않아 직장을 그만두고 집에서 쉬고 있었고 자녀도 미취학 상태라 요양 겸 펜션관리를 맡아 해보겠다고 나섰다. 그렇게 5년 정도 장남에게 운영을 맡겨놓고 있었는데, 선거에서 떨어지고 생활이 어려워지자 살던 집을 팔게 되었다. 당시 펜션은 영업용으로 사용하면 주택이 아니라고 들었기 때문에 더 알아보지도 않고 주택을 양도했다. 한참 지나서 세무서로부터 연락이 왔다. 내부 검토를 해본바 2주택으로 판정되어 비과세를 받을 수 없다고.

펜션(pension)은 유럽풍의 소규모 별장식 민박을 말하는 것으로, 호텔의 합리성과 민박의 가정적 분위기를 겸비한 새로운 숙박시설이다. 선진국에서는 정년퇴직한 부부가 10실 정도의 객실을 자영하는 경우가 많다고 한다.

일반적으로 펜션은 공중위생관리법에 따른 숙박시설, 관광진흥법에 따른 관광펜션, 제주도특별자치도 설치 및 국제자유도시 조성을 위한 특별법에 따른 휴양펜션을 포함한다. 현행 법령상 허용하고 있는 펜션이 다양하기 때문에 펜션사업의 시설이 어느 법령에 해당하는지 파악해서 해당 법령에서 정하는 바에 따라 영업신고를 하고 펜션을 운영하여야 한다.

따라서 펜션사업의 시설이 공중위생법상 숙박시설이거나, 관광펜션이나 휴양펜션처럼 숙박시설에 해당하는 경우에는 문제가 없다. 농어촌정비법상 농어촌민박으로 분류된 펜션의 경우 건축법상 단독주택의 허가를 받아 건축된 주택으로, 농어촌 소득을 늘릴 목적으로 숙박·취사시설 등을 제공하는 특수한 형태의 숙박시설로서 숙박업에 해당하지 않는다. 이 경우 주택으로 볼 것인지, 영업 목적의 시설인 만큼 주택이 아니라고 할 것인지가 문제다.

이에 대해 국세청은 단독주택 허가를 받아 건축한 주택이기는 하지만 건축형태가 거주보다는 숙박업이 목적이고 상시 주거 목적으로 이용되지 않은 점을 고려하여 주택에서 제외하였다.

그러나 펜션의 일부를 거주 목적으로 이용하고 있을 경우에는 겸용주택으로 보고 있다. 이는 일반 민박에 이용되는 주택을 주택수에 포함하는 것과 형평성을 맞춘 판단으로 보인다.

관광펜션, 휴양펜션, 농어촌민박

관광펜션

: 근거법 : 관광진흥법 제6조

숙박시설을 운영하고 있는 자가 자연 문화 체험관광에 적합한 시설을 갖추어 관광객에게 이용하게 하는 시설을 말한다.

관광펜션은 관광진흥법에 의한 관광 편의 시설업의 시설에 해당되며, 관광펜션업을 경영하고자 하는 자는 다음의 지정기준에 적합한 시설을 갖추어 특별자치도지사, 시장, 군수, 구청장의 관광 편의시설업 지정을 받아야 한다.

① 자연 및 주변 환경과 조화를 이루는 3층 이하의 건축물일 것
② 객실이 30실 이하일 것
③ 취사 및 숙박에 필요한 시설을 갖출 것
④ 바비큐장, 캠프파이어장 등 주인의 환대가 가능한 1종류 이상의 이용시설을 갖추고 있을 것(다만, 관광펜션이 수개의 동으로 이루어진 경우에는 그 시설을 공동으로 설치 가능)
⑤ 숙박시설 및 이용시설에 대하여 외국어 안내표기를 할 것

휴양펜션

: 근거법 : 제주특별자치도 설치 및 국제자유도시 조성을 위한 특별법 제251조

관광객의 숙박 취사와 자연체험관광에 적합한 시설을 갖추어 이를 해당 시설의 회원, 공유자, 그 밖의 관광객에게 제공하거나 숙박 등에 이용하게 하는 시설을 말한다.

휴양펜션은 제주특별자치도 설치 및 국제자유도시 조성을 위한 특별법 및 제주특별자치도 관광진흥 조례에 의한 관광 편의시설업의 시설에 해당하며, 휴양펜션업을 경영하고자 하는 자는 휴양펜션업 사업에 대한 사업계획을 작성하여 제주특별자치도지사의 승인을 받은 후 다음의 등록기준에 적합한 시설을 갖추어 제주특별자치도지사에게 등록하여야 한다.

① 건물 층수가 3층 이하일 것
② 객실 수가 10실 이하일 것
③ 객실은 숙박과 취사에 적합한 거실, 현관, 욕실, 화장실 및 취사시설을 갖출 것
④ 객실면적은 25㎡ 이상 100㎡ 이하일 것
⑤ 자연체험농장과 체험시설 2종 이상을 갖추고 외국어 안내표기를 할 것

농어촌민박

∶ 근거법 : 건축법 및 농어촌정비법 제2조

숙박시설이 아닌 단독주택(다가구주택을 포함)을 이용해서 농어촌소득을 늘릴 목적으로 숙박·취사시설 등을 제공하는 것을 말한다. 농어촌민박은 특수한 형태의 숙박시설로서 호텔, 휴양 콘도미니엄, 여관 및 여인숙과 같이 공중위생관리법에 따른 숙박업에 해당되지 않는다. 농어촌정비법에 정해놓은 농어촌 관광휴양사업 중 농어촌민박사업에 해당하는 사업이며, 여기서 농어촌이란 농어업·농어촌 및 식품산업 기본법에 따른 농어촌을 말한다.

02 용도변경을 한 경우 어디까지가 주택일까?

건축물이 주택에 해당하는지 여부는 실질과세원칙에 따라 등기부등본이나 건축물대장 등 공부상 용도구분에 상관없이 사실상 주거용으로 사용한 건물인지 여부에 따라 판단한다. 주거로 사용하는 주체는 소유자이든지 임차자이든지 관계없다.

주거 용도로 사용하면서 세무서에 과세용 임대로 사업자등록을 하고 부가가치세 신고 납부를 이행하였더라도 사실상 주거용으로 사용한 경우 주택으로 본다. 실무에서 일반인들에게 황당한 과세사례가 가장 많이 발생하는 건축물이 바로 오피스텔이다. 오피스텔은 시행사가 분양할 때 주택에 해당되지 않아 소유한 주택을 양도할 경우 비과세를 받을 수 있다고 광고하기 때문에 주택으로 인식하지 못하는 경우가 많다.

흔히 일반건물임대업으로 사업자등록을 하여 분양 시 부담한 부가가치세를 환급받는다. 그런데 오피스텔이 주거용으로 사용되면 면세전용(주택으로 임대를 줄 경우 면세사업자로 전환됨)으로 보아 환급받은 부가가치세를 추징당한다. 부가가치세를 추징당하지 않으려고, 통상 세입자가 주거용으로 사용하더라도 주민등록 전입을 하지 않는 조건으로 임대차 계약을 한다.

소유하고 있는 오피스텔이 주택에 해당하는지 여부는 양도일 현재 어떤 용도로 사용되고 있는지로 판정되는데, 일반사업자로 등록되어 부가가치세를 내고 있으면 주택으로 안 볼 수 있다고 판단한 경우 황당한 과세가 일어난다. 비과세인 줄 알고 양도한 주택에서 비과세가 배제되는 것은 물론 다주택자에 해당되어 중과세까지 받는 사례도 비일비재하다.

필자가 경험한 황당한 과세사례 1위가 오피스텔 소유자라는 사실을 심각하게 인식하였으면 한다.

주택 용도로 건축되어 주택의 기능에 적합하게 시설이 되어 있는 주택을 일시적으로 다른 용도로 사용(아파트를 창고로 사용하거나 주택을 어린이집으로 사용한 경우 등)하더라도 주택으로 간주하므로 주의하여야 한다. 반대로 주택으로 건축된 건물의 용도를 변경하여 주택 이외의 용도로 사용하고 있다면 용도변경의 적법 여부와 상관없이 실제 용도대로 주택 이외의 건물로 본다. 특히 주택으로 사용하다가 다른 용도로 사용한 건물을 다시 주택으로 용도를 변경하였다면 당연히 주택으로 사용한 기간을 통산하여 보유기간을 계산한다.

만일 근린생활시설로 건축된 건물을 임차인이 불법적으로 용도변경하여 주거용으로 사용(취사시설을 별도로 갖추고 숙식을 하면서 점집으로 이용한 사례)하였다면 어떻게 볼까? 오피스텔로 신축된 준주택을 업무용으로만 사용한다는 조건으로 임대를 주었더니 임차인이 계약을 위반하여 가족과 함께 주거용으로 불법적으로 사용하였다면 주택으로 보아야 할까?

이처럼 누가 봐도 임차인이 주거용으로 이용할 수 없는 건축물을 불법으로 용도변경하였거나, 소유주가 임차인에게 특약사항까지 약정하여 주거용으로 사용하지 않도록 주의를 다 기울였음에도 임차인이 임의로 주거용으로 사용한 경우 등은 불복을 통해 구제받은 사례도 있다. 세입자가 주거용으로 사용할 수 있도록 허용하되 주민등록은 전입하지 않기로 한 임대차계약서의 특약사항은, 처음부터 주거용으로 사용할 수 없다고 못 박은 특약사항과 전혀 다르므로 구제받기 어렵다고 보아야 할 것이다.

클릭 Click

용도변경과 관련한 주요 사례들

상가를 주택으로 용도변경한 경우

주택은 상시 주거용으로 사용되는 건물을 말한다. 용도는 건축물대장 같은 공부상으로 판단하는 것이 아니라 사실상 용도에 따라 판단하고, 사실상 용도가 불분명하면 공부상 용도에 따른다. 상가나 사무실을 주거용으로 용도변경하고 사실상 주거용으로 사용했다면 주택으로 본다.

일부는 주거용으로, 일부는 영업목적으로 사용한 경우

주택을 상업용 건물로 용도변경하여 사실상 주택 이외의 목적으로 사용한다면 주택으로 보지 않는다. 주택을 개조해 식당 영업용으로 사용할 경우 주택으로 볼 수 없다. 다만 단독주택에서 일부는 주거용으로 사용하고 일부는 식당 영업에 사용한다면 주거용은 주택, 식당 영업용은 기타 건물로 보되(겸용주택으로 봄) 비과세 규정을 적용할 때에는 주택이 기타 건물보다 크면 전체를 주택으로 본다.

주택을 원형대로 보존하면서 다른 용도로 사용하는 경우

아파트를 창고로 사용하거나 주택을 가정보육시설, 사원용 기숙사로 사용하는 경우 등은 언제든지 주택으로 사용이 가능하므로 사실상 사용용도대로 판단하지 않고 주택의 기능을 중시하여 주택으로 본다.

고시원을 원룸으로 개조한 경우

고시원은 주거용 기능을 갖추지 않기 때문에 주택에 해당하지 않고 근린생활시설에 해당한다. 고시원으로 허가를 받아 독립된 주거형태를 갖춘 원룸(취사시설과 수세식 화장실 등을 갖춘 원룸)으로 불법 용도변경을 한 경우에 주택으로 볼까? 주택으로 본다면 단독주택인지 공동주택인지가 문제다.

불법으로 용도변경을 했더라도 독립된 주거기능을 갖추고 사실상 주거용도로 사용하였다면 주택으로 본다(조심 2013전488, 2013.5.14.).

단독주택인지 공동주택인지는 별도의 유권해석이 없다. 만일 도시형생활주택의 기준에 적합하게 건축되었다면 세대별로 개별등기를 하지 않았더라도 도시형생활주택으로 보아야 할 것이다. 공동주택으로 볼 경우 양도하는 주택은 다주택자에 해당되어 중과세되므로 신중하게 판단하여야 한다.

오피스텔과 별장 그리고 애인의 공통점은?

적용사례 ㉜

오피스텔을 일반사업자로 사업자등록을 하고 부가가치세를 내면 모두 주택일까?

나고민 여사는 20년 전에 단독주택을 4억 원에 취득해 거주해왔다. 그런데 택지개발예정지구로 지정되어 13억 원으로 보상가액이 산정되었다고 해서 1차 협의양도를 진행했다. 5년 전 농지를 보상받을 때 보상가액을 더 받으려고 재결까지 거치며 1년을 보냈지만 물가상승분 정도만을 더 받았을 뿐, 그사이 주변 부동산가격이 훨씬 올라서 오히려 손해라는 것을 알았기 때문에 이번에는 1차로 보상협의에 응했던 것이다. 금융기관에 3개월 이상 자금을 예치하는 조건으로 양도소득세도 무료로 신고할 수 있었다. 협의보상 당시 보상받는 주택 이외에 다른 주택은 없었고, 6년 전에 취득한 오피스텔을 소유하고 있지만 일반사업자로 부가가치세를 신고해오고 있었다. 신고를 대리해준 세무사는 사업자등록증을 확인하고 보상받은 단독주택을 1세대1주택 비과세 대상 고가주택으로 보아 양도소득세를 9백만 원으로 계산해주어서 납부하였다.

양도소득세를 납부하고 8개월쯤 지나서 세무서로부터 양도소득세 신고에 대해 조사가 나올 예정이라는 통지를 받았다. 신고 당시 세무사가 계산해준 양도소득세만 납부하면 세무조사 같은 것은 안 나온다고 안심시켰던 터라 의아했지만 크게 신경 쓰지 않았다. 1주일쯤 지나서 조사공무원으로부터 세무서에 출두해달라는 요청이 왔다. 담당 공무원은 나고민 씨가 임대를 준 오피스텔이 4년 전부터 주거용으로 사용되고 있으므로 1세대2주택이란다. 따라서 수용당한 주택은 비과세를 받을 수 없다며 3억 원가량의 양도소득세가 추징될 예정이라고 했다. 오피스텔은 신축 당시에는 건축법상으로나 세법상으로 주택이 아니다. 그러나 완공된 이후 사용자가 무엇으로 사용하느냐에 따라 세법상으로는 주택일 수도 있고 아닐 수도 있다. 즉, 주거용도로 사용되면 주택이고 오피스용으로 사용되면 주택이 아닌 것이다. 오피스텔을 분양받는 경우 분양받을 때 부담한 부가가치세를 환급받기 위해 일반사업자로 등록한다. 그러나 부가가치세를 환급받고 주거용으로 임대하면, 환급받은 부가가치세를 추징당한다. 그 뿐만 아니라 주택으로 인정되어 다른 주택을 양도하는 경우에는 주택수에 포함된다. 환급받은 부가가치세도 추징당하지 않고 주택으로 인정되지 않기 위해서 세입자에게 주민등록 전입을 못하게 하고 일반사업자로 부가가치세를 신고 납부하는 경우가 많다.

오피스텔을 분양받아 일반사업자로 등록하고 부가가치세를 과세받았더라도 사실상 주거용으로 사용한다면 그 오피스텔은 주택으로 본다. 세입자가 주민등록을 전입했는지 여부가 중요한 게 아니라 사실상 무엇으로 사용되는지가 중요하다.

이렇듯 오피스텔은 취득해서 보유하는 순간부터 세무상 여러 가지 문제가 발생하므로 미리미리 전문가와 상의해야 한다. 그래서 우스갯소리로 별장과 애인과 오피스텔은 소유하는 순간부터 머리가 아프다는 점에서 공통점이 같다고 할 것이다.

환급받은 부가가치세의 추징 비율

전용면적이 85m² 이하로서 상하수도 시설이 갖추어진 전용 입식부엌, 전용 수세식 화장실, 목욕 시설을 갖춘 오피스텔은 준주택으로 분류되어 장기임대주택으로 등록(시군구청에 임대업자로 등록을 하고 주소지 세무서에 사업자등록을 하여야 함)한 경우 소유자의 주택수에서 제외될 수 있다.

오피스텔이 주거용으로 사용되고 있어서 환급받은 부가가치세를 추징당할 때는 환급받은 세액 전체를 추징당하는 것은 아니다. 6개월 경과 시마다 5% 비율로 줄어들어 10년이 경과되면 주거용으로 용도변경하더라도 추징세액이 없다.

용도변경을 한 경우 사실상 사용용도에 따라 주택 여부를 판단한다

적용사례 ㉝

주택을 개조하였으나 공부상 용도변경을 하지 않은 경우 주택으로 볼 수 있을까?

최 사장은 그린벨트의 주택을 구입해서 조그맣게 음식점을 시작했다. 주된 메뉴가 보리밥인데 웰빙 바람이 불어 갑자기 방송을 한 번 타더니 손님이 구름처럼 밀려왔다. 주택의 일부에서 살림을 하고 살았는데 도저히 손님을 감당할 수 없어 인근에 아파트를 구입해서 이사하고 주택을 개조해 전체를 음식점으로 사용하였다. 장사도 잘되어 경제적으로 형편도 나아지고 어린 두 자녀도 중·고등학생이라서 아파트를 넓혀 가려고 살던 아파트를 양도하였다. 당연히 1세대1주택이라고 생각해 양도소득세 신고도 이행하지 않았다. 1년 반이 지나서 세무서가 감사를 받다 비과세로 잘못 처리된 것이 발견되었다고 양도소득세 과세예고 통지를 해왔다.

자녀의 학교문제로 이사한 아파트로 주민등록을 이전하지 못하고 음식점에 그대로 둔 것이 감사에서 지적된 사유였다. 음식점은 공부상에 주택으로 되어 있었다. 세무사의 도움을 받아 4년 전에 주택으로 개조한 공사 근거로 세금계산서와 공사대금 증빙을 제출했다. 시청에 영업장면적변경신고를 한 근거도 찾아 증거자료를 확보하였다. 최 사장이 취득한 아파트로 이사해서 전 가족이 거주한 사실도 확인되었다.

아파트를 양도하기 훨씬 전부터 건물 전체가 음식점으로 사용되었음을 육안으로도 식별할 수 있어서 현장 출장을 나온 공무원도 수긍하였다. 따라서 아파트 양도 시점에는 주택이 아니라 전체를 음식점으로 이용한 사실이 확인되어 감사 지적사항은 철회되었다.

실제와 공부를 일치시켜야 분쟁을 방지할 수 있다

세무행정에서는 먼저 공적인 장부에 의해 판단한다. 그것이 담당 공무원의 자의적인 판단을 줄이고 납세자와의 다툼도 줄일 수 있기 때문이다. 따라서 분쟁에 휘말리지 않으려면 실제와 공부를 일치시켜놓아야 한다. 조금만 신경 쓰면 후일 분쟁을 미연에 방지할 수 있는데 별 차이가 없다고 가볍게 여겨서 나중에 화를 불러오는 경우가 많다.

양도일 현재 주택인 경우
주택으로 사용한 기간은 통산한다

적용사례 34

주택 → 상업용 건물 → 주택으로 용도변경을 한 경우

백 사장은 신의 직장이라는 공기업에서 정년퇴직을 한 후 소일거리로 20년이나 살아온 집을 개조해 식당을 시작했다. 다행히 아내가 음식솜씨가 있어서 식당은 그런대로 유지되었다. 5년 정도 운영하였을 때 식당 앞으로 난 도로 확장으로 수용될 예정이라는 연락을 받았다. 사업시행자는 토지보상이 1년 정도 후에 이루어질 예정이라고 하였다.
백 사장은 현직에 있을 때 들었던 절세 강연을 통해 세금은 미리미리 알아보는 것이 최고 절세비법이라는 것을 잘 알고 있었다.
도로변에 위치한 토지라 보상가액을 주변시세보다 더 높게 준다고 했다. 평당 보상가액에 백 사장 소유의 토지를 감안해보면 족히 20억 원은 될 것으로 예상되었다. 이런 경우에는 어떤 절세비법이 있을까?
백 사장은 사전에 상담을 받으면 어떤 세금이라도 절세 비법이 있다는 것을 재인식했다.

주택으로 사용하던 건물을 주택 이외의 용도로 변경해서 사용하다 다시 주택으로 사용하였다면 주거용으로 사용한 기간을 통산한다. 사례의 경우 우선 1세대1주택 비과세를 받을 수 있는지 확인해야 한다. 만일 다른 주택을 소유하고 있어서 비과세를 받을 수 없다면 무조건 비과세 요건을 만들어야 한다. 그런 다음 보상을 받게 되면 고가주택으로 일정 금액을 비과세받을 수 있을 뿐 아니라 장기보유특별공제도 주택으로 사용한 기간 모두를 통산해서 계산해준다. 사례의 경우 10년 이상 보유에 해당되어 장기보유특별공제를 80% 받게 된다.

만일 1세대1주택으로 비과세를 받지 못한다면 양도소득세가 4억6천만 원인 데 반해 고가주택으로 비과세를 받으면 6천만 원밖에 안 되어 양도소득세만 무려 4억 원 차이가 난다. 음식점을 그대로 운영한다 해도 1년에 5천만 원 벌기도 빠듯한데 1년만 주택으로 사용하면 4억 원이나 양도소득세가 줄어든다고 하니 더는 음식점을 운영할 필요가 없었다. 백 사장은 주택으로 개조하는 데 3천만 원 정도의 비용이 들고 영업손실보상금을 받지 못해 경제적 손실이 조금 있긴 했지만, 사전 상담을 통해 절세 방안을 마련한 것을 두고 살면서 자신이 잘한 세 가지(공기업에 취직한 일, 아내와 결혼한 일, 그리고 절세방안을 미리 준비한 일) 중 한 가지라고 입버릇처럼 얘기한다.

보상보다 절세가 더 큰 돈이 될 때가 있다

음식점을 그대로 하면 영업보상금이 추가로 나온다. 영업이 부진한 상황이라면 영업보상금은 절세한 양도소득세와 비교할 수 없는 작은 금액이다. 특히 공익사업으로 수용되는 경우에는 건물용도별 보상금, 이주대책이나 생활대책 등도 고려해야겠지만 양도소득세 절세효과도 고려해서 용도변경 여부를 판단해야 한다. 고액의 고가주택이 1세대1주택으로 비과세된다면 장기보유특별공제가 주택보유 기간을 통산해 최대 80%까지 가능하기 때문에 절세효과가 매우 큰 점을 고려해야 한다.

주택으로 용도변경을 하는 시기도 무시할 수 없다. 이미 주변이 다 철거되고 이주가 시작되었는데 그때서야 부랴부랴 주택으로 용도변경을 하고 사실상 주거용으로 사용하지도 못했다면 형식적으로 용도변경한 것에 지나지 않아 주택으로 인정받기가 어렵다. 특히 공부상으로만 주거용으로 용도변경하고 사실상 주거용으로 사용되지 않은 사실이 적발되어 비과세가 배제된 사례도 있다.

03 주택이 멸실되었을 경우 나대지 양도

1세대1주택 비과세 규정은 주택이 중요하다. 즉, 주택을 중심으로 비과세 여부를 판단한다. 예를 들어 주택은 2년 이상 보유기간을 충족해야 비과세를 받을 수 있는데, 부수토지는 수십 년 보유해도 비과세를 받을 수 없다. 주택은 1년 보유, 부수토지는 30년 보유를 했더라도 부수토지가 비과세되지 않는다. 주택의 보유기간이 2년 이상이어야 토지도 부수해서 비과세를 받을 수 있다. 주택과 부수토지 소유자가 다른 경우 주택만 비과세를 받을 수 있고, 토지 소유자는 비과세를 받을 수 없다. 이때 부수토지 소유자가 주택의 소유자와 동일세대인 경우에는 예외적으로 비과세를 해준다.

이처럼 1세대1주택 비과세 규정은 주택에 의해 비과세 여부가 좌우된다. 이렇게 중요한 주택이 양도하는 과정에서 멸실되었을 경우 주택 양도로 볼 것인지 나대지 양도로 볼 것인지에 따라 비과세 여부가 달라진다.

주택의 멸실 사유도 중요하다. 화재나 천재지변에 의해 주택이 멸실된 경우는 주택 소유자의 자의에 의해 멸실된 경우와는 다르다. 엄청난 시련을 겪고 있는 상황에서 비과세를 받기 위해 주택을 다시 신축하라는 것은 가혹한 처사가 아닐 수 없다.

주택이 어느 시점에 누구의 책임하에 멸실되었는지도 주택의 부수토지 해당 여부를 판단하는 데 중요한 기준이다. 주택과 부수토지를 함께 양도했는데 매수자가 매수 후 다른 건물을 신축한다면 주택은 어차피 헐어야 한다. 매수자가 잔금일 이전에 멸실을 요청해서 매수자의 요청대로 주택을 멸실하였을 경우, 주택의 부수토지로 볼 수 있을까?

양도하는 주택이 아니라 보유하는 주택의 경우 오히려 주택이 존재함으로써 불이익이 생기는 경우, 계약 시점에 존재했던 주택을 잔금일 이전에 멸실했다면 주택수에 포함될까?

실무에서는 이런저런 사유에 따라 판단이 달라지므로 주택을 멸실하기 전에 어떠한 영향을 미치는지 꼼꼼히 따져볼 일이다.

매수자의 요청에 의해 주택을 멸실할 경우 나대지 양도로 보지 않는다

양수인의 필요와 책임하에 철거되었음을 입증하라

박 노인은 살던 집을 주택건설업자에게 양도했다. 30년 전부터 한 곳에서 살았기 때문에 처분할 생각이 없었는데 주변이 다세대 단지로 바뀌면서 단독주택들이 점점 사라졌다. 박 노인 집을 비롯하여 불과 몇 주택만 남았다. 자녀들이 와서 몇 년 뒤에는 주변 분위기와 어울리지도 않고 나중에 공사를 하려면 어려워져 사려는 사람도 없을지 모르니 이번 기회에 처분하라고 권했다.

할 수 없이 단독주택을 팔고 아파트로 이사하기로 했다. 매수자가 계약금과 중도금을 여유 있게 주어서 잔금을 받기 전에 아파트를 사서 이사를 했다. 매수자가 건축허가를 미리 받아야 한다면서 주택을 멸실하고 토지 사용승낙서를 작성해달라고 했다. 그 일대는 대부분 그런 식으로 잔금을 받기 전에 주택을 멸실하였다고 했다. 박 노인도 협조해주었다.

수개월이 지나서 세무서로부터 양도소득세 신고 안내문이 나왔다. 장남이 세무서에 가서 알아보니 아버지가 양도한 것이 주택이 아니라 나대지(토지)로 과세자료가 되어 있더란다. 자초지종을 얘기했더니 세무사의 도움을 받아 관련 자료를 제출하면 주택 양도로 처리해주겠다면서 너무 걱정하지 말라고 하더란다.

주택에 딸린 토지를 양도할 때 거래가액은 지상건물가액보다 토지의 가액이 중요하다. 매수자가 주택을 멸실한 후 다른 용도로 사용한다면 거래가액을 따질 때 주택건물가액은 고려하지 않는다. 그러나 양도소득세에서는 비과세 규정이나 중과세 규정 적용 시 지상건물인 주택이 중요하다. 즉, 주택을 비과세해주면서 딸린 토지도 부수해서 비과세를 해준다. 일반적으로 주택을 철거하고 나대지로 양도한 경우 주택의 양도로 볼 수 없다. 1세대1주택 비과세의 판정은 양도일 현재를 기준으로 하기 때문이다.

양도 계약 시에는 주택과 부수토지를 함께 했는데, 매수자가 건물을 신축할 목적으로 중도금을 지급한 후 지상건물을 멸실하고 잔금을 치른 다음 토지만 소유권을 이전해갔다면 나대지를 양도한 것인지, 주택과 토지를 양도한 것인지가 문제가 되었다.

당초 국세청은 나대지 양도로 보아 비과세를 배제했으나 전국적으로 이러한 사례가 비일비재하여 억울한 사례가 많이 발생하자 비과세를 해주는 것으로 유권해석을 변경하였다.

즉, 매매계약 후 대금청산일 이전에 매매특약에 의하여 1세대1주택에 해당되는 주택을 멸실한 경우에는 매매계약일 현재를 기준으로 1세대1주택의 해당 여부를 판단한다. 따라서 위의 사례와 같이 계약일 이후 잔금을 청산하기 전에 주택을 철거하기로 매매계약 시 특약사항으로 약정하고 양수인의 필요와 책임하에 철거되었음을 입증한다면 1세대1주택 비과세 규정을 적용받을 수 있다.

건물만 소유권 이전 후 멸실하는 방법

이 사례에서 보았듯이 매수자가 잔금 전에 건축허가를 받으려고 사전에 건물을 멸실할 경우 매수자가 계약일 이후 매수자 책임으로 멸실하였음을 추가로 입증하여야 한다. 미리 이런 대비를 하지 않은 경우 입증도 쉽지 않다. 잔금 전에 또는 잔금 후에라도 건물은 어차피 멸실할 예정이므로, 소유권을 넘겨받지 않고 멸실하는 경우라도 조세분쟁을 예방하려면 건물만이라도 우선 소유권을 넘겨주어 매수자 소유 상태에서 멸실하는 것이 좋은 방법이다.

주택 멸실 후에는
주택을 신축해 양도하라

적용사례 ㊱

2천만 원을 들여 주택을 지어 팔았더라면

경남 하동에서 평생을 살아온 나우울 씨는 주택이 너무 낡고 오래되어 안전에 문제가 있다고 군청으로부터 위험건물 통보를 받았다. 붕괴위험도 있고 어차피 새로 집을 지을 계획이라서 우선 주택을 멸실했다. 30년 이상 건설업을 해온 나우울 씨에게 집 짓는 일은 어려운 일이 아니었지만, 수주 물량이 밀려 정작 자신의 주택을 짓는 데는 차일피일 미루게 되었다.

그러던 중 군청으로부터 집터를 구입하겠다는 제안이 왔다. 매매가액을 따져보니 괜찮은 시세였다. 게다가 1세대1주택이므로 양도세도 없다고 생각한 나우울 씨는 집터를 군청에 처분하기로 결정했다. 하지만 3개월 후 세무서로부터 연락을 받고서야 주택이 아닌 나대지 양도이므로 양도소득세를 내야 한다는 사실을 알았다.

주택을 멸실하고 나대지 상태로 양도할 경우에는 양도일 당시 주택이 존재하지 않기 때문에 비과세 규정을 적용받을 수 없다. 만일 다른 용도로 사용하기 위해 주택을 멸실하였다가 나대지로 양도해야 할 상황이 되었다면 주택을 신축하여 양도하는 것을 고려해봐야 한다. 주택으로 신축하는 비용을 최소화하여 양도소득세를 절세할 수 있다면, 나대지로 양도하는 것보다 주택을 신축한 후에 양도하는 것이 유리하기 때문이다. 주택을 신축한 다음 양도하는 기한은 별도로 없으므로, 신축 후 즉시 양도하더라도 절세를 목적으로 주택을 신축한 이상 비과세 배제를 받지 않는다. 만약 나우울 씨가 2천만 원 정도를 들여 주택을 지어 팔았더라면 양도세 1억5천만 원은 비과세를 받을 수 있었을 텐데 나대지 양도라는 사실을 인지하지 못해 큰 손해를 보았다.

부득이한 사유로 주택이 멸실된 경우

주택을 자의로 멸실하지 않고 부득이한 사유로 멸실해 나대지로 양도가 된 경우라면 비과세를 받을 수 있다. 예를 들어 1세대1주택 비과세 요건을 갖춘 주택이 화재로 소실되었다거나 천재지변(수해나 지진 등)으로 멸실된 상태에서 나대지로 양도를 한 경우에는 주택의 부수토지로 보아 비과세를 받을 수 있다. 부득이한 사유로 주택이 멸실된 경우라면 굳이 주택을 신축하지 않아도 비과세를 해주겠다는 취지로 이해된다. 부득이한 사유로 막대한 재산상 손실을 입은 사정을 고려하여 주택신축 비용을 추가로 들이지 않도록 배려한 법 적용이다.

나대지로 양도하기 위해, 있는 주택을 일부러 멸실하고 양도하는 경우는 거의 없다. 통상 본인이 다른 용도로 사용하기 위해 주택을 멸실하였다가 계획을 변경하여 양도하게 된 경우에 문제가 발생한다.

2주택 보유자가 잔금 전에 주택을 멸실하고 1주택을 양도했다면?

적용사례 ㊲

차라리 주택을 헐어버리라

공기업에 근무하는 한심해 씨는 주택투자로 재미를 보면서 주택을 여러 채 구입하였다. 자녀들 명의까지 다 사용하자 재개발 예정인 빌라의 소유권은 시골에 사시는 어머니 명의로 해두었다. 그 후 어머니가 연로하고 건강도 좋지 않자 3년 전에 장남인 한심해 씨가 모셔와 함께 살았다. 다행히 자녀들은 출가해서 세대분리가 되었고 부부명의로 주택을 한 채만 소유하고 있어서 어머니와 합가한 날로부터 5년(2018.1.1. 이후 양도분은 10년) 안에만 어머니 소유 주택을 양도하면 비과세를 받을 수 있다고 해서 양도계약을 체결하였다. 게다가 어머니가 소유한 시골주택은 이농주택이라 주택수에 포함되지 않는다는 것이었다.

계약을 하고 잔금일이 점점 다가오자 은근히 걱정이 되었다. 집안에서 똑순이로 소문난 장녀에게 비과세를 받는 데 문제가 없는지 알아보라고 했더니, 인터넷으로 상담을 받았는데 문제가 없다고 했다.

어머니 명의로 사둔 재개발아파트가 대박이 나서 투자한 주택 중에서 양도차익이 가장 많이 났기 때문에 만약 세금이 나온다면 감당할 수 없다는 걱정을 해서인지 세금이 추징되는 꿈까지 꾸었다. 건설업을 하는 친구에게 자초지종을 얘기했더니 불안하면 차라리 시골에 있는 주택을 헐어버리라고 일러주었다. 친구의 조언대로 주택을 헐어버리고 나서 어머니 명의 아파트의 잔금을 받았다. 그런데 세무서에서는 시골주택 때문에 양도소득세를 비과세받을 수 없다는 것이다.

한심해 씨가 세무서 담당 공무원으로부터 들은 과세 이유는, 첫째 계약일 현재 주택이 존재한 경우 잔금 전에 멸실하더라도 주택의 양도로 본다는 것이다. 둘째는 농어촌에서 5년 이상 살다가 다른 지역으로 이사를 간 경우 이농주택으로 거주자의 주택수에서 제외해주는데, 농어촌에서 거주하면서 도시에 주택을 사둔 경우는 그러한 특혜를 안 준다는 것이다.

담당 공무원이 과세근거로 든 두 가지 경우 가운데 둘째 사유는 적절하게 지적하였다. 이농주택을 거주자의 주택수에 포함한다면, 농어촌에서 살다가 그곳을 떠나서 다른 곳으로 이사를 한 거주자가 새로 이사한 곳에서 취득한 주택을 양도할 때, 종전에 살던 농어촌주택이 있기 때문에 비과세를 받을 수 없게 된다. 농어촌주택을 투기목적으로 소유하고 있는 것이 아니라 고향에 있는 주택이라서 소유한 것인데 비과세를 받을 수 없다면 불합리하기 때문에 이농주택으로 인정하여 주택수에서 제외하도록 혜택을 준 것이다.

예를 들어 경남 함양군에서 거주하다가 부산으로 이사를 간 경우 함양군에 살던 집을 그대로 두고 부산에다 주택을 한 채 더 구입했다면, 부산 집을 팔 때 함양군에 집이 있더라도 이농주택으로 보아 주택수에서 제외해주므로 부산 주택은 비과세를 받는다. 그러나 함양군에 거주하면서 부산에다 집을 사둔 경우는 이농주택 혜택을 받을 수 없다. 농어촌을 떠난 다음 구입한 주택이 아니라 농어촌에서 살면서 구입한 주택이기 때문이다.

담당 공무원이 계약일 현재 주택이 존재했기 때문에 잔금을 받기 전에 멸실되었더라도 주택을 보유한 것으로 본다는 과세 이유는 문제가 있다. 담당 공무원은 과세 이유로, 계약일 현재 주택이 있었는데 잔금일 현재 매수자의 요청으로 주택을 멸실한 경우 나대지 양도를 주택의 부수토지로 인정해준다는 국세청의 유권해석을 내세웠다.

　이 유권해석은 납세자에게 유리한 경우에 한정하여 예외적으로 인정된 법 적용으로, 납세자에게 불리한 경우까지 확대 적용할 수 없다. 법원에서도 양도소득세는 양도일 현황에 의해 판단하는 것이므로 계약일 현재 주택이 존재하더라도 양도일 현재 주택이 멸실되어 나대지 상태라면 주택으로 볼 수 없다는 견해다.

　한심해 씨도 이농주택에 해당되지 않았지만 친구의 번뜩이는 아이디어 덕택에 과중한 과세를 피할 수 있었다.

주택이 있는 것이 오히려 불리할 때는?

양도소득세 비과세 규정은 대전제가 양도일 현황에 따른다는 것이다. 주택의 양도로 볼 것인지 나대지의 양도로 볼 것인지는 물론이고 비과세 요건인 2년 보유 여부를 판단할 때도 양도일 기준이다. 즉, 계약일까지는 2년이 못 되더라도 양도일인 잔금일까지 2년 보유요건을 충족하면 비과세를 받을 수 있다. 또한 계약일 현재 동일세대였더라도 잔금일 현재 생계를 달리하면서 세대를 분리했다면 동일세대가 아닌 것이다.
계약일 현재 주택이 있는데 잔금일 현재 멸실되어 없는 경우 나대지 양도로 보면 비과세를 받을 수 없는 억울한 상황이 되기 때문에 주택의 부수토지로 인정해준 것은 예외적인 법 적용이다.
따라서 보유한 주택 때문에 2주택이 되어 비과세를 받지 못하거나 오히려 다주택자로 중과세를 받을 수도 있어서 주택이 있는 것이 오히려 불리할 때도 있다. 계약 이전에 지상 주택을 완전히 멸실한 다음 매매계약을 체결하였더라면 나대지 상태로 양도가 이루어져 분쟁의 소지가 없다. 계약을 하고 보니 지상주택으로 불이익이 있다고 판단되었을 경우 잔금일 이전에라도 주택을 멸실하면 나대지로 보아 불이익을 면할 수 있다.

04 아파트분양권, 이축권, 조합원입주권

아파트분양권이 거주자의 주택이 되는 조건

주택은 신축하여 보유하다 멸실되면 주택의 기능이 사라진다. 신축하는 주택은 어느 시점에서 거주자의 주택으로 인정할까? 또한 기존의 주택을 매매로 취득하는 경우 대금 지급의 어느 단계에서 거주자의 주택으로 볼까?

위와 같이 주택신축공사 중인 주택을 분양받은 경우로서 공사가 완료되지 않았거나, 공사가 완료되었더라도 분양대금을 완납하지 않는 상태를 '분양권'이라고 한다. 분양권은 거주자가 장래 주택을 취득할 수 있는 권리이므로 주택과는 다르다. 즉, 주택에 해당하지 않는 것이다.

분양권이 거주자의 주택에 해당하기 위해서는 두 가지가 모두 충족되어야 한다. 주택으로 완성되어야 하고 분양대금을 완납하여야 한다. 따라서 분양대금을 할인받기 위해 완공 전에 미리 대금을 납부했더라도 미완성 주택이라 거주자의 주택이 아니고, 공사가 완료되었더라도 분양대금을 완납하지 않았다면 거주자가 완전한 소유권을 취득하지 않았기 때문에 거주자의 주택에 해당되지 않는다.

아파트분양권이 세무상으로 가장 문제 되는 것은 공사가 완료되고 입주지정일 통보를 받은 후 분양대금을 거의 납부하고 극히 일부 소액만 남겨놓은 상태다. 이때 분양권으로 볼 것인지 주택으로 볼 것인지가 문제이기 때문이다.

외관상으로는 잔금을 전액 치르지 않았으므로 소유권을 완전하게 취득하였다고 볼 수 없어서 분양권으로 볼 수도 있다. 반면에 분양대금의 대부분을 납부하였으므로 사실상 본인의 지배하에 있는 주택으로 보아도 무방하므로 주택에 해당한다고 할 수도 있다. 법원은 실질과세원칙에 비추어 극히 일부만 남겨놓은 분양대금을 이유로 분양권으로 볼 수 없다는 견해다. 아파트를 실수요 목적으로 분양받지 않은 경우 분양권을 전매한다. 분양권을 전매하더라도 전매가 금지되지 않은 이상 권리의무를 승계해준다. 따라서 분양권을 전매하면 취득세를 최종 매수자가 한 번만 부담하게 된다.

잔금납부 지연에 따른 연체료를 최소화하고 승계자만 취득세를 납부하기 위해 일부 잔금만 남기고 분양권 권리의무승계를 관행적으로 하는 데 세무상 큰 문제가 있음을 알아두어야 한다. 아파트를 분양받아 입주지정 통보를 받고 분양대금을 극히 일부만 남겨두었을 경우에는 분양권이 아니라 주택으로 취급된다는 사실을 명심하자.

'이축권'과 '이주자택지 우선분양권'은 부동산을 취득할 수 있는 권리일까?

'이축권'은 보통 개발제한구역에서 주택을 건축할 수 있는 권리를 말한다. 통상 개발제한구역 내에 소재하는 주택이 공익사업으로 철거되는 경우 적정한 손실보상보다는 개발제한구역 내에서 동일하게 주택을 신축할 수 있는 권리를 주는데, 이러한 권리를 이축권이라고 한다. 당초 과세관청은 이축권도 부동산을 취득할 수 있는 권리로 보아 양도소득세를 과세하였다. 그러나 건축관계법규나 도시계획법규상으로 개발제한구역 내에서의 일반적 금지를 해제하여 건축허가를 받아 건축할 수 있는 권리를 의미할 뿐, 부동산 자체의 취득을 목적으로 하는 권리를 말하는 것은 아니므로, 부동산을 취득할 수 있는 권리에 해당된다고 볼 수 없다는 것이 법원의 판단이다. 그에 따라 현재는 양도소득이 아닌 기타소득으로 과세된다.

기타소득으로 과세되면서 필요경비를 80%(2018.4.1. 이후 70%, 2019.1.1.이 속하는 과세기간에 발생한 소득분부터는 60%)나 공제받으므로 세부담은 크지 않다. 이축권을 취득하여 건물을 신축한 경우에는 이축권의 취득비용이 건물의 신축비용에 포함되어 양도 시 필요경비로 공제받을 수 있다.

공공사업 시행으로 소유 주택이 철거됨에 따라 사업시행자로부터 공급받는 '이주자택지 우선분양권'은 부동산을 취득할 수 있는 권리에 해당되고, 취득 시기는 권리가 확정되는 날이다.

아파트분양권의 잔금을
소액만 남길 경우 주택으로 취급한다

적용사례 38

아파트분양권의 양도차익
80%를 추징당한 사례

황 상무는 건설회사에서 근무하면서 OO신도시에 건설하는 아파트를 분양받았다. 특별히 자금부담도 없었을 뿐 아니라, 어느 정도 프리미엄이 생기면 입주지정 전에 양도해서 최대한 양도차익도 보고 소유권 이전 등기도 안 해도 되는 특혜를 받을 생각이었다. 분양받은 후 3년이 채 안 되어 아파트가 준공되고 입주지정일이 정해졌다. 다행히 예상대로 건설회사의 브랜드 프리미엄이 있고, 신도시에 입주가 시작되면서 주변 환경이 변하자 분양권시세는 더 올랐다.

입주시기에 맞춰 바로 처분하려던 계획을 바꿔 6개월 정도 더 기다렸다 처분하기로 했다. 입주지정일까지 납부해야 할 금액이 분양대금의 20% 정도라서 잔금을 입주지정일까지 납부하지 않으면 고율의 연체료를 부담해야 하므로 최소 금액인 3백만 원만 남기고 잔금을 납부하였다. 예상한 대로 3천만 원 정도가 더 올라서 분양권을 양도하고, 매수자와 분양권을 양도하되 권리금은 최소 금액만 신고하기로 합의하였다. 잔금을 청산하기 전에 양도하였기 때문에 권리의무승계가 가능하여 소유권이전등기를 하지 않고 매수자에게 바로 분양권 권리를 넘겨주었다. 양도소득세는 주변에서 하는 대로 프리미엄 정도로만 신고하였다.

1년 정도 지난 뒤, OO신도시가 투기바람이 거세 분양권으로 양도를 많이 했는데도 거래가액을 다운해서 양도소득세를 탈세했다는 언론보도가 나왔다. 투기조사가 시작되었고

> 황 상무도 세무조사를 받았다. 그런데 분양권으로 알고 양도소득세 신고를 했는데, 분양권이 아니라 아파트를 양도한 것으로 과세가 되었다. 그 뿐만 아니라 실제 프리미엄 가액 모두가 적출되었고, 세율도 보유기간에 따른 누진세율(2년 이상 보유 시 6~40%)을 적용받지 못하고 50% 단일세율을 적용받았다. 심지어 가산세도 고의로 탈세를 했다고 보아 40% 고율의 가산세를 적용받았다. 결과적으로 양도차익의 80% 가까이가 세금으로 추징되었다.

아파트분양권은 재개발이나 개건축의 조합원입주권과는 다르다. 건설업자가 건설하는 아파트를 취득할 수 있는 권리를 말한다. 따라서 권리이므로 주택에 해당되지 않고, 아파트분양권이 주택이 되려면 건설공사 중인 아파트가 완성되어야 비로소 주택이 된다. 수분양자의 소유주택으로 되려면 분양대금을 모두 치러야 한다.

아파트분양권도 부동산을 취득할 수 있는 권리에 해당되어 「부동산등기특별조치법」상 중간전매를 하더라도 소유권이전등기를 해서 소유자명의가 변경되어야 한다. 정부는 1990년대 후반 외환위기가 발생하면서 거래활성화를 위해 아파트분양권에 한해 전매될 경우 권리의무승계를 할 수 있도록 허용했다. 권리의무승계가 되면 원분양자나 중간 전매자는 소유권이전등기를 하지 않아도 되고, 권리는 부동산을 취득한 상태가 아니므로 취득세를 납부하지 않아도 된다. 건설업자로부터 최종 권리를 승계받은 자가 소유권이전을 받을 수 있게 되면 취득세도 소유권을 이전받을 때 한 번만 납부하면 된다.

분양대금을 완납하면 권리의무승계를 할 수가 없어서 취득세 혜택을 받을 수 없다. 한편 분양받은 아파트는 잔금납부 지정일에 잔금을 납부하지 않으면 고율의 연체료가 부과된다. 잔금을 납부하면 권리의무승계를 받을 수 없고, 잔금을 지정일까지 납부하지 않으면 고율의 연체료를 물어야 하는 딜레마에 빠진다. 이 딜레마를 해결하는 방법으로 수분양자는 잔금을 극히 일부만 남겨 연체료를 최소화하고 분양권을 전매해서 권리의무승계 혜택을 받는다. 이렇게 소액의 잔금만 남은 상태에 대해 과세관청은 분양권이 아니라 주택으로 본다.

황 상무는 아파트분양권 양도에 대해 양도소득세를 신고하면서, 보유기간이 2년 이상이므로 누진세율을 적용하여 양도소득세를 산출하였다. 이에 대해 과세관청은 잔금을 거의 납부한 날에 주택을 취득한 것으로 보고, 보유기간이 1년 미만에 해당하므로 단일세율을 적용하여 50%의 세율을 적용한 것이다. 여기에 지방소득세 10%, 신고불성실 가산세 40%, 납부불성실 가산세 약 10% 정도가 추가로 과세되니 양도차익의 80%가 넘게 추징당한 것이다.

아파트분양권을 양도하면서 잔금이 극히 소액만 남아 있을 경우 주택으로 취급되어 여러 가지 불이익이 발생할 수 있으니 주의를 요한다. 또한 일반적으로 분양권의 매매가액을 줄여서 신고했다가 실지거래가액이 밝혀질 경우 신고불성실 가산세를 납부할 세액의 40%나 고율로 과세하므로 불이익이 매우 크다는 점을 명심하여야 한다.

안수남의 절세 Tip

분양권 거래에서 소액은 분양대금의 몇 % 정도일까?

소액의 잔금만 남긴 상태에서 다른 주택을 양도할 경우 아파트분양권이 주택수에 포함된다. 일시적 1세대2주택인 줄 알고 양도했다가 소액잔금을 남긴 분양권 때문에 1세대3주택이 되어 비과세도 못 받을 뿐 아니라, 다주택자로 중과세를 받을 수 있다.
소액이 분양대금의 몇 %인지 기준은 없지만 10% 이상 남긴다면 안전하다고 할 수 있다.

주택인 듯 주택이 아닌 듯, 조합원입주권

재개발 및 재건축 사업에서 관리처분으로 받은 조합원입주권은 아파트분양권과 같이 부동산을 취득할 수 있는 권리에 해당되므로 주택에 해당되지 않았다. 재건축대상주택을 취득할 경우 조합원입주권으로 변환되면 주택으로 보지 않기 때문에 다른 주택 양도 시 주택수에서 제외된다. 이러한 특혜 아닌 특혜가 주어지다 보니 재개발이나 재건축이 예상되는 주택들에 대한 투기수요가 상존하였다.

이런 재개발·재건축 대상 주택의 수요를 차단하기 위해 2006.1.1. 이후 관리처분계획인가를 받은 조합원입주권은 주택수로 포함하였다. 조합원입주권을 주택수에 포함한 것은 비과세 규정보다 이른 2004년에 시행된 다주택자 중과세 규정이었다. 따라서 조합원입주권은 다주택자 중과세 규정과 1주택자 비과세 규정에서 모두 주택수에 포함된다.

주택수에 포함된다는 의미는 조합원입주권을 보유한 상태에서 다른 주택을 양도할 경우 주택수에 들어간다는 의미다. 조합원입주권 자체를 양도할 때에는 주택으로 취급되지 않고 여전히 부동산을 취득할 수 있는 권리에 지나지 않는다. 따라서 입주권을 양도하더라도 다주택자 중과세 규정에 따라 중과세를 받지 않는다. 비과세 규정을 적용할 때에도 주택의 비과세 요건과 다르게 조합원입주권 비과세 특례규정(소득세법 제89조 1항 4호)을 적용한다.

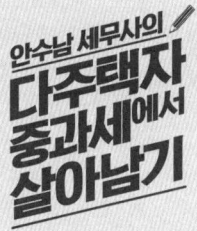

1세대1주택
비과세 관련 절세 비법과
황당한 과세 사례

07 특례주택

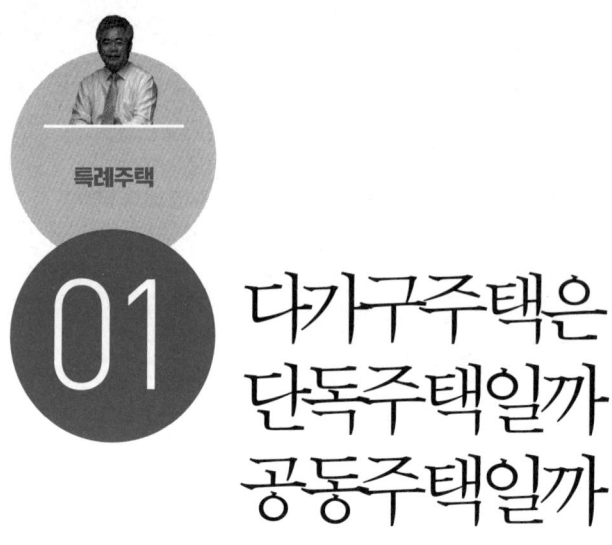

01 다가구주택은 단독주택일까 공동주택일까

특례주택

1세대1주택 비과세 규정에서 난해한 주택들이 있다. 다가구주택, 겸용주택, 고가주택이 특례가 적용되는 주택이다. 이 세 주택에 대해서 유의사항을 살펴보자.

먼저 다가구주택은 건축법상으로는 단독주택이다. 다세대주택과 건축방법은 동일하다. 전용 부분은 가구당 독립적으로 주거용으로 사용할 수 있고 복도나 계단은 공동으로 사용한다. 주택의 기능 등은 다세대주택과 거의 동일하지만 소유권에 관한 등기는 차이가 있다. 다세대주택은 세대별로 구분등기를 하지만, 다가구주택은 전체를 하나의 주택으로 등기한다.

원래 다가구주택은 건축법에 따라 세법에서도 단독주택으로 취급하였다. 그랬더니 고급주택에 해당되어 취득세가 중과세되었다. 그 뿐만 아니라 국민주택규모를 초과한다고 해서 부가가치세도 추가로 과세되었다.

법원은 다가구주택이 서민용 주택임을 감안, 단독주택으로 취급해 고급주택으로 취득세를 중과세하고 부가가치세를 부과하는 것은 부당하다고 판시하였다. 사실상 가구별 면적을 기준으로 과세하는 것이 타당하다는 입장이다. 이에 과세관청은 원칙적으로 다가구주택을 공동주택으로 보도록 관련규정을 개정하였다.

다가구주택을 세법상 공동주택으로 취급하니 1세대1주택 비과세 규정을 적용하는 데 문제가 발생했다. 즉, 다가구주택을 공동주택으로 취급하므로 본인이 거주하는 면적 또는 가구당 면적 중 가장 넓은 면적만이 비과세되어 임대용으로 사용되는 단독주택과 형평성이 맞지 않게 된 것이다. 이런 불공평을 시정하기 위해 다가구주택을 원칙적으로는 공동주택으로 보지만 1세대1주택 비과세 규정을 적용할 때는 일괄로 양도 시 단독주택으로 보도록 특례규정을 두었다.

단, 다가구주택 기준에 맞게 건축된 주택에 한하여 단독주택으로 본다는 단서가 있다. **다가구주택 기준을 위반하여 건축된 경우는 일괄로 양도하더라도 단독주택으로 인정받을 수 없고 공동주택으로 취급되므로 각별히 주의하여야 한다.**

다가구주택의 건축기준은 건축바닥면적 합계가 660제곱미터 이하이고, 주택으로 쓰이는 층수가 3층 이하로서 19세대 이하인 주택을 말한다.

불법 용도변경 시 다가구주택 건축기준에 해당되지 않으면 공동주택으로 취급한다

적용사례 ㊴

주택면적을 더 넓게 하려고
상가 일부를 주택으로 불법 용도변경한 경우

오가구 사장은 15년 전에 구입해둔 겸용주택을 13억 원에 양도했다. 1세대1주택이라서 9억 원을 초과하는 부분에 대한 양도소득세로 1천만 원가량을 납부했으나 세무서로부터 소명안내문을 받았다. 국세청으로부터 업무감사를 받았는데, 2층 일부 근린생활시설이 주택으로 불법 용도변경되어 전체를 비과세 받을 수 없고 본인이 거주한 5층 한 층에 대해서만 비과세를 받을 수 있다는 통보였다.

오가구 사장은 12년 전에 지하 1층에 지상 5층인 주상복합건물을 구입했다. 구입 당시 3, 4, 5층이 다가구주택이었고 지하 1층과 지상 1, 2층은 근린생활시설로 되어 있었다. 취득 후 1년쯤 지나서 주택보다 주택 이외의 면적이 10평가량 더 커서 근린생활시설 부분은 비과세를 받을 수 없다는 사실을 알았다. 전체를 비과세 적용을 받으려면 주택면적이 난 한 평이라도 더 커야 한대서 2층 일부 약 20평을 주거용도로 개조해 임대하고 재산세도 주택으로 납부해왔다. 따라서 주택면적이 근린생활시설보다 더 크므로 전체가 비과세 적용대상인 줄 알고 9억 원을 초과한 부분에 대해서만 양도소득세를 납부한 것이다. 국세청은 이 사례와 같이 불법으로 용도변경을 해서 다가구주택 기준(19가구 이하, 200평 이하로서 3개 층 이하의 주택)을 위반한 다가구주택은 단독주택이 아니라 공동주택으로 본다. 따라서 전체 다가구 중 가장 넓은 면적만 1주택으로 인정하여 비과세가 된다.

혹을 떼려다 혹을 붙이지는 말자

다가구주택은 단독주택으로 건축되었지만 세법상 공동주택으로 취급된다. 다만 1세대 1주택 비과세를 받을 때는 다가구주택 기준에 적합한 건물만 단독주택으로 인정되고, 다가구주택 기준에 어긋난 건물은 공동주택으로 취급된다. 비과세를 조금 더 받으려고 다가구주택을 불법으로 용도변경하면 혹을 떼려다 혹을 붙이는 격이 된다.

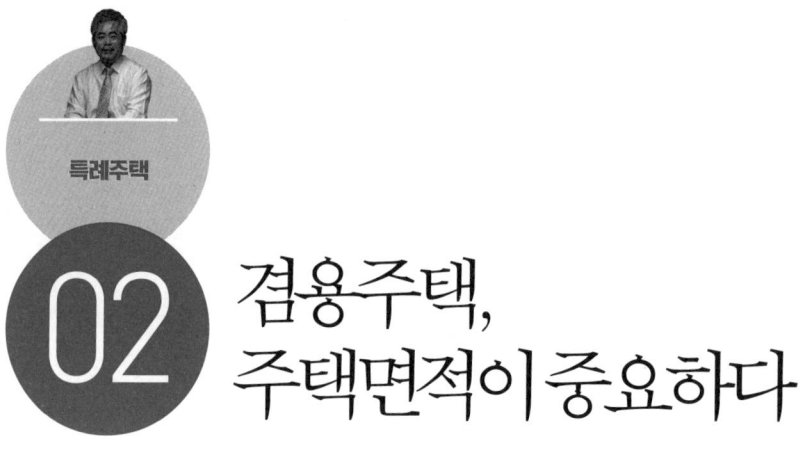

02 겸용주택, 주택면적이 중요하다

한 건물에 주택과 주택 이외의 용도로 사용되는 건물이 함께 있는 건물을 겸용주택이라 한다. 겸용주택은 세법상 원칙적으로 용도대로 취급된다. 즉 주택은 주택으로, 기타건물은 기타건물로 본다. 다만 1세대1주택 비과세 규정을 적용할 때 주택면적이 주택 이외 면적보다 클 경우에는 전체를 주택으로 본다. 이 특례규정은 비과세 범위를 확대해서 납세자에게 유리하게 적용해주기 위한 것이다. 그러므로 주택면적이 상가면적보다 적은 경우라고 하더라도 주택을 상가로 보지 않는다. 또한 비과세 규정 적용 시 특례규정이므로, 다주택자 중과세 규정을 적용할 때에는 주택이 상가보다 크더라도 전체를 주택으로 보아 중과세를 하지 않는다. 즉, 주택 부분만 주택으로 보아 중과세를 한다.

겸용주택의 비과세 적용 때는 숨은 주택면적을 찾아라

적용사례 ㊵

주택과 기타건물의 면적이 동일한 겸용주택을 양도하면서 세금을 한 푼도 안 낼 수 있을까?

나겸용 사장은 20년 전 그린벨트의 나대지를 구입하고 이축권을 사서 건물을 지었다. 비록 돈이 많이 들긴 했지만, 주변이 산으로 둘러싸여 있어서 음식점을 운영하기에도 좋고 살기도 좋은 곳이어서인지 가족들도 만족해했다. 신축한 2층짜리 건물을 1층은 근린생활시설로, 2층은 주택으로 사용했다. 1층에서는 본인이 직접 식당을 운영하였고 2층은 가족들이 거주하였다. 건축 당시에 세법 지식이 없어서 1층과 2층을 같은 면적으로 지었다.

그런데 보금자리지구로 지정되면서 이 건물이 공사에 수용되었다. 보상가액은 28억 정도 받았는데, 식당을 관리해주는 세무사에게 양도소득세 계산을 의뢰했더니 3억 원이나 나왔다. 양도소득세가 이렇게 많이 나온 것은 1층 근린생활시설과 2층 주택 면적이 동일해서 2층 주택 부분만 비과세를 받기 때문이란다. 만일 1층보다 2층 주택이 조금이라도 면적이 넓었으면 전체를 주택으로 보아 고가주택으로 비과세를 받을 수 있고, 양도소득세도 9천만 원으로 줄어든다는 것이다.

세금상식 없이 건물을 지은 것에 대해 한탄하며 고민하던 중 보상대책위원회 임원을 만났다. 세금문제를 털어놓았더니 OO지구 보상 관련 전담 세무사에게 상담을 받아보라고 권해서 절세왕 세무사의 도움을 받게 되었다.

절세왕 세무사는 사업시행자에게서 통보받은 지장물보상내역서를 꼼꼼히 살펴보았다. 예상했던 대로 절세할 수 있는 착안사항을 발견하고 3일 후 현장을 확인하러 갔다. 절세왕 세무사는 살아오면서 현장에 답이 있다는 것을 경험으로 알고 있었다. 눈으로 발로

> 절세방법을 찾아보려는 의지를 갖고 서류와 현장을 직접 확인하는 것과, 서류로만 그리고 머리로만 세금을 계산하는 자세로 의뢰인을 맞이하는 것은 차이가 나도 한참 많이 난다는 사실을 실감하였던 것이다.
> 절세왕 세무사는 과연 지장물보상내역서에서 무엇을 보았고, 현장에 출장을 가서는 또 무엇을 확인하였을까?

1세대1주택 비과세를 적용할 때 겸용주택을 양도하는 경우, 주택면적이 상가면적보다 크다면 전체를 주택으로 보아 양도소득세를 비과세해준다. 하지만 주택면적이 주택 이외의 면적보다 작거나 같으면 주택 부분만 주택으로 보아 양도소득세를 비과세해준다.

절세왕 세무사는 사업시행자의 지장물보상내역서를 유심히 살펴보았다. 지장물보상내역서는 수용대상토지의 지상에 있는 모든 지장물(건축물도 포함됨)이 상세하게 기록되어 있다. 즉, 재산적 가치가 있는 건물이나 담장 등 시설물은 물론 나무, 과수목, 포장공사까지도 모두 보상가액을 산정하여 목록별로 보상금을 지급한다. 절세왕 세무사는 우선 건물의 1층 면적과 2층 면적이 다르게 산정된 것을 보았고, 1층에서 2층으로 올라가는 별도 계단과, 2층에서 옥상으로 올라가는 철제 계단을 따로 명시하여 보상금이 지급된 사실을 확인한 것이다.

현장에 가서 지장물보상내역서와 현황을 확인하였더니, 1층 근린생활시설은 신축할 당시 현황대로 유지하고 있었다. 하지만 2층 주택 부분은 방 일부를 확장하느라 약 2평이 무허가로 증축되어 있었다. 또한 1층에서 2층으로 올라가는 계단을 외부에 별도 설치하였는데 외부계단은 건축면적에서는 제외되었다. 절세왕 세무사는 지장물보상내역서와 현장 확인을 통해 공부상에는 없는, 주택으로 실제 사용된 면적을 찾아낸 것이다. 결국 주택면적이 상가면적보다 크다는 사실을 입증하여 전체를 주택으로 인정받았다.

안수남의 절세 Tip

숨은 보석을 발견하는 요령

1세대1주택 비과세를 적용할 때 용도의 구분은 실질에 따라 판단하도록 되어 있다. 겸용주택은 건축물대장상 상가면적과 주택면적이 동일하거나 주택면적이 더 작은 경우, 전체를 주택으로 비과세를 받기 위해서는 주택으로 볼 수 있는 면적들을 찾아내는 것이 중요하다. 건물을 잘 살펴보면 주택으로 볼 수 있는 다음의 숨은 보석들을 발견할 수 있다.

- 1층은 상가이고 2층은 주택일 때, 2층으로 올라가기 위해 지어진 2층 전용 계단
- 주택으로 개조하여 주거용으로 사용한 옥탑방
- 주거전용 보일러가 설치된 지하실
- 불법 증축한 주택이나 불법으로 용도변경한 주거용 건물

주택이 상가보다 작다고 해도 주택이 상가가 되진 않는다

적용사례 ㊹

주택이 상가보다 작은 겸용주택을 보유한 경우 주택수 계산은?

정 교수는 평생을 대학 강단에서 교수로 재직하다 작년 말에 정년퇴직을 했다. 그에게는 현재 거주하고 있는 아파트와 노후대책으로 사둔 겸용주택 한 채가 있었다. 아파트는 부부가 살기에는 너무 커서 처분하려 하고, 겸용주택은 월세가 월 5백만 원 이상 또박또박 잘 나와서 그대로 소유하기를 원했다.

그런데 아파트를 3억 원에 분양받았는데 시세가 13억 원이나 돼서 양도소득세가 걱정이었다. 아깝지만 취득한 지 오래되지 않았고 매매차익도 1억여 원밖에 되지 않은 겸용주택을 먼저 처분하기로 했다.

중개업소에 매매를 의뢰해두고 오랜만에 시골 초등학교 동창회에 참석했다. 친구 중에 만물박사로 통하는 친구랑 합석했는데 이런저런 얘기를 나누다가 조심스럽게 고민을 털어놓았다.

친구의 말에 따르면, 주택면적이 상가면적보다 더 크면 전체를 주택으로 보고 그 반대인 경우는 전체건물을 상가로 본다고 했다. 그래서 3층 주택(약 30평)이 1, 2층의 상가와 사무실(약 80평)보다 작아서 전체 건물이 상가에 해당하므로 주택수에 포함되지 않으니까 아파트를 보유한 상태로 팔아도 비과세 혜택을 받을 수 있단다. 아울러 매매차익이 10억 원이 넘더라도 10년 이상 보유한 비과세되는 주택은 양도소득세가 1~2천만 원밖에 안될 거라는 것이다.

정 교수는 모처럼 동창회에 갔다가 만물박사인 친구를 만나 고민을 한 방에 해결했다고 그날 저녁식사 값까지 계산하였다.

정 교수는 다음 날 겸용주택 중개를 철회하고 아파트 중개를 부탁했다. 처음 나타난 매수자가 2천만 원만 매매가를 줄여주기를 원해서 흔쾌히 받아들여 매매가 성사되었다. 잔금을 받고 양도소득세를 신고하러 세무사 사무실을 찾아갔다가 청천벽력 같은 소리를 들었다. 주택이 2채라서 양도한 아파트를 비과세 받을 수 없고 양도소득세가 무려 3억5천만 원가량 된다는 것이다.

주상복합으로 지어진 건물을 양도할 때 주택이 상가보다 더 클 경우는 전체를 주택으로 보아서 1세대1주택 비과세 규정을 적용한다. 이 규정은 주상복합건물을 양도할 때 납세자가 비과세를 더 받도록 해주기 위한 특례규정으로서 주상복합건물을 양도할 때만 예외적으로 적용된다. 따라서 주상복합건물을 보유하고 있을 때는 그런 예외규정이 적용되지 않는다. 즉, 주택 이외의 면적이 주택보다 큰 경우라도 용도대로 판단하므로 상가는 상가고 주택은 주택이라는 것이다.

흔히 '주상복합건물을 양도할 때' 주택면적이 상가면적보다 큰 경우 전체를 주택으로 봐주는 특례규정 때문에 '주상복합건물을 보유한 상태에서' 상가가 주택보다 큰 경우에는 전체를 상가로 보아 주택을 소유하지 않은 것으로 잘못 알고 있다. 사례처럼 상가가 80평으로 주택 30평보다 크더라도 주택을 상가로 보지 않으므로 1주택 소유로 인정된다. 따라서 양도하는 주택은 2주택이 되어 비과세를 받지 못해 엄청난 양도소득세를 과세받는 황당한 사례가 종종 있다.

필자에게 양도소득세 분야 중에서 가장 어려운 분야를 꼽으라고 하면 첫 번째가 비사업용토지 판정이고 두 번째는 1세대1주택 비과세 규정이다. 1세대1주택 비과세 규정은 단순히 주택 하나만 보유하다 양도를 한다면 어려울 것이 없다. 그런데 주택수 계산에서 포함되는 것과 제외되는 특례규정들이 워낙 많아서 세무사마저 실수한다.

하물며 일반인들이 비과세 여부를 판단하는 것은 지극히 위험하다. 더욱이 비과세가 되고 안 되고는 모 아니면 도라서 더더욱 신중하게 판단해야 할 문제다. 세무사들도 1세대1주택 비과세 상담은 전화상담을 금기시한다. 만나서 대면하고 이것저것 꼼꼼하게 따져보고 최종적으로 판단해야 실수가 없기 때문이다.

필자는 요즘 주택을 양도하면서 비과세되는 줄 알고 처분했다가 양도소득세를 수천만 원에서 수억 원까지 과세받는 경우를 자주 보다 보니 주택을 양도하고 내방하는 고객을 상담할 때면 걱정이 앞선다.

세무사들도 실수하는 특례규정

1세대1주택 비과세 규정은 특례규정들이 많다. 특례규정은 말 그대로 특별한 규정이므로 일반인들이 잘못 알고 실수를 빈번히 한다. 문제는 세금을 내느냐 안 내느냐의 문제라서 그 결과는 엄청난 차이가 있다. 2018.4.1.부터 주택수 계산에서 실수가 나올 경우 비과세를 못 받는 것은 물론이고 다주택자 중과세 규정에 해당될 경우 상상할 수 없는 양도소득세가 과세될 수 있으므로 반드시 전문가의 도움을 받기를 권한다.

특례주택

고가주택 03

분산양도, 토지와 건물을 따로 팔 때
고가주택 양도세를 내야 할까?

적용사례 42

토지 8억 원은 올해 보상받고
주택 7억 원은 다음 해 보상받을 경우

김행복 씨는 20년 전에 서울 외곽에 단독주택을 신축해서 편안한 노후를 보냈다. 당시만 해도 부모님을 모시고 세 자녀와 생활하는 데 불편함이 없도록 규모 있게 지었다. 그러나 부모님이 돌아가시고 자녀들도 출가하자 이제 넓은 주택이 부담스러웠다. 게다가 나

> 이가 들어 여기저기 몸이 아프기 시작하면서 부부가 모두 정기적으로 병원으로 통원치
> 료를 받아야 할 형편이었다. 단독주택을 처분하고 병원 가까이로 이사하기 위해 4, 5년
> 전에 매도를 의뢰했지만 매매가 안 되어 골치가 아팠다. 그러던 중 다행히 보금자리지구
> 로 지정되고 공익사업에 수용되었다. 보상금액도 팔리던 가격보다 오히려 높게 책정되어
> 기꺼이 협의에 응했다. 그런데 토지의 보상금이 연말에 지급되고, 지상건물과 수목 등은
> 다음 해 초에 나누어 나왔다. 토지와 건물 보상금이 각각 8억 원과 7억 원으로 모두 9억
> 원에 미달되어 고가주택에 해당되지 않으니 세금마저 도와준다고 생각했다.
> 그런데 3개월쯤 지나서 세무서로부터 연락이 왔다. 양도소득세 자진신고를 하라고!

　　1세대1주택 비과세 규정은 1주택을 양도하면서 발생하는 모든 소득에 대해 비과세가 되는 것은 아니다. 과도한 소득에 대해서는 비과세를 배제하도록 제한을 두고 있다. 제한을 두는 방법으로는, 부수토지를 제한하는 방법과 가액의 제한을 두는 방법이 있다. 부수토지는 주택정착면적의 5배(도시지역 밖은 10배)까지만 비과세되는 1주택의 부수토지로 본다. 따라서 초과면적은 비과세를 받을 수 없다.

　　가액기준은 고가주택이라고 해서 그 가액을 초과하는 양도가액은 비과세를 배제한다. 고가주택 가액기준은 현재 9억 원으로 규정하고 있다. 9억 원을 초과하는 양도가액에 대해 전액 비과세를 배제하여 양도소득세를 과세하는 것이 아니라, 전체 양도차익의 양도가액에서 9억 원을 초과하는 비율만큼만 과세한다. 즉, [양도차익 × (양도가액-9억원) / 양도가액]의 계산식으로 과세가액을 계산한다. 김행복 씨의 사례는 양도가액이 15억 원이었고 취득가액이 3억 원으로 계산되었으므로 과세대상 양도차익은 12억 원 × 6억

원/15억 원으로 4.8억 원에 대해서만 과세가 된다.

　고가주택을 지분으로 양도하거나 해를 달리하여 분산 양도하는 경우 각각의 금액에 대하여 고가주택 기준을 적용한다면, 전체를 한꺼번에 양도하는 경우와 형평에 맞지 않는다. 따라서 지분으로 양도하거나 해를 달리해서 나누어 양도하는 경우, 토지와 건물을 분리해서 양도하는 경우 모두 전체를 양도한 것으로 보아 고가주택 양도차익 계산식을 적용하여 비과세 범위를 초과하는 양도차익은 양도소득세가 과세된다.

안수남의 절세 Tip
고가주택을 부담부로 증여하는 경우

고가주택을 부담부로 증여하는 경우, 채무액이 9억 원을 초과하지 않더라도 전체를 양도하는 것으로 보아 양도차익을 계산해서 채무에 상당하는 금액만 과세금액을 계산한다. 만일 김행복 씨 주택을 부담부로 증여할 경우 채무액이 5억 원이라면 4.8억 원 × 5억 원 / 15억 원 = 1.6억 원(전체 양도차익 × 채무액/양도가액)이 된다.

또한 다가구주택을 일괄로 양도하여 전체를 단독주택으로 인정받아 비과세 규정을 적용하는 경우나, 주택면적이 더 커서 상가면적까지 주택으로 인정받아 전체를 비과세 받는 경우 등도 비과세를 받은 전체를 기준으로 고가주택을 판정한다.

고가주택 기준은 종전에는 면적기준과 가액기준 두 가지가 있었는데 면적기준은 삭제되고 현재는 가액기준만 적용된다. 즉, 양도가액이 9억 원을 초과하는 주택에 한해 고가주택에 해당한다.

장기보유특별공제에서 주택 보유기간

적용사례 ㊸

재건축한 주택의 보유기간 계산은?

박 회장은 30년 전에 단독주택으로 지은 집이 보온도 잘 안 되고, 고급주택 단지였던 주변이 수익형 주택으로 바뀌면서 기존 주택을 헐고 5년 전에 다가구주택으로 재건축하였다. 막상 다가구주택도 관리를 해보니 들고나는 사람들도 많고 이런저런 하자도 발생했다. 퇴사해서 임대업을 하는 것이 꿈이었는데 현실은 이상과 달랐던 것이다. 차라리 소형 아파트 5채를 구입해서 임대업을 하는 것이 관리가 더 편할 것 같아서 다가구주택을 처분했다.
양도가액은 25억 원 정도지만 30년 넘게 보유한 1세대1주택이라 장기보유특별공제를 최대 80%까지 받으면 양도소득세는 별로 부담이 안 될 거라고 했는데, 양도소득세를 신고하러 갔다가 계산된 세금을 보고 깜짝 놀랐다. 장기보유특별공제를 재건축한 기간만 인정받아서 절반인 40%밖에 공제가 안 되었기 때문이다.

장기보유특별공제는 일반 부동산의 경우 최대 30%까지 공제해준다. 이에 반해 1세대1주택에 대해서는 최대 80%까지 공제받을 수 있다. 1세대1주택은 원칙적으로 비과세를 해주어야 하는데, 종전에 거주요건이 있었을 경우 거주요건을 충족하지 못해서 비과세를 받지 못하면 양도소득세가 과도하게 산출되기 때문에, 세부담을 줄여주기 위해 장기보유특별공제를 일반 부동산과 다르게 규정한 것이다. 또한 비과세되는 고가주택도 마찬가지로 9억 원을 초과하는 경우에 양도소득세가 부담될 수 있어서 80%까지 공제를 해준다.

장기보유특별공제 규정에서 80% 공제율을 적용하는 1세대1주택에 대하여 별도로 규정하지 않고 1세대1주택 비과세 규정을 준용해서 판단하도록 하고 있다. 이러한 규정 취지에 비추어 본다면, 주택이 노후하여 멸실하고 재건축하였다면 보유기간은 당연히 종전주택과 신축한 주택의 보유기간을 통산해서 계산해야 한다.

국세청은 재건축한 주택의 경우 양도하는 주택의 보유기간만 장기보유특별공제 보유기간으로 보았다. 그러나 법원은 1세대1주택 비과세 취지에 비추어 장기보유특별공제도 종전주택의 보유기간을 기간계산에 산입해야 한다고 판단하였다. 현재는 국세청도 법원의 판단에 따라 공제대상 기간을 종전주택과 신축주택의 보유기간을 통산하도록 변경해서 적용하고 있다.

조합원입주권의 장기보유특별공제

거주자의 주택에서 제외되는 상속주택, 일시적 1세대2주택, 장기임대주택을 보유한 경우 등 1세대1주택 비과세 규정에서 주택수로 보지 않는 주택들은 장기보유특별공제에서도 동일하게 주택수에 포함되지 않는다. 따라서 1세대1주택 비과세 규정을 그대로 적용하여 장기보유특별공제 80% 적용대상 주택을 판정하면 될 것이다.

비과세되는 고가주택에 해당하는 재개발 또는 재건축 사업의 조합원입주권에 대한 장기보유특별공제를 어떻게 해줄 것인지가 문제다. 종전에는 1세대1주택 비과세가 적용되는 조합원입주권은 주택으로 취급해 취득일부터 양도일까지 보유기간에 발생한 양도소득금액 전체에 대해서 장기보유특별공제를 해주었다.

그러나 장기보유특별공제 규정에 조합원입주권은 종전의 부동산에서 발생한 양도소득금액에 대해서만 장기보유특별공제를 해준다는 규정이 신설되면서, 국세청은 고가주택에 해당하는 조합원입주권의 경우 관리처분계획인가일 이후에 발생한 양도소득금액에 대해서는 장기보유특별공제를 배제하는 것으로 해석을 변경하였다. 최근에 대법원도 국세청의 유권해석대로, 양도한 조합원입주권에서 발생한 전체 양도소득금액에 대해서 장기보유특별공제를 할 수 없고, 종전 부동산에서 발생한 양도소득금액에 대해서만 장기보유특별공제를 해주는 것이 타당하다고 판결하였다. 따라서 조합원입주권으로 양도하는 것보다 준공 후 주택으로 양도하는 것이 양도소득세 부담에 차이가 많으므로 양도시기를 잘 선택해야 한다.

1세대1주택
비과세 관련 절세 비법과
황당한 과세 사례

08

재개발 및 재건축 주택

「도시 및 주거환경 정비법」(이하 '도시정비법'이라 한다)에 의한 재개발 및 재건축 주택과 관련된 규정은 어려워서 양도소득세 계산이나 비과세 판정을 할 때 세무사들도 힘들어한다.

우선 부동산이 부동산을 취득할 수 있는 권리로 변환되었다가 공사가 완료되면 다시 주택으로 바뀌기 때문에, 어느 시기에 양도하느냐에 따라 부동산이기도 하고 부동산을 취득할 수 있는 권리이기도 하다. 또한 종전 부동산과 재건축 후의 부동산은 토지와 건물면적뿐 아니라 부동산의 종류도 달라질 수 있어서, 비과세 요건과 세액계산 방식도 일반 부동산이나 주택과 달리 별도의 규정을 두고 있다.

원래 재개발 및 재건축으로 취득한 조합원입주권은 부동산을 취득할 수 있는 권리이기 때문에 1세대1주택 비과세 규정을 적용할 때 주택수에 포함하지 않았다. 그로 인해 재개발 및 재건축 대상 주택들이 투기의 대상이 되었고, 정부도 투기를 막기 위해 2006년부터 주택수에 포함하도록 세법을 개정하였다. 다만, 실수요 목적으로 조합원입주권을 취득한 경우에는 예외 규정을 별도로 두었다. 이로 인해 재건축에 대한 비과세 규정은 더욱 어려워졌다고 할 수 있다.

재개발 및 재건축과 관련한 비과세 규정은 다음과 같이 사례별로 비과세 요건이 각각 다르다. 따라서 사례별로 비과세 요건을 정확히 숙지하여야 한다.

① 종전에 주택을 보유하다가 관리처분 후 조합원입주권을 양도한 경우
② 종전주택을 보유하다가 공사가 완료된 후 신축한 주택을 양도한 경우

③ 조합원입주권을 취득하여 공사가 완료된 후 신축한 주택을 양도한 경우

④ 1주택을 보유한 자가 조합원입주권을 취득한 경우

⑤ 1주택을 보유하다가 재건축이 되어 공사기간 중에 주택을 대체 취득하고 1년 이상 거주한 주택을 양도한 경우

부동산이 부동산을 취득할 수 있는 권리인 조합원입주권으로 변환되는 시기를 권리변환일이라고 한다. 이 권리변환일은 1세대1주택 비과세 규정을 적용할 때 가장 중요한 개념이다. 현행「도시 및 주거환경 정비법」상 재건축이나 재개발 사업 모두 부동산이 조합원입주권으로 변환되는 시기는 관리처분계획인가일이다. 종전주택을 보유하다가 관리처분계획인가가 나면 인가일부터 주택이 아니라 조합원입주권이 되므로 법적 지위가 달라진다.

일단 부동산이 아니라 부동산을 취득할 수 있는 권리로 변환된다. 1세대1주택 비과세 규정도 적용 법규가 달라진다. 주택에 대한 비과세 규정은 소득세법 제89조 제1항 제3호에 규정을 두고 있는 데 반해 조합원입주권 비과세 특례규정은 소득세법 제89조 제1항 제4호에 별도로 규정을 두고 있다.

주택은 보유기간과 거주기간을 취득일로부터 양도일까지로 계산하는 데 반해 조합원입주권은 원칙적으로 취득일로부터 관리처분계획인가일(인가일 이전에 철거되는 경우는 철거일)까지 계산한다. 또한 **주택은 양도일 현재 일시적 2주택, 상속주택, 문화재주택, 농어촌주택 등 2주택 특례규정이 적용되지만, 조합원입주권은 일시적 2주택 규정만 적용되고 다른 2주택에 대한 특례규정이 적용되지 않는다.**

각 사례별로 개별적 비과세 요건을 살펴보기로 한다.

01 조합원입주권 비과세특례

재개발 및 재건축 주택

조합원입주권을 양도할 경우
보유주택을 확인하라

적용사례 44

조합원입주권 양도 시 장기임대주택이
있으면 비과세를 받을 수 있을까?

김 부장이 20년 전에 구입한 아파트가 재건축이 되었다. 관리처분계획인가 후에 조합원 분양을 받았는데 단지에서 가장 큰 평형이 배정되었다. 추가 건축비도 부담스러웠지만 공사가 완료되고 입주하려면 3~4년이나 걸렸다. 올해 아들이 결혼하고 2년 후쯤 딸이 결혼하면 부부만 살기에는 너무 큰 평형이라 처분하기로 했다. 국민주택규모 이하의 주택을 한 채 더 갖고 있기는 하지만 다행히 임대사업자 등록을 구청과 세무서에 각각 해

> 둔 상태다. 임대기간이 3년밖에 지나지 않았지만 양도 후 5년 이상 임대할 경우 비과세를 받는 데 지장이 없다고 해서 조합원입주권을 양도했다. 그런데 세무서로부터 장기임대주택을 보유하고 있어서 비과세를 받을 수 없다는 답변을 들었다. 장기임대주택은 1세대1주택 비과세 판단 시 주택수에서 제외된다고 했는데 어떻게 된 일일까?

주택 재개발 및 재건축 사업으로 조합원입주권을 취득한 경우 세법 규정에 요건을 갖춰서 양도하면 주택으로 취급되어 비과세를 받을 수 있다. 다만 재건축 등 조합원입주권 비과세 요건은 주택의 비과세 요건과 다르게 규정되어 있다.

보유기간을 계산할 때 주택은 취득일로부터 양도일까지인 데 반해, 조합원입주권은 취득일로부터 관리처분계획인가일까지다. 관리처분계획인가가 나기 전에 멸실을 했으면 멸실일까지이고, 관리처분계획인가 후에도 주택으로 계속 사용되었다면 주택으로 사용한 기간을 보유기간에 포함해준다.

양도일 현재 다른 주택이 없어야 한다. 다만 일시적 1세대2주택 비과세특례가 적용되는 경우에만 예외를 인정한다. 주택 양도 시 상속주택이나 문화재주택, 동거봉양이나 혼인으로 인한 합가로 2주택인 경우에는 1주택으로 보아 비과세가 된다. 그러나 조합원입주권 비과세 요건은 양도일 현재 다른 주택이 없어야 하는데 유일하게 일시적 2주택인 경우만 2주택 비과세 특례를 인정하고 있다. 국세청도 문리해석을 해서 조합원입주권 양도일 현재 일시적 1세대2주택 특례(종전주택을 취득하고 1년이 지난 다음 다른 주택을 취득하고, 다른 주택 취득일로부터 3년 이내에 종전주택을 양도하면서 비과세 요건을 갖추는 것을 말함)가 적용되는 경우를 제외하고는 2주택 비과세 특례대상 주택을 보유한 경우라도 비과세를 받을 수 없다는 견해다. 김 부장의 경우 현행 국세청 유권해석에 따라 과세가 되면 불복을 통해 구제받을 수밖에 없다.

조합원입주권과 주택의 형평성

재개발 및 재건축 사업으로 취득한 조합원입주권에 대해서는 별도의 비과세 규정이 없었다. 권리변환일 이전에 주택으로 양도하면 비과세를 받을 수 있고, 재건축이 완료되어 준공된 아파트를 양도해도 비과세를 받을 수 있다. 그런데 재건축공사 중에 조합원입주권만 비과세를 받을 수 없는 것은 형평성에 맞지 않다는 이유로, 대법원은 조합원입주권도 주택으로 취급해 비과세가 타당하다고 보았다. 이후 조합원입주권에 대한 비과세 규정이 주택과 다른 요건으로 별도로 신설되었다.

주택과 다른 비과세 요건을 규정하다 보니 양도일 현재 2주택 특례 등 주택에서 적용된 특례에 대해 조합원입주권 비과세 규정에서는 준용규정을 두지 않았다. 조합원입주권을 양도하기 전에 주택을 취득한 경우 일시적 2주택 비과세 특례규정이 적용되지 않는다고 보았으나, 대법원이 주택과 달리 취급해서 비과세를 배제한 것은 잘못이라고 판시하자 일시적 2주택에 대해서는 비과세가 되는 것으로 관련규정이 개정되었다.

주택을 양도하는 경우 특례가 적용되는 상속주택, 문화재주택, 농어촌주택, 장기임대주택 등에 대해서는 조합원입주권 비과세 규정에서 별도로 규정한 바가 없다. 일시적 1세대2주택 규정을 별도로 두고 있지 않아 비과세를 받을 수 없다는 국세청의 유권해석에도 불구하고 대법원은 주택과의 형평성을 고려해 비과세가 타당하다는 견해에 비추어 보면 주택에서 적용되는 다른 특례규정도 동일하게 적용되어야 할 것 같다.

재개발 및 재건축 주택

1주택자가 재건축한 아파트를 양도한 경우

02

주택과 부수토지를 다르게 적용한다

적용사례 ㊺

증가된 주택면적에 대해 비과세를 받을 수 있을까?

연립주택단지로 조성된 지 30년이 지난 연립주택을 5년 전에 구입한 조 선생님은 운 좋게 본인이 원하는 평수에 배정이 되었다. 그러고도 청산금으로 1억 원가량을 환급받았다. 당시 연립주택은 건물면적과 부수토지 면적이 비슷해서, 이번 재건축으로 인해 작은 평수를 배정받은 조합원은 권리가액이 조합원 분양가를 상회하여 청산금을 지급받게 된 것이다.

> 조 선생님이 보유하고 있던 종전주택은 연립주택 25평에 부수토지가 27평이었는데, 관리처분으로 새로 분양받은 아파트는 주택면적은 32평으로 늘어났으나 부수토지는 12평으로 감소하였다. 준공 후 입주해서 얼마 되지 않아 아내가 호흡기 질환으로 어려움을 겪더니 본인도 피부에 발진이 생겼으나 병원에 가도 원인을 정확히 알지 못해 답답하였다.
> 새집증후군이라는 확신이 들어 서둘러 아파트를 처분했다. 오래전에 워낙 싸게 구입한 주택이 재건축된 것이라 양도소득세가 은근히 걱정되었다. 특히 주택면적이 늘고 2년 보유기간을 미처 채우지 못했기 때문에, 늘어난 면적에 대한 양도차익은 비과세를 못 받을 수도 있다고 각오했다. 양도소득세를 신고하기 위해 세무사 사무소에 갔더니 양도소득세가 비과세라서 신고할 필요가 없다고 했다.

    종전주택을 재개발 등의 조합에 현물출자하고 새로운 주택을 관리처분으로 취득한 경우 보통은 부수토지 면적은 감소하고 주택면적이 늘어난다. 이렇게 부수토지 면적의 증가 없이 주택면적만 증가한 경우에는 증가된 주택면적은 종전주택과 보유 및 거주기간이 통산된다. 따라서 준공 후 보유 또는 거주기간만 적용받지 않는다.

    부수토지가 종전주택의 부수토지보다 증가한 경우에는, 증가된 부수토지는 준공일 이후 보유 또는 거주 기간이 비과세 요건을 충족하지 못하면 비과세를 받지 못한다.

    종전주택의 보유기간이 5년이고 재건축 후 보유기간이 1년인 아파트의 예를 보자. 종전주택의 부수토지는 15평이었는데 재건축된 아파트의 부수토지가 18평으로 3평 증가했다면, 종전 토지면적 15평은 종전주택과 신축주택의 보유 및 거주 기간을 통산하므로 보유기간이 6년이 되어 비과세 요건을 충족하였다. 반면에 증가된 부수토지 3평은 준공일로부터 보유기간을 계산하여 비과세 요건을 따지므로 보유기간이 1년밖에 되지 않아 비과세를 받을 수 없다. 이렇게 주택과 부수토지를 다르게 적용하는 것은 통상 양도소득세는 토지에서 양도차익이 발생하고, 건물은 양도차익이 많지 않기 때문이다.

무허가 주택만 소유한 경우에는 종전주택의 부수토지가 사유지인지 국·공유지인지에 따라 다르다. 사유지를 매수하여 조합에 현물출자한 경우는 준공일로부터 보유기간 등을 계산하지만, 국·공유지인 경우는 종전주택의 보유 및 거주 기간을 통산하여 계산한다. 국·공유지를 불하받아 조합에 현물출자하는 경우는 특례를 적용해주고 있다.

종전부동산이 주택이 아니라 나대지이거나 상가 또는 공장을 보유한 경우는 당연히 준공 후 보유 및 거주 기간만으로 비과세 요건을 판단한다.

03 조합원입주권을 취득하여 준공 후 아파트를 양도한 경우

재건축아파트에서
권리변환일이 갖는 의미

적용사례 ⓐ

권리변환일 이전에 취득한 경우와 권리변환일
이후에 취득한 경우 보유기간의 계산은?

상장회사에 근무하는 박 이사는 회사동료의 소개로 서울 강남 중심가에 재건축 중인 아파트를 2005년 7월에 매입하고 2017년에 신축한 아파트에 입주했다. 재건축 사업기간이 길어지긴 했지만 12억 원 정도의 시세차익이 발생한 덕택에 아내에게 인정받는 남편이 되었다. 더구나 박 이사와 함께 입주했던 회사동료가 얼마 전에 아파트를 양도했더니 15억 원가량의 시세차익이 났음에도 양도소득세는 수천만 원밖에 되지 않았다고 해서 기

> 분이 좋았다.
> 박 이사 역시 너무 고가인 아파트에 거주하는 것이 자산운용을 비효율적으로 하는 것 같아 처분하고 강남 변두리로 이사할 계획을 세웠다. 부동산에 매물로 내놓았더니 거래하는 세무사 사무소가 있다며 양도소득세를 알아봐주겠다고 해서 검토를 부탁했다. 중개업소로부터 지금 양도하면 양도소득세가 주민세를 포함하여 5억 원가량 나온다고 연락이 왔다.
> 얼마 전에 양도한 회사동료는 같은 해 3월에 취득해서 보유기간도 비슷하고 양도차익은 오히려 3억 원가량이나 많음에도 양도소득세를 수천만 원밖에 납부하지 않았는데, 자신의 아파트는 양도소득세가 5억 원이나 된다는 사실을 박 이사는 도저히 납득할 수 없었다.

재건축아파트의 경우에는 권리변환일을 이해해야 한다. 즉, 권리변환일 전까지는 부동산이지만 권리변환일 이후부터는 부동산이 아니라 부동산을 취득할 수 있는 권리이고, 재건축아파트에서 권리변환일 이후를 조합원입주권이라고 한다. 권리변환일 이전에 부동산을 취득한 경우에는 부동산의 보유기간을 종전부동산과 공사기간 및 신축아파트 보유기간 모두를 통산하여 계산한다. 즉, 종전주택 취득일로부터 신축주택 양도일까지가 보유기간이 된다. 반면에 권리변환일 이후에 부동산이 아닌 부동산을 취득할 수 있는 권리(조합원입주권)를 취득하여 새로운 아파트가 준공된 이후에 양도한 경우 아파트 보유기간은 준공일로부터 아파트 양도일까지로 계산한다.

박 이사는 재건축사업이 시행되던 시기에 아파트를 취득했는데 2005년 5월 16일에 사업시행인가가 났고, 그로부터 2년 뒤에 관리처분계획인가가 났다. 재건축아파트의 권리변환일은 시기별로 다른데 2003년 6월 30일 이전까지는 사업계획 승인일이었고, 2003년 7월 1일부터 2005년 5월 30일까지는 사업시행인가일이었으며, 2005년 5월 31일부터는 관리처분계획인가일이었다. 따라서 2005년 5월 30일 이전에 사업시행인가가 났으므로 사업시행인가일이 권리변환일인데, 박 이사는 2005년 7월에 취득하였으므로 부동산이 아닌 조합원입주권을 취득한 것이다. 신축아파트를 양도한 경우 보유기간 계산은 준공일이 취득일이므로, 결국 1년 미만 보유한 것으로 인정되어 비과세도 받을 수 없을 뿐 아니라 세율도 단기세율인 40%를 적용받게 된 것이다.

이에 반해 박 이사 회사동료는 2005년 3월에 종전아파트를 취득하였으므로 권리변환일인 사업시행인가일(2005.5.16.) 이전에 취득하였다. 이 경우 보유기간을 종전부동산 취득일로부터 신축부동산 양도일까지로 계산한다. 1세대1주택 비과세 요건을 충족했을 뿐 아니라 1주택자로 보유기간이 10년이 넘었으므로 장기보유특별공제를 80% 받게 되어 양도소득세가 불과 수천만 원밖에 되지 않았던 것이다.

권리변환일 이후에 조합원입주권을 취득했더라도 토지와 건물 형태로 거래가 이루어질 수 있다. 소유권 이전 등기로만 보면 부동산을 취득한 것으로 볼 수도 있으나 부동산을 취득했는지 조합원입주권을 취득했는지는 소유권 이전 등기와 무관하다. 권리변환일 이후에 취득했는지 아니면 권리변환일 이전에 취득했는지에 따라 양도차익 계산방법, 비과세 판단 시 보유기간 계산, 장기보유특별공제 적용을 위한 보유기간 계산이 달라진다는 것을 유의해야 한다.

종전부동산을 양도하는 경우에도 권리변환일 이전에 양도하면 부동산 양도로 보아 양도차익 계산과 비과세 규정을 적용한다. 권리변환일 이후에 양도한 경우에는 조합원입주권 양도에 해당되어 양도차익 계산과 비과세 규정 적용도 부동산과는 다르다는 점에 유의할 필요가 있다.

클릭 Click

관리처분이란?

재개발 및 재건축 사업 시행 전에 소유자의 자산인 토지 및 건축물의 권리를 나중에 분양하게 될 분양예정자산으로 변경하는 작업으로, 종전자산을 종후자산으로 바꾸는 단계를 말한다. 종전부동산을 2인의 감정평가사가 평가한 가액에 비례율(총수입금액에서 총사업비용을 공제한 금액을 종전재산평가총액으로 나누어 백분율로 나타낸 비율을 말함)을 적용하여 권리가액을 산정한다. 각 조합원의 종전재산 권리가액과 본인이 분양받기로 신청한 권리의 조합원분양가를 비교하여 과부족을 정산한다. 권리가액이 많으면 청산금을 지급받게 되고, 권리가액이 적으면 청산금(추가 건축비)을 납부하여야 한다.

관리처분은 「도시정비법」에 따라 사업시행인가를 받은 후 분양 신청기간이 종료하는 시점부터 관리처분계획을 수립하여 조합원 총회를 거쳐 시장. 군수의 인가를 받아야 한다.

안수남의 절세 Tip

시기별 권리변환일

지금은 권리변환일이 재개발사업과 재건축사업 모두 관리처분계획인가일이지만, 「도시 및 주거환경 정비법」이 시행되기 이전에 「주택법」에 의해 사업을 시행한 재건축사업은 권리변환일이 사업계획승인일이었다. 이후 「도시 및 주거환경 정비법」이 시행된 2003.7.1.부터 2005.5.30.까지의 기간에는 사업시행인가일이 권리변환일이었고 2005.5.31. 이후부터 재개발사업과 같이 관리처분계획인가일이 권리변환일이 되었다.

기간별	재개발사업	재건축사업
2003.6.30. 이전	관리처분계획인가일 (도시재개발법)	사업계획승인일 (주택건설촉진법, 주택법)
2003.7.1.~2005.5.30	관리처분계획인가일 (도시 및 주거환경 정비법)	사업시행인가일 (도시 및 주거환경 정비법)
2005.5.31. 이후	관리처분계획인가일 (도시 및 주거환경 정비법)	관리처분계획인가일 (도시 및 주거환경 정비법)

1주택자가 조합원입주권을 취득한 경우

04 재개발 및 재건축 주택

재개발 조합원입주권을 실수요 목적으로
취득하면 비과세 받을 수 있다

적용사례 47

공사기간이 길어져 3년이 지나버린 경우 비과세 여부

장 여사는 나홀로아파트를 구입해서 10년 이상 거주하였다. 가족 모두가 살기에는 평수가 좁아 주변시세보다 20~30%나 저렴한 가격에 취득했다. 살아보니 바로 옆 큰 단지와 아파트 시세 상승폭이 달랐다. 비슷한 가격의 옆 단지 작은 평형은 10년 동안 자신의 아파트보다 1.5배나 더 오른 것이다. 속상하기도 하고 아파트 평수도 줄여가야 할 입장이라 고민 중에, 재건축이 진행 중이고 입지도 괜찮은 조합원입주권을 구입했다.

이주가 시작되고 연내에 공사가 착공되어 3년이 지나지 않아 입주가 되었다. 기존에 살던 주택을 팔아야 해서 언제까지 양도해야 비과세를 받을 수 있는지 알아보았다. 새로운 아파트를 취득하고 3년 안에만 양도해도 된다고 해서, 어차피 전세입자 계약기간도 남아서 처분을 뒤로 미뤘다. 전세기간이 만료되자마자 불안해서 3년까지 기다리지 않고 양도했다. 매수자가 자금이 조금 부족하다고 잔금기간을 여유 있게 잡아달라고 해서 보통 2개월 만에 치르는 잔금을 6개월이나 미뤄주었다.

양도소득세를 비과세 받는 경우도 세무서에 신고해야 하는지 관할 세무서에 상담하러 갔다가, 양도기한을 2달 넘겨서 비과세를 받을 수 없다는 청천벽력 같은 소리를 들었다.

    조합원입주권은 양도소득세 과세대상 중에서 부동산을 취득할 수 있는 권리에 해당한다. 「도시 및 주거환경 정비법」에 의해 주택 재개발 및 재건축 사업에서 조합원은 관리처분으로 종전부동산을 현물출자하고 새로운 아파트를 취득할 수 있는 권리를 취득한다. 부동산이 부동산을 취득할 수 있는 권리로 변환되는 날을 권리변환일이라고 하는데 재개발 및 재건축 사업에서 권리변환일은 관리처분계획인가를 받은 날이 된다.

    2005.12.31. 이전까지는 부동산을 취득할 수 있는 권리는 주택이 아니므로, 관리처분으로 종전주택이 조합원입주권으로 바뀌면 1세대1주택 비과세 규정 적용 시 주택수에서 제외되었다. 이로 인해 재개발 및 재건축 사업이 예정되거나 시행 중인 경우에는 투기의 온상이 되었다.

    2주택을 보유하다가 그중 1주택이 재개발 등이 되는 경우 관리처분이 되고 나면 1주택자가 된다. 따라서 관리처분계획인가를 받고 난 후에 1주택을 양도하면 1세대1주택자로 되어 비과세를 받는다. 또한 종전주택을 양도한 이후 조합원입주권을 양도하는 경우, 비과세 요건을 충족(관리처분계획인가일까지 보유 및 거주 요건을 충족하는 것을 말함)하면 조합원입주권 비과세 특례가 적용되어 조합원입주권도 비과세 된다. 결국 재개발·재건축 사업에 있는 주택은 2주택자가 되더라도 2주택이 모두 비과세를 받는 특혜로 투기수요를 불러일으키자 2005년 말에 세법이 개정되었다. 2006.1.1. 이후 관리처분계획인가가 된 조합원입주권은 비과세 규정 적용 시 주택수에 포함된다.

따라서 원칙적으로 조합원입주권과 주택을 보유하다 주택을 양도한 경우에는 1세대2주택자에 해당된다. 다만, 실수요 목적으로 취득한 경우나 부득이한 사유로 조합원입주권과 주택을 동시에 소유하는 경우는 예외적으로 비과세를 받는다.

장 여사처럼 주택을 소유한 상태에서 조합원입주권을 취득한 경우로서 조합원입주권을 취득하고 3년 이내에 주택을 양도하면 일시적 2주택 비과세 규정과 동일하게 비과세를 받는다.

3년이 지난 다음에 주택을 양도한 경우에는 조합원입주권을 실수요 목적으로 취득한 경우에 한하여 비과세를 받을 수 있다. 실수요 목적의 요건은 재건축으로 아파트가 준공되고 준공일로부터 2년 안에 재건축된 아파트로 이사해서 1년 이상 계속 거주하는 것이다. 그리고 반드시 준공일로부터 2년 안에 종전주택을 양도해야 실수요 목적의 요건에 충족되어 종전주택을 비과세 받을 수 있다.

장 여사는 준공일로부터 2년 안에 양도해야 하는 요건을 갖추지 못해 비과세를 받지 못한 것이다.

조합원입주권을 취득하는 순간부터 1세대2주택자

2005.12.31.까지만 해도 조합원입주권은 주택을 취득할 수 있는 권리였으므로 주택수에 포함되지 않았다. 따라서 주택을 보유한 자가 조합원입주권을 취득한 경우 조합원입주권이 주택이 되는 시기는 공사가 완료되는 준공일이었다. 준공일로부터 2주택자로 취급되어 종전주택은 준공일로부터 기산하여 일시적 2주택 규정을 적용하였다. 장 여사의 경우 종전규정대로 한다면 준공일로부터 3년 이내에 양도하더라도 일시적 1세대2주택에 해당되어 비과세를 받을 수 있었다. 현행 조합원입주권이 주택수에 포함되도록 개정된 상황에서는 조합원입주권을 취득하는 순간부터 1세대2주택자가 되기 때문에 양도기한을 정확히 알고 있어야 한다.

재개발·재건축 중 대체취득한 주택의 비과세 요건은?

재건축사업시행인가 전에 취득한 주택도 대체취득한 주택으로 인정받을 수 있을까?

김 교수는 10여 년 전에 구입한 아파트에서 살고 있다. 그런데 재건축조합이 설립되더니 사업시행인가까지 받아 본격적으로 재건축사업이 진행되었다. 자녀들이 중고등학생이라 멀리 이사할 형편이 아니라서 근처로 이사를 가야만 했다. 조합원들이 한꺼번에 이주하면 주변 주택시세는 물론 전셋값도 오를 가능성이 있어서, 재건축조합을 설립하자마자 여유자금으로 단독주택을 구입해두었다.

관리처분이 떨어지고 이주가 시작되자 제일 먼저 김 교수는 본인이 취득해놓은 단독주택으로 이사를 갔다. 시공사를 잘 선정하고 조합장 등 임원들도 잘 선출되어서인지 재건축사업은 순조롭게 진행되었다. 예정대로 공사가 완료되어 새 아파트의 입주가 시작되었다. 김 교수는 재건축 공사기간 중에 사둔 주택을 처분해도 양도소득세를 비과세 받을 수 있다고 알고 있었기 때문에 입주하자마자 처분하고 새 아파트로 이사했다.

세무서로부터 대체취득한 주택은 비과세 대상이 아니므로 양도소득세를 신고하라는 안내문을 받았다. 공사기간 중에 취득해서 1년 이상 거주했고, 재건축으로 준공된 아파트로 이사해 1년 거주하였으며, 준공일로부터 2년 이내에 대체취득주택을 양도하였는데 비과세를 받을 수 없었던 이유는 무엇일까?

재개발이나 재건축 사업으로 공사 중에 거주목적으로 취득한 대체주택은 일정한 요건을 갖춘 경우 보유 및 거주 기간에 상관없이 1세대1주택 비과세를 받았다. 2005.12.31.까지만 해도 법규정이 명확하지 않은 부분이 있었지만 2006.1.1.부터 조합원입주권이 주택수에 포함되면서 비과세 요건을 명확히 하였다.

대체취득한 주택의 비과세 요건은 첫째로 취득시기의 제한이 있는데, 재개발 또는 재건축 사업 중 사업시행인가일 이후에 취득하여야 한다. 둘째는 대체취득주택에서 1년 이상 거주해야 한다. 셋째는 재건축된 아파트 준공일로부터 2년 안에 이사해서 1년 이상 거주하고 준공일로부터 2년 안에 대체취득주택을 양도하여야 한다. 김 교수는 다른 요건은 다 충족했는데 첫 번째 요건을 지키지 않았다. 즉, 사업시행인가일 이후에 대체주택을 취득했어야 했는데 사업시행인가 전에 취득했던 것이다.

안수남의 절세 Tip

국세청과 법원의 판단이 서로 다를 때도 있다

재개발 및 재건축 사업과 관련한 비과세 규정은 요건을 꼼꼼히 따져야 하므로 반드시 전문가의 도움을 받아서 진행하여야 한다. 특히 국세청은 조합원입주권에 대한 비과세 규정을 주택과 다르게 취급하고 있어서 법원과 다르게 판단하는 사항이 많으므로 분쟁 소지가 있는 것은 미리 피하는 것이 상책이다.

1세대1주택
비과세 관련 절세 비법과
황당한 과세 사례

09

2주택
비과세 특례

1세대1주택 비과세 규정은 원칙적으로 세대별로 1주택에 한하여 비과세를 적용한다. 그러나 주택을 양도하고 새로운 주택으로 이사하기 위해서는 이사 갈 집을 미리 구입해야 할 경우도 있다. 부모님이 돌아가셔서 상속으로 2주택이 된 부득이한 경우도 있다. 부모님을 모시기 위해 합가한 경우나 결혼으로 합가한 경우도 있다. 문화재주택으로 지정되어 여러 가지 불이익을 보는 주택도 있고, 농어촌으로 귀농하면서 도시에서 살던 집을 미처 처분하지 못한 경우도 있다. 민간임대주택에 관한 특별법에 따라 임대주택사업자로 등록하고, 법에서 정한 일정기간 동안 임대사업에 사용한 주택을 보유할 경우도 있다.

　이렇게 부득이하게 다주택을 보유하게 된 경우나 조세정책적으로 주택 소유를 장려한 경우 등은 비과세 규정 적용 시 불이익을 주지 않으려고 특례규정을 두었다. 특례규정은 요건이 매우 까다로우므로 반드시 전문가의 도움을 받아서 특례요건에 합당한지 검토가 필요하다.

1세대2주택 비과세 특례규정은 다음과 같다.
① 일시적 1세대2주택 특례
② 상속주택 특례
③ 동거봉양 목적으로 합가한 경우
④ 혼인으로 합가한 경우
⑤ 귀농으로 인해 2주택이 된 경우
⑥ 이농으로 인해 2주택이 된 경우

소득세법상 거주자의 주택에서 제외되는 주택은 다음과 같다.
① 장기임대주택사업자의 주택
② 사업용 재고자산 등
③ 조세특례제한법상 감면대상주택

2주택 비과세 특례규정은 '일반주택'과 '특례가 적용되는 1주택' 등 통상 2주택 소유자에 한정하여 적용된다. 예외적으로 '특례'와 '특례'가 동시에 해당할 경우에는 각 특례규정의 요건이 충족되면 동시 적용도 가능하므로 3주택인 경우도 있다. 예를 들어 동거봉양합가 중에 일시적 2주택이 동시 적용되는 경우가 이에 해당될 것이다. 일시적 2주택 소유자가 1주택을 소유한 부모님과 동거봉양을 위해 합가한 경우도 먼저 양도하는 1주택은 비과세를 받을 수 있는데, 이런 경우가 3주택자도 비과세를 받는 사례다.

장기임대주택과 사업용 재고주택은 주택수 제한이 없다. 장기임대주택에 해당(가액기준, 등록기준, 의무임대기간 등 충족)하고 양도하는 거주주택이 거주요건을 충족한 경우에는 주택수와 상관없이 모두 거주자의 주택에서 제외된다. 또한 주택을 신축하여 판매하거나 주택매매를 사업적으로 하는 경우에 소유하는 주택은 재고자산으로 분류되어 사업소득이 과세된다. 1세대1주택 비과세 규정 적용 시 사업용 재고주택은 주택수에 포함되지 않는다. 사업소득과 양도소득은 소득세 자체를 부과할 때 따로따로 구분하여 과세하기 때문에 자산도 구분하여 계산한다.

01 일시적 1세대2주택

종전주택을 취득하고 1년이 지난 후
새로운 주택을 취득해야 한다

적용사례 ㊾

믿었던 세무공무원의 배신

시에서 운영하는 청소년문화센터에서 근무하는 오 센터장은 4년 전 결혼 10년 만에 어렵게 아파트를 분양받아 2014년 11월에 입주했다. 그런데 얼마 지나지 않아 전주에서 살고 있는 친정아버지가 갑자기 아파트 소유권을 넘겨받으라고 했다. 5남매 중 그나마 믿을 만한 자식이라고 생각했는지 장녀인 오 센터장에게 증여를 해준 것이다. 지방이라서 기준시가가 높지 않아 증여세를 조금만 부담하고 소유권을 2015년 5월에 넘겨받았다.

그리고 2017년 6월. 오 센터장의 친구가 자신이 살던 단독주택을 시세보다 10% 이상 낮은 금액으로 급매를 희망했다. 친구 집은 주변 환경도 좋고 친환경 목조주택으로 지은 집이라 욕심이 났다. 다행히 지금 오 센터장이 살고 있는 아파트는 편의시설도 많고 학군도 괜찮아서 내놓으면 금방 팔릴 수 있을 거였다. 남편과 상의했더니, 집이 2채라서 양도소득세가 나올 텐데 친정아버지 집을 다른 형제에게 소유권을 넘겨야 할지 확인해본 후 세금이 없다면 이사 가는 것도 좋다고 했다.

세무서로 전화해서 친정아버지한테 주택을 증여받은 지 2년 정도 되었는데 지금 팔 경우 비과세를 받을 수 있는지 물었다. 그랬더니 증여받은 날로부터 3년 이내만 양도하면 비과세를 받을 수 있다고 했다. 세무공무원의 답변을 들었으니 더 알아볼 필요도 없다고 생각했다. 바로 아파트를 매물로 내놓자 1주일 만에 팔렸다. 7월에 잔금을 처리하고 단독주택을 구입해 이사를 했다. 근데 조금 찜찜한 구석이 있어서 인터넷으로 검색하다 보니 뭔가 확인하지 않은 사항이 발견되었다. 불안해지기 시작해 절세왕 세무사를 찾아갔다가 넋이 나가고 말았다.

결론부터 말하자면 오 센터장은 비과세를 받을 수 없다. 일시적 1세대2주택 비과세 규정에 함정 같은 요건이 있는데 전문가들도 실수할 정도다. 즉, 새로운 주택 취득시기의 제한인데, 종전주택을 취득하고 1년이 지난 다음에 새로운 주택을 취득해야 한다. 오 센터장은 아파트를 취득(2014년 11월)한 지 1년이 안 되어 전주의 친정아버지 주택을 증여(2015년 5월)받았으므로 일시적 1세대2주택 비과세 요건을 위배한 것이다.

이 규정은 본래 1주택 소유자가 주택을 먼저 양도하고 새로운 주택을 나중에 취득하여야 하는데, 본인이 거주할 주택을 먼저 취득한 다음 종전주택을 나중에 처분할 수 있도록 편의를 봐주기 위해 도입된 규정이다.

이 특례규정은 부동산 대책에서 비과세 규정을 강화·완화할 때 함께 개정되었다. 즉, 비과세 강화대책에서는 중복 보유기간을 단축하고, 완화대책에서는 연장한 것이다. 2012.6.29. 이후부터는 비과세 완화대책으로, 비과세 요건을 보유기간 3년에서 2년으로 단축하고 일시적 1세대2주택 중복기간도 2년에서 3년으로 연장하였다.

비과세 요건을 보유 3년에서 2년으로 단축하고 일시적 1세대2주택 중복기간을 2년에서 3년으로 연장하다 보니 매년 1주택이 비과세될 수도 있는 상황이 가능해져, 비과세 규정이 주택 투기수단으로 악용될 수 있다고 본 것 같다.(실무에서는 사실상 매년 비과세를 받을 수 없음) 그래서 종전에 없던 종전주택을 보유한 지 1년이 지나서 새로운 주택을 취득해야 한다는 요건이 추가되었다.

다른 요건은 새로운 주택을 취득하고 3년 이내에 종전주택을 양도하고, 그 양도하는 종전주택은 비과세 요건을 충족하여야 한다는 것이다.

세무공무원마저도 개정된 세법을 정확히 모른 채 양도기한을 2년에서 3년으로 연장된 것만 알고 잘못 상담을 해줘서 황당한 과세를 받은 사례다.

안수남의 절세 Tip

1세대3주택자가 1주택을 양도한 경우
일시적 1세대2주택 특례를 적용받을 수 있을까?

- 일시적 1세대2주택 특례에서 종전주택을 취득하고 1년이 지난 다음에 다른 주택을 취득하여야 한다는 요건은, 5년 이상 거주한 장기임대주택을 분양받은 경우와 공익사업에 협의 매수 또는 수용되는 경우로서 비과세 규정을 적용받은 경우는 적용되지 않는다.

- 일시적 1세대2주택 비과세 특례규정은 1주택 소유자가 다른 주택을 취득하여 2주택이 된 경우를 요건으로 하고 있다. 그렇다면 2주택 소유자가 다른 주택을 취득하여 1세대3주택이 된 경우는 어떨까? 1세대3주택자가 1주택을 양도하고 양도소득세를 과세 받은 다음, 남은 2주택이 일시적 1세대2주택 요건이 되므로 특례규정을 적용받을 수 있을까? 1주택자가 다른 주택을 취득해야 하는 조건을 위반했으므로 특례규정을 적용받을 수 없을까?

- 당초 국세청은 후자의 견해를 따라 특례규정을 받을 수 없다는 입장이었다. 그러나 양도소득세는 양도일에 해당 규정의 요건을 따라야 한다는 법원의 판단을 받아들여 기존 유권해석을 변경하였다. 2주택자도 다른 주택을 취득하여 1주택을 양도하였다면 1주택자가 다른 주택을 취득한 것과 동일하니 특례규정을 적용받을 수 있다는 것이다.

02 상속주택

2주택 비과세 특례

동일세대 간에 이루어진 상속은 상속주택 특례를 받지 못한다

적용사례 ㊿

1주택 소유자가 함께 살던 어머니 소유의 아파트를 상속받은 경우 양도하는 일반주택은 비과세를 받을 수 있을까?

무남독녀로 부모님을 모시고 20여 년간 살아온 우 선생님은 교직을 그만두면 수도권 외곽으로 나가 살기 위해 값도 비싸지 않은 전원주택을 구입해두었다. 전원주택을 구입한 지 5년 정도 지나서 어머니께서 돌아가셨다. 어머니는 돌아가실 때 아파트 한 채를 소유하고 있었는데, 10년 전에 아버지로부터 단독 상속을 받은 아파트였다. 상속인이 우 선생님밖에 없어서 어머니 소유 아파트는 물론 전 재산을 상속받았다.

> 정년퇴임하고 내려가 살려고 사둔 주택이 여름 장마 때 비가 많이 오자 방수에 문제가 생겼다. 주변에 연수원까지 들어와서 처음 구입할 때만큼 조용한 동네가 아니었다. 처분하기로 마음먹고 알아보았더니 상속받은 주택은 주택수에 포함되지 않는다고 했다. 세법이 참 배려를 많이 해서 만들어졌구나 하고 감탄까지 했다.
> 그런데 세무서로부터 상속주택 특례에 해당되지 않아 1세대2주택자라서 비과세를 받을 수 없다는 연락을 받았다. 어머니와 함께 살다가 상속을 받은 주택이기 때문이란다.

상속주택이 대표적으로 부득이하게 취득한 주택이다. 어느 누가 부모님 주택을 빨리 상속받게 해달라고 했겠는가? 상속은 예측이 불가능하다. 부득이하게 상속으로 2주택이 되었다면, 그 상속주택으로 인해 기존의 소유주택이 비과세에 영향을 받아서는 안 된다. 1주택자가 상속으로 2주택자가 된 경우 상속주택은 거주자의 주택으로 보지 않는다. 따라서 상속주택이 있더라도 기존주택은 1주택으로 인정받아 비과세가 된다.

이 규정은 별도 추가요건들을 꼼꼼히 따져야 하므로 자세히 설명하기로 한다.

상속개시 당시 소유하던 1주택에 대해서만 특례를 받을 수 있다

종전에는 이 규정이 별도로 없었다. 주택을 상속받은 상태에서 종전주택을 양도한 다음 또 다른 주택을 취득하더라도, 여전히 상속주택은 거주자의 주택수에 포함되지 않으므로 1주택자로 비과세 대상이 된다. 이런 불합리한 점을 바로잡기 위해 상속개시 당시 보유한 1주택에 대해서만 상속주택 특례를 받을 수 있다. 다만, 이 규정은 2013년도에 개정된 규정이라 개정 후에 상속받은 주택만 적용대상이 된다.

동일세대 간에 상속이 개시된 경우에는 적용대상이 아니다

　이 규정의 입법 취지는 1주택 소유자가 상속으로 2주택이 되는 부득이한 사유 때문에 주택수에서 제외해주는 특례를 둔 것이다. 그런데 동일세대 간에도 똑같은 특혜를 주면, 1세대가 2주택을 소유하고 있는데 그중 1주택이 상속이 개시된 경우에 모순이 발생한다. 1세대가 2주택을 소유했으므로, 1주택이 특례주택이 아닌 한 먼저 양도하는 주택은 과세를 받아야 한다. 2주택 중 1주택이 상속되었다고 일반주택을 양도하는 경우 비과세되기 때문에 동일세대 간 상속은 특례규정 적용을 받을 수 없다.

　우 선생님 사례에서 동일세대인 어머니의 사망으로 상속이 되었으므로, 상속받은 아파트는 상속주택 특례규정을 적용받을 수 없다.

동일세대라고 무조건 특례규정을 배제하는 건 아니다

　동일세대 간에 특례를 받을 수 없다고 하더라도, 상속개시 당시만 보고 동일세대는 무조건 특례규정을 배제해버리면 억울한 사례가 발생한다.

　부모님이 연로해서 세대를 달리하던 자녀 중 1인이 60세가 넘은 부모님과 동거봉양 합가를 했다면 어떨까? 합가 후 부모님이 사망해 상속이 개시되어 주택을 상속받았는데, 동일세대 간 상속이라서 특례규정을 적용받을 수 없다면, 동거봉양 합가를 하지 않은 사람보다 불리하게 된다. 즉, 효자가 더 불이익을 보는 경우가 발생하는 것이다. 이러한 불합리한 점을 개선하기 위해,

1주택 소유자가 동거봉양으로 합가한 후에 상속이 이루어진 경우에는 동일세대 간 상속으로 보지 않는다. 이는 따로 살다가 동거봉양 목적으로 합가를 한 경우에만 적용되므로, 처음부터 함께 사는 경우에는 적용대상이 아니다.

1주택 소유자가 상속받은 주택을 먼저 양도한다면?

이 특례규정은 상속주택을 보유한 상태에서 일반주택을 양도하는 경우 상속주택을 거주자의 주택으로 볼 것인지 여부에 관한 사항이다. 따라서 1주택 소유자가 상속받은 주택을 먼저 양도한다면 별도 특혜가 없다.(2002.12.31. 이전 선양도하는 상속주택은 보유기간에 상관없이 비과세 특례가 있었는데 과도한 특혜라서 삭제됨) 따라서 선양도하는 상속주택은 양도소득세 과세대상이다.

상속주택과 일반주택을 보유한 경우 두 주택 모두 비과세 받는 방법

상속주택과 다른 특례주택을 동시 보유한 경우

일시적 1세대2주택인 경우나 동거봉양 또는 혼인으로 합가하여 2주택이 된 경우로서 상속받은 주택으로 1세대3주택이 된 경우에도 양도하는 1주택은 비과세를 받을 수 있다.

여러 채를 상속받았을 때 특례주택은?

종전에는 상속인별로 상속주택 특례를 적용해주었다. 상속인이 여러 명일 경우 피상속인이 여러 채를 상속하더라도 분산하여 상속받으면 특례주택수가 늘어나는 불합리한 점을 개선했다. 여러 채를 상속한 경우는 아래 순서대로 한 채만 상속주택 특례를 받을 수 있다.

- 보유기간이 가장 긴 1주택
- 피상속인의 거주기간이 가장 긴 1주택
- 상속개시 당시 피상속인이 거주한 1주택
- 기준시가가 가장 높은 1주택

상속주택과 일반주택을 보유한 경우 두 주택 모두 비과세 받는 방법

이 경우 주택의 처분순서가 중요하다. 상속주택을 보유한 상태에서 일반주택을 먼저 양도하면 일반주택은 1주택으로 비과세를 받을 수 있다. 일반주택을 양도하고 나면 1주택이 되므로 보유 및 거주기간을 충족한 경우 상속주택은 또 비과세를 받을 수 있다. 그러나 반대로 상속주택을 먼저 처분하고 일반주택을 나중에 처분하면 1세대2주택에 해당되어 먼저 처분한 상속주택은 비과세를 받을 수 없다.

2주택 비과세 특례

소득세법상 장기임대주택 03

장기임대주택 보유 시 양도하는 주택은 거주요건을 충족해야 한다

적용사례 51

불안했지만 계약을 하지 않을 수 없었던 한 교감선생님

성남의 초등학교에서 재직 중인 한 교감선생님은 30년 전에 아파트를 취득해놓고 정작 한 번도 살아보지 못했다. 인사발령으로 여기저기 근무지가 바뀌다 보니 내 집에 입주를 못 해본 것이다. 마침내 그 아파트가 재건축이 진행되어 완공되었다. 그런데 너무 큰 평수가 배정되어 들어가서 살기가 부담스럽기도 하고, 지금 전세로 살고 있는 집이 산 근처라 공기도 좋아서 떠나는 것도 썩 내키지 않았다.

전 근무지에서 취득한 아파트가 한 채 있는데 임대주택으로 등록해두면 나중에 내 집을 팔 때 세금 혜택이 있다고 해서 구청과 세무서에 사업자로 등록을 마쳤다. 마침 전세로 살고 있는 아파트를 주인이 팔았으면 한다고 해서 한 교감은 재건축아파트를 팔아 그 집을 사기로 했다.

재건축아파트 정문에 있는 부동산을 들렀더니, 한 교감이 소유한 아파트는 인기가 좋아 매물로 내놓으면 바로 팔릴 것이라고 친절하게 안내해주었다. 며칠이 지나자 평형, 향, 층수를 모두 맘에 들어하는 매수인을 찾았다고 연락이 왔다. 세입자가 자신들의 이사날짜와 잘 맞아서 주변시세보다 1천만 원가량 더 주겠다며 바로 계약을 희망한다고 만나보기를 권했다. 부동산 중개업소에 들렀더니 매수자가 와 있었다. 계약금까지 준비를 해온 상태였다.

한 교감은 아무리 급해도 일단 양도소득세를 알아본 후 계약은 하루 이틀 뒤에 했으면 했다. 그러자 중개업소 대표는 임대주택으로 등록했다면 주택수에서 제외되므로 양도하는 주택은 비과세를 받는 데 문제가 없다고 자신 있게 말했다. 옆 사무실에서 놀러 온 중개사마저 지난번에 자기 고객도 장기임대주택으로 사업자등록을 한 주택을 보유한 상태에서 양도했는데 비과세를 받았다고 거들었다. 매수자마저 세금 강연에 몇 번 참가했는데 똑같은 얘기를 들었다는 것이다. 한 교감 역시 임대주택은 사업자등록을 하고 5년이 지나면 비과세를 받을 수 있다고 알고 있던 터라 나머지 세 사람이 괜찮다고 하는 바람에 결국 그날 매매계약서를 작성했다.

본인도 계약금을 받은 상태라 사는 집 취득계약을 바로 해버렸다. 조금 불안하기는 했지만 다 잘된 일이라고 생각하고 계약대로 진행하였다. 본인 아파트는 소유권을 넘겨주고 살고 있는 아파트는 소유권을 넘겨받아 매매를 완결한 것이다.

언젠가 TV에서 방영한 이색적인 실험과정을 시청한 기억이 아직도 또렷이 남아 있다. 어떤 목적으로 무슨 실험을 한 것인지 구체적으로 생각나지 않지만 상황은 이랬다. 횡단보도에서 신호를 기다리면서 한 사람이 하늘을 쳐다보면 같이 서 있는 사람들 중 10~20%가 똑같이 하늘을 쳐다본다는 것이다. 먼저 온 두 사람이 하늘을 쳐다보면 절반 이상이 하늘을 보고, 먼저 온 세 사람이 하늘을 쳐다보고 있으면 뒤에 오는 대부분의 사람들이 하늘을 쳐다본다는 실험이었다. 한 교감을 만나 얘기를 듣는 순간, 까맣게 잊고 있던 그 실험이 번개처럼 뇌리를 스쳤다.

한 교감은 그날 밤 계약을 하지 않을 수 없었을 것이다. 한 사람도 아니고 두 사람도 아니고, 세 사람이나 똑같이 임대주택으로 등록을 마쳤으면 양도하는 주택은 비과세를 받는 데 아무 문제가 없다는데! 세 사람의 공통된 의견은 약간의 의심을 신념으로 바꾸기에 충분했으리라.

한 교감은 재건축한 아파트를 사서 한 번도 입주해 살아본 적이 없었다. 5년 이상 장기주택임대사업을 하고 임대사업자로 구청과 세무서에 등록되어 있더라도 **"양도하는 주택은 2년 이상 거주했어야 비과세"**를 받을 수 있는데 그날 세 분은 공교롭게도 거주요건에 대해서는 몰랐던 것이다. 이 규정은 장기임대주택 비과세 특례를 적용할 때 전문가들도 자주 놓치는 함정 같은 규정이다.

한 교감이 세 사람에게 그런 얘기를 했으면 책임을 져야 할 것 아니냐고 따졌더니 세 사람이 똑같이, 옆에서 하는 얘기는 참고사항이고 본인 책임하에 잘 알아봤어야 하는 것 아니냐고, 오히려 속 뒤집어놓는 소리만 하더란다. 한 교감이 고지를 받은 양도소득세는 무려 2억2천만 원이었다!

선무당이 사람 잡는다

1세대1주택 비과세 규정과 관련하여 특례주택에 관한 규정이나 감면에 관한 규정은 입법취지에 맞추다 보니 요건들이 까다롭다. 비전문가들이 그러한 규정까지 꼼꼼히 알기는 쉽지 않다. 경우에 따라서는 그러한 특례규정이 차라리 없었더라면 오히려 비과세를 받을 수 있는데 그 특례규정에 해당되는 줄 알고 요건을 소홀히 검토했다가 황당한 과세를 받는 경우가 많아서 안타깝다. 국민들이 함정에 빠지지 않게 단순하게 세법규정을 만들었으면 하는 아쉬움이 있다.

우리 속담에 선무당이 사람 잡는다는 것이 있다. 한 교감선생님 사례가 그 속담에 딱 맞는 경우일 것이다. 정말 어설프게 아는 사람들의 조언을 들었다가 낭패를 보는 경우가 많으므로 반드시 전문가의 도움을 받기를 거듭거듭 당부드린다.

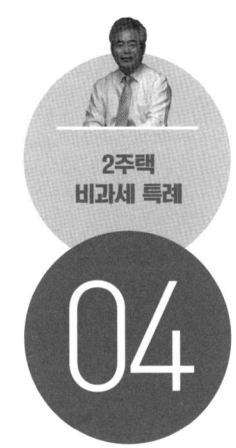

비과세특례 중복적용 04

상속으로 인한 1세대2주택 특례,
대체취득을 위한 일시적 1세대2주택 특례

적용사례 52

1세대1주택 비과세 특례규정을 중복하여 적용할 수 있을까?

이효자 씨는 10년 전부터 살고 있던 집을 처분하고 새로운 집으로 이사하려고 알아보던 중이었다. 신주택을 취득한 후 3년 이내에 종전주택을 양도하는 경우에도 1세대1주택 비과세를 받을 수 있다는 말을 듣고 신주택을 구입하였다. 그로부터 1년이 지난 후, 어머니께서 돌아가시면서 어머니 소유의 주택을 상속받게 되었고, 본의 아니게 이효자 씨는 당초 계획과 달리 1세대3주택자가 되었다. 이효자 씨는 일시적 1세대2주택 특례와 상속주택 특례를 동시에 적용받을 수는 없을까?

양도일 현재 국내에서 2년 이상 보유한, 고가주택이 아닌 1세대1주택의 양도에 대해서는 양도소득세를 과세하지 않는다. 이 세법의 취지는 1세대가 국내에서 소유하는 1개의 주택을 양도하는 것이 투기목적으로 보유하다 양도하는 것이 아니라면, 그 양도소득에 대하여 소득세를 부과하지 아니함으로써 국민의 주거생활 안정과 거주이전의 자유를 보장하고자 함이다.

그런데 대체취득, 상속 등으로 인해 부득이하게 2주택을 소유하게 되는 경우 1세대1주택 비과세를 적용하지 않는다면 당초 비과세 취지에 부합하지 않는 불합리가 발생하므로, 소득세법에서는 조건을 갖추어 양도하는 경우 1세대1주택으로 보아 양도소득세를 비과세하는 특례규정을 두고 있다.

다만, 이효자 씨의 사례처럼 상속으로 인한 1세대2주택 비과세특례와 대체취득을 위한 일시적 1세대2주택 비과세특례를 중복하여 적용하는 것은 문제가 될 수 있다. 현행 세법에서는 감면규정에는 중복적용을 배제하는 별도규정을 두고 있지만, 2주택 비과세 특례규정에 대해서는 중복적용을 배제한다는 별도규정을 두고 있지 않다.

따라서 일시적 1세대2주택자가 상속으로 인하여 3주택자가 되었더라도 각각의 특례요건을 갖추었다면 중복적용도 가능하다.

국세청의 중복 비과세특례 적용 예시

집행기준 89-155-27 일시적 1세대3주택 비과세특례 적용 사례

유 형	비과세특례 적용 요건
일반주택(A) + 상속주택(B) + 다른 주택(C)	C주택 취득일부터 3년 이내 양도하는 A주택
일시적 2주택(A, B) + 혼인합가주택(C) 또는 동거봉양 합가주택(C)	① B주택 취득일부터 3년 이내 양도하는 A주택 ② A주택 양도 후 합가일부터 5년 이내 양도하는 B주택 또는 C주택
혼인합가 2주택(A, B) 또는 동거봉양합가 2주택(A, B) + 다른 주택(C)	합가일부터 5년 이내 및 C주택 취득일부터 3년 이내 양도하는 A주택 또는 B주택

※ 동거봉양합가는 2018.1.1. 이후에는 10년으로 개정됨

 위 표와 같이 국세청에서는 상속으로 인한 1세대2주택 비과세특례와 대체취득을 위한 일시적 1세대2주택 비과세특례를 동시에 적용해주고 있다. 따라서 이효자 씨는 상속주택을 취득하여 1세대3주택자가 되었음에도 종전주택을 먼저 처분하는 경우 여전히 1세대1주택 비과세가 가능하다.

 한편, 비과세특례를 중복하여 적용할 때 상속주택의 취득시기와 신규주택의 취득시기 순서가 바뀌더라도 비과세특례는 동일하게 적용된다. 게다가 대체취득, 상속 등으로 취득하는 경우뿐만 아니라 혼인, 동거봉양 등으로 취득하는 경우에도 비과세특례를 중복하여 적용할 수 있다.

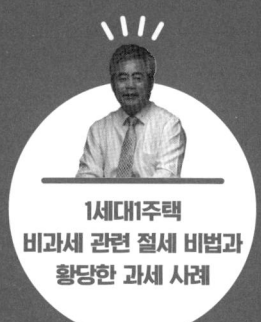

1세대1주택
비과세 관련 절세 비법과
황당한 과세 사례

10 주택 부수토지

주택의 부수토지라 함은, 주택이라는 건물이 정착되어 있는 면적뿐만 아니라 주거생활을 하는 데 필요한 공간 등으로서 주택과 경제적 일체를 이루고 있는 토지를 의미한다.

주택의 부수토지 범위는 담장이나 울타리 등으로 경계를 알 수 있는 경우에 그 경계의 범위 내에 있는 토지는 주택의 부수토지라고 할 수 있다. 울타리 등 특별한 경계가 없더라도 사회통념상 주거생활 공간으로 인정되는 토지는 주택의 부수토지로 본다. 주택의 부수토지는 주택 소유자에 따라 천차만별이다. 따라서 주택의 부수토지 전체를 비과세해주는 것은 불필요하게 과다한 부수토지까지 비과세되는 불합리한 점이 있어서 일정한 범위까지만 인정하고 있다.

비과세되는 1세대1주택의 부수토지 범위는 도시지역 안에 있는 주택은 건물 정착면적의 5배, 도시지역 밖에 있는 주택은 10배이다.

부수토지를 비과세받기 위해서는 먼저 그 지상에 있는 주택이 비과세 요건을 갖추어야 한다. 예를 들어 부수토지 소유기간이 30년이 넘었다고 해도 주택을 신축하여 보유한 기간이 2년이 안 되었다면 부수토지도 비과세를 받지 못한다. 주택 보유기간이 2년이 넘어 비과세를 받게 되면 부수토지에서 30년간 발생한 양도소득은 전체가 비과세를 받게 된다.

주택과 부수토지 소유자는 동일인은 아니더라도 동일세대여야 한다. 남편이 주택을 소유하고 토지를 아내가 소유한 경우는 동일세대로 인정해 주택이 비과세되면 부수토지도 비과세를 받는다. 주택은 아버지가 소유하고 토지는 아들이 소유한 경우로서 소유자가 세대를 각각 달리하면 주택은 비과세를 받을 수 있어도 토지는 주택의 부수토지에 해당되지 않아 비과세를 받지 못한다.

주택의 부수토지는 1세대1주택 비과세 규정을 적용하거나 비사업용토지를 적용하는 경우에는 도시지역 안은 5배, 밖은 10배의 범위만 주택의 부수토지로 보지만 다주택자 중과세 규정을 적용할 때는 부수토지 범위를 제한하지 않아 주택 부수토지 전체가 부수토지로 인정되어 중과세를 받는다.

주택의 정착면적은 건물의 수평투영(해당 건물의 그림자) 면적을 기준으로 하되, 지상 및 지하의 건물에 상관없이 전 층의 투영면적으로 한다.

도시지역으로 편입될 경우 비과세되는 부수토지가 절반으로 줄어든다

혁신도시로 지정되어 도시지역으로 편입된 사례

고향에서 3대째 살고 있는 김 노인은 대대로 농사만 짓고 살아왔다. 얼마 전에 혁신도시로 지정되더니 2년이 지나서 보상협의가 시작되었다. 농사짓던 농지는 물론 살고 있는 주택도 모두 수용대상이 되었다. 보상을 받은 후 세무사로부터 양도소득세 신고 안내를 받았는데, 비과세되는 주택은 양도소득세 신고를 안 해도 되지만 농지는 자경을 했더라도 감면신청을 해야 한다는 것이었다. 농지에 대해 신고를 했더니 다행히 감면세액이 1억 원을 넘지 않아 납부할 세금은 없었다.
3개월쯤 지나서 세무서로부터 주택에 대해서도 양도소득세를 신고하라고 안내문이 왔다. 집이 한 채밖에 없는데 왜 신고를 하라는지 세무서에 알아봤더니 부수토지 전체를 비과세 받을 수 없어서 그렇다는 것이었다.

김 노인이 살고 있는 주택과 부속사는 집, 헛간, 돼지우리를 다 합해도 40평 남짓 되었다. 부수토지는 울타리 안에 있는 마당, 장독대, 텃밭까지 하면 300평을 약간 넘었다. 원래 시골집들은 대부분 그 정도가 주택 부수토지로 사용되고 있고 김 노인이 특별히 넓게 사용한 것도 아니라서 문제없다고 판단했다. 농지에 대한 양도소득세를 신고해준 세무사는 현지 사정을 잘 알지 못해서 주택은 전체가 비과세되는 것으로 알고 있었다.

그런데 문제는 김 노인이 살고 있는 일대가 혁신도시로 지정되면서 도시지역으로 편입된 것이다. 주택의 부수토지로 비과세를 받는 범위는 도시지역 밖일 경우는 주택 정착면적의 10배지만 도시지역 안에서는 5배로 축소된다. 결국 김 노인의 주택도 도시지역으로 편입되는 바람에 5배밖에 비과세를 받지 못하게 된 것이다.

안수남의 절세 Tip

부수토지 면적이 넓은 단독주택은 서둘러 증축해야 한다

김 노인의 경우 사업인정고시가 되기 전에 주택을 증축했더라면 보유 및 거주 기간에 상관없이 1세대1주택으로 비과세를 받는다. 보상가액이 4억 원 정도라서 전체를 비과세 받을 수 있었던 것이다. 공익사업으로 수용이 예정된 지역에서는 주택증축을 허가해주지 않는다. 주택은 무허가로 증축하더라도 주택으로 인정받는다.

공동주택의 경우에는 부수토지가 비과세 범위를 초과하는 경우가 없지만, 단독주택은 부수토지 면적이 비과세 범위를 초과되는 경우가 의외로 많다. 특히 도시지역에서는 주택 정착면적의 5배까지만 비과세가 되므로 비과세 범위를 초과할 경우 미리미리 증축해야 한다. 고가주택의 경우 장기보유특별공제를 보유기간에 따라서 받으므로 주택 보유기간에 따라 세액 차이가 많이 나기 때문에 서둘러 증축할 필요가 있다.

특히 최근에는 산업단지나 택지개발을 위해 비도시지역이 도시지역으로 편입되는 경우가 많으므로, 개발예정지로 예상되는 지역의 주택들은 부수토지 면적이 비과세 범위를 초과하지 않는지 사전에 검토해볼 필요가 있다. 주택의 부수토지 범위는 양도일 현재 도시지역 안은 5배, 도시지역 밖은 10배의 배율을 적용한다.

클릭 Click

혁신도시

이전공공기관을 수용하여 기업·대학·연구소·공공기관 등의 기관이 서로 긴밀하게 협력할 수 있는 혁신여건과 수준 높은 주거·교육·문화 등의 정주환경을 갖추도록 '공공기관 지방 이전에 따른 혁신도시 건설 및 시원에 관한 특별법'에 따라 개발하는 미래형 도시를 말한다. 여기서 이전 공공기관은 '국가균형발전 특별법'에 따라 수도권에서 수도권이 아닌 지역으로 이전하는 공공기관 또는 국무회의 심의를 거쳐 혁신도시로 이전하는 중앙행정기관을 말한다.

혁신도시는 지방이전 공공기관과 지역 내 산·학·연·관 사이의 네트워킹을 통해 혁신을 창출하고 확산해 지역발전을 견인하는 지역거점으로서, 과거 일극(一極) 중심의 불균형 발전전략에 따른 수도권 집중을 해소하고 낙후된 지방경제를 지역 특화발전을 통해 활성화함으로써 국가경쟁력을 확보해야 하는 과제를 해결하기 위한 대안의 하나로, 정부는 2005년 이후 수도권에 소재하는 공공기관을 지방으로 이전하고 11개 광역시·도에 10개 혁신도시를 건설하는 지역발전정책을 추진 중이다.

혁신도시는 ▲지역발전을 선도하는 혁신거점도시 ▲지역별 테마를 가진 개성 있는 특성화도시 ▲누구나 살고 싶은 친환경 녹색도시 ▲학습과 창의적 교류가 활발한 교육·문화 도시 등 4가지 유형으로 건설되며 각각 시도별 지역산업과 연계해 지역별로 특색 있는 도시로 개발될 예정이다.

주택과 기타건물이 구분되어 있을경우 부수토지 면적 안분 방법

적용사례 54

무허가상가와 무허가주택이 함께 있는 대지의 양도소득세 5.5억 원을 절세한 사례

대학에서 정년퇴임한 남 교수는 부모로부터 남동생과 공동으로 상속받은 부동산을 처분하기로 했다. 25년 전에 상속받아 임대료 수입으로 여유 있게 생활해왔는데, 남동생이 사업이 힘들어지자 처분을 요구했다. 처분 전에 양도소득세를 미리 알아보라는 친구의 조언에 따라 상담을 받아보니 양도가액 30억 원에 양도소득세가 9억 원 가까이 되어서 깜짝 놀랐다.

200여 평의 대지에 상가건물 300평과 주택 60평이 있는데, 두 건물 모두 무허가로 지어서 그중 상가의 부수토지가 비사업용토지로 중과세되기 때문이란다. 남 교수는 여기저기 알아보다가 절세왕 세무사를 소개받았다. 절세왕 세무사는 상가와 주택이 각각 지어졌다고 해서 현장에 가보기로 했다. 현장을 확인하더니 절세방안을 마련했다면서 5.5억 원가량 절세될 수 있다고 하였다. 절세왕이 마련한 절세방안은 무엇일까?

30억 원에 처분한 부동산에 대해 양도소득세가 9억 원 가까이 나온다고 하면 일반인들은 쉽게 납득이 안 될 것이다. 사례의 경우 20년 전에 상속받았다면 취득가액이 기준시가로 평가되기 때문에 매우 적은 금액으로 계산된다. 더욱이 무허가 건물일 경우 주택은 사업용으로 인정되지만, 상가나 공장

은 비사업용토지에 해당되어 상가면적에 해당하는 대지는 중과세율을 적용받는다. 주택은 소유자가 모두 다른 주택이 있어서 비과세를 받지 못해 양도소득세가 예상보다 많이 나왔다.

일반적으로 한 필지 토지 지상에 주택과 상가 건물이 함께 있는 경우 건물연면적 비율로 부수토지를 구분 계산한다. 사례의 경우 상가의 부수토지는 200평×300/360=167평(83%)이고 주택의 부수토지는 200평×60/360=33(17%)평이 된다. 주택의 부수토지는 사업용으로, 상가의 부수토지는 비사업용토지로 산출된 양도소득세인 것이다.

상황이 이러니, 남 교수 동생도 9억 원이나 되는 양도소득세를 부담하면서 부동산을 처분할 수도 없어 이러지도 저러지도 못할 상황에 처했다.

절세왕 세무사가 마련한 절세방안은 무엇일까?

절세왕 세무사는 우선 두 사람이 소유한 주택을 먼저 양도 가능한지 검토했다. 동생은 사업자금으로 융자를 많이 받아서 곧 처분할 계획이라고 했다. 남 교수도 세금이 절세된다면 처분할 수 있다고 했다.

상속주택은 동일세대 간에 상속이 이루어진 경우가 아니면 거주자의 주택에서 제외되므로, 상속주택을 소유한 상태에서 양도하는 일반주택은 1주택에 해당되어 비과세를 받을 수 있다. 각자 소유한 주택을 먼저 처분해서 비과세를 받고 상속주택을 나중에 양도하면, 무허가주택이라 하더라도 1세대1주택으로 두 사람 모두 비과세를 받을 수 있게 된다.

절세왕 세무사는 다음 날 부동산의 현황이 궁금하여 항공촬영 사진과 인터넷 로드뷰를 살펴보았다. 번뜩 떠오르는 착안사항이 있어서 부동산 소재지로 출장을 갔다. 예상한 대로 도로변에 연접하여 상가가 정착되어 있고, 상가 우측 끝과 옆 건물 사이로 대문이 있어서 대문을 열고 들어가니 상가 뒤편에 주택이 있었다. 사례처럼 상가건물과 주택의 부수토지가 명확히 구분된 경우에는 건물연면적으로 부수토지를 안분하지 않는다. 실제 사용되는 면적대로 부수토지를 계산할 수 있고, 실제 사용한 면적은 한국국토정보공사(구 지적공사)에 현황측량을 의뢰해서 건물별 사용면적을 산정하면 된다.

사례의 경우 현황측량 결과 부수토지가 상가건물 35%, 주택 65%로 산정되었고 주택과 부수토지 전체는 9억 원을 초과하는 금액에 대해서만 양도소득세를 부담했다. 상가와 부수토지에 대해서는 중과세를 받고 주택은 1세대 1주택으로 비과세를 받아, 부담할 양도소득세는 약 3.5억 원이었다. 절세효과가 무려 5.5억 원이나 되었다.

건물이 별채로 있을 경우 실제 사용현황대로 부수토지를 계산한다

겸용주택의 경우 하나의 건물에 주택과 주택 이외의 건물이 함께 있을 경우 용도별 부수토지는 건물연면적에서 건물용도별 연면적이 차지하는 비율대로 계산한다. 그러나 주택건물과 기타건물이 별채로 따로따로 있는 경우에는 실제 사용한 면적대로 계산한다. 실제사용면적이 불분명한 경우에는 용도별 건물연면적으로 계산한다. 따라서 건물이 별채로 있을 경우에는 실제 용도대로 현황측량을 해서 부수토지를 판정하는 것이 유리할 수 있다.

부모 소유 토지에 자녀 명의로 건물을 신축할 때 실익은?

적용사례 ⑤

주택은 베트남에서 거주하는 장남 소유, 토지는 그 주택에 살고 있는 아버지의 소유인 경우

박 노인은 소유한 다가구주택이 정비구역에서 해제되어 건축업자로부터 제안을 받았다. 근린생활시설과 주택을 신축하여 분양하거나 임대사업을 하라는 것이다. 바로 옆집도 이미 신축했고 앞집도 연말에 착공이 들어간다고 한다.

이참에 주변 토지와 함께 신축하지 않으면 공사여건이 여의치 않아 신축도 어려울 뿐 아니라 살 사람도 없어서 제값 받기가 쉽지 않을 것 같았다. 그러나 건축을 평생 한 번도 안 해봤고 나이도 80세가 넘은 박 노인이 건축을 한다는 것은 불가능하다고 판단하여 시세만 맞으면 처분하기로 했다. 시세를 알아봤더니 37억 원 정도는 받을 수 있어서 매매가격에는 문제가 없었으나 양도소득세를 알아보고 깜짝 놀랐다. 임대관리를 해주던 세무사에게 2년 전에 물어보았을 때는 35억 원에 양도할 경우 양도소득세가 2억 원 정도 나온다고 했다. 그런데 이번에 다시 알아보니 7억 원 정도라고 한 것이다.

왜 2년 전과 거래가액은 2억 원밖에 차이가 나지 않는데 세금은 5억 원이나 늘어났을까?

2년 전에 양도소득세를 계산할 때는, 세무사에게 주택을 30년 전에 구입했고 25년 전에 다가구를 지어서 35억 원에 양도하는데 양도소득세가 얼마나 나오는지 알아본 것이다. 당시 세무사는 당연히 주택이 한 채밖에 없다고 하니까 1세대1주택이라 비과세되는 것으로 양도소득세를 계산한 것이다.

그런데 박 노인은 단독주택을 헐고 다가구를 신축하면서 건물 소유자를 장남 명의로 등기를 해두었다. 왜 그렇게 했는지는 정확하게 기억이 나진 않지만 세금에서 여러 가지 혜택이 있다고 들은 기억이 날 뿐이다.

그런데 장남은 10여 년 전에 결혼해서 두 자녀를 두었고, 지금은 베트남에 있는 해외지사에서 5년 이상 근무하고 있는 상태다. 2년이 지나야 귀국할 수 있다고 한다.

1세대1주택 비과세 규정은 주택과 부수토지를 동일인이 소유할 필요는 없지만 동일세대가 소유해야 주택과 부수토지를 함께 비과세 받을 수 있다. 그런데 박 노인은 장남과 동일세대가 아니므로, 장남이 소유한 주택은 비과세를 받을 수 있지만, 박 노인이 소유한 토지는 주택의 부수토지로 인정받지 못해 비과세를 받지 못하게 된 것이다.

수익용 상가는 실익이 있으나 주택은 실익이 없다

수익용 상가는 부모 소유 토지에 자녀들 명의로 건물을 지어 공동으로 소유하는 경우가 있다. 토지까지 자녀에게 증여하기에는 증여세 부담이 너무 크므로 건물을 신축해서 임대수익을 자녀들에게 귀속시키기 위해 건물을 자녀들 소유로 하는 것이다. 건물에서 발생하는 수익은 자녀들의 자금출처로 사용되기도 하고, 부모 소유 토지를 지분으로 매수하는 자금으로도 사용한다. 수익용 부동산은 부모의 토지에 자녀명의로 건물을 소유할 수 있는 실익이 있지만, 주택은 대부분 실익이 없다.

박 노인의 경우, 지금이라도 장남이 주택을 아버지와 어머니에게 증여해서 토지와 주택을 동일세대 소유로 하고 2년 이상 보유하면, 비과세되는 고가주택에 해당되어 양도소득세를 2억 원 정도 절세할 수도 있겠다.

1세대1주택
비과세 관련 절세 비법과
황당한 과세 사례

11 보유 및 거주 기간, 추가사항

01 보유 및 거주기간

처음 건물이 양도소득세 과세대상에 포함되었을 때 주택에 대해서는 보유기간에 상관없이 모두 비과세를 해주었다. 1970년대 말부터 주택 수요가 늘어나고 가격이 급등하자 주택경기 안정을 위해 보유 요건이 도입되었다. 이후 부동산경기 조절에 비과세 규정이 활용되었다. 즉, 주택경기가 과열될 때는 투기규제를 위해 보유기간을 연장하고 거주기간을 추가하거나 연장하였다. 이와 반대로 주택경기가 부진할 때는 주택경기 활성화를 위해 보유기간을 단축하고 거주요건을 폐지하거나 축소하였다.

2017년 8 · 2부동산대책에서 조정대상지역에 한하여 거주 요건을 추가한 것도 주택경기가 과열되고 있어서 투기수요를 억제하기 위한 것이다.

비과세 요건 중 주택보유 요건은 1996년 이후 3년 보유 요건이 유지되다가 2012.6.29.부터 2년으로 단축되었다. 거주 요건도 서울과 과천, 그리고 수도권에 있는 5대 신도시에 대해서만 2년 이상 거주 요건이 있었으나 2011.6.3.에 삭제되었다. 거주 요건이 삭제되거나 보유 요건이 단축된 시기는 부동산경기, 특히 주택경기가 부진한 시기임을 알 수 있다.

현재는 아래 조정대상지역에 있는 주택을 2017.8.3. 이후에 취득할 경우 보유 요건 2년에다 거주 요건 2년을 충족해야 비과세를 받을 수 있다.(2017.8.2. 이전에 무주택 세대가 조정대상지역 내 주택에 대해 분양 등 매매계약 체결 및 계약금을 지급한 경우 예외) 다만 거주자가 조정대상지역의 공고가 있는 날(2017.8.2.) 이전에 매매계약을 체결하고 계약금을 지급한 사실이 증빙서류에 의하여 확인되는 경우로서, 해당 거주자가 속한 1세대가 계약금 지급일 현재 주택을 보유하지 않은 경우에는 거주 요건을 적용하지 않는다.

또한 거주자가 해당 주택을 임대하기 위하여 「민간임대주택법」에 따른 임대사업자등록을 하고 세무서에 사업자등록을 한 후 의무임대기간을 준수한 경우에는 거주요건의 제한을 받지 않는다.

클릭 Click

조정대상지역(40개 지역)

- 서울시 : 전 지역(25개 구)
- 경기도(7개 시군) : 과천시, 광명시, 성남시, 고양시, 남양주시, 하남시, 화성시(반송동, 석우동, 동탄면 금곡리·목리·방교리·산척리·송리·신리·영천리·오산리·장지리·중리·청계리 일원에 지정된 택지개발지구로 한정)
- 부산광역시(7개 구) : 해운대구, 연제구, 동래구, 남구, 부산진구, 수영구, 기장군
- 세종시

보유기간 2년을 충족하지 못해도 비과세를 받는 경우가 있다

적용사례 56

아버지로부터 증여받은 주택이 1년도 안 되어 공용주차장으로 협의매수된 경우

관변단체 지회장을 맡고 있는 최 지회장은 아버지로부터 주택을 증여받았는데, 이 주택이 1년도 채 지나지 않아 OO시로부터 공용주차장 부지로 수용되었다. OO시에서 동굴을 관광지로 개발하여 홍보했는데 주말마다 밀려드는 관광객으로 주차장이 부족해서 주변 일대가 교통체증이 이만저만이 아니었다. 급하게 공용주차장을 추가로 마련해야 하니 사정을 잘 아는 최 지회장이 앞장서달라는 시장의 간곡한 부탁도 있어서, 보상통지를 받자마자 바로 협의를 했다.

보상금액은 6억 원 정도로 주변시세보다 높게 나와 불만이 없었으나 양도소득세 때문에 걱정이었다. 양도소득세가 얼마나 나오는지 인터넷을 통해 이것저것 알아보니, 증여받은 부동산의 취득가액은 증여 당시 평가액으로 계산한다고 했다. 최 지회장이 증여를 받을 때 평가액은 보상가액의 절반도 안 되는 2억8천만 원 정도였다.

국세청 홈택스에 들어가서 대충 양도소득세를 계산해보니 지방소득세까지 포함해 1억3천만 원도 훨씬 넘었다. 더구나 보상을 2달만 더 늦게 받았어도 세율이 누진세율로 되어 양도소득세가 2천8백만 원이나 줄어드는데 앞뒤 생각 없이 보상부터 받은 것도 후회되었다. 이미 보상을 받은 이상 양도소득세를 신고할 수밖에 없어서 절세왕 세무사를 찾아갔다. 놀랍게도 절세왕 세무사는 OO시에 전화해보더니 양도소득세를 안 내도 된다고 했다. OO시에 가서 수용사실확인서를 발급받아 오면 비과세로 처리해주겠다고 해서 가슴을 쓸어내렸다.

최 지회장이 취득한 주택이 1년도 넘기지 못하고 공익사업으로 수용되었다. 아버지로부터 증여받은 주택이라 보유기간 계산을 수증일로부터 하다 보니 1년도 채 안 되었다.

최 지회장은 나름 ○○시의 현안을 해결하는 데 앞장서주었는데 양도소득세가 그렇게 가혹하게 과세되자 공용주차장 개설담당 사업부서 책임자에게 따졌다. 시에서 수용할 때는 양도소득세가 어떻게 되는지 기본적인 절세대책을 안내해줬어야 했다고 항의해보았다. 하지만 보상업무를 담당하는 공무원은 그런 안내는 자신들의 소관업무가 아니라고 기계적으로 말할 뿐, 아무도 사과하거나 미안해하지 않아 더 속상했다.

양도소득세를 신고하러 갔다가 뜻밖에도 비과세 받을 수 있는 길이 있다고 해서 일단락되었지만, 최 지회장은 지금도 양도소득세 소리만 들으면 그 당시 악몽이 떠오른다.

1세대1주택 비과세 규정 중 보유기간은 주택에 대한 투기수요를 어느 정도 차단하기 위해 도입된 비과세 요건이다. 즉, 최소한의 보유기간을 충족해야만 비과세를 해주겠다는 취지다. 비과세 요건에 보유기간이 없을 때는 주택을 사고파는 기한 제한이 없다 보니 투기의 온상이 되었다. 그래서 보유기간이 비과세 요건으로 도입된 것이고, 현재는 원칙적으로 2년(2017.8.3. 이후 조정대상지역 소재 주택 취득자는 거주 요건 2년도 동시 충족요건임)을 소유한 1주택자에 한하여 비과세를 해주고 있다.

그러나 최 지회장처럼 부득이하게 2년 보유요건을 채울 수 없는 경우에는 예외적으로 비과세를 해준다. 주택과 그 부수토지가 공익사업으로 협의매수 또는 수용되는 경우에도 예외적으로 보유 및 거주 기간에 상관없이 비과세를 받을 수 있다. 다만 사업인정고시일 이전에 취득한 주택과 그 부수토지에 한한다.

보유 및 거주기간 제한을 받지 않고 비과세되는 경우

① 민간건설임대주택 또는 공공건설임대주택을 취득하여 양도하는 경우로서 임차일로부터 해당주택의 양도일까지 거주한 기간이 5년 이상인 경우

② 해외이주법에 따른 해외이주로 세대 전원이 출국하는 경우. 다만, 출국일 현재 1주택을 보유하고 있는 경우로서 출국일로부터 2년 이내에 양도하는 경우에 한한다.

③ 1년 이상 계속하여 국외거주를 필요로 하는 취학 또는 근무상의 형편으로 세대 전원이 출국하는 경우. 다만, 출국일 현재 1주택을 보유하고 있는 경우로서 출국일로부터 2년 이내에 양도하는 경우에 한한다.

④ 1년 이상 거주한 주택을 취학, 근무상의 형편, 질병의 요양 등으로 부득이하게 양도한 경우

거주기간 제한을 받지 않고 비과세되는 경우

2017년 8월 3일 이후 양도하는 주택은 2년 이상 보유 및 거주하여야 비과세된다. 다만, 다음의 경우에는 거주요건의 제한을 받지 않는다.

① 거주자가 해당 주택을 임대하기 위하여 법 제168조 제1항에 따른 등록과 「민간임대주택에 관한 특별법」 제5조에 따른 임대사업자등록을 한 경우. (단, 「민간임대주택에 관한 특별법」 제43조를 위반하여 임대의무기간 중에 해당 주택을 양

도하는 경우는 제외함.)

따라서, 민간임대주택에 관한 특별법에 따른 임대사업자는 규모나 가액 기준의 적용을 받지 아니한다. 단기민간임대주택으로 등록하여 의무기간 4년 이상만 임대를 하였더라도 2년 이상 거주요건을 충족한 것으로 본다.

② 거주자가 조정대상지역의 공고가 있는 날 이전에 매매계약을 체결하고 계약금을 지급한 사실이 증빙서류에 의하여 확인되는 경우로서 해당 거주자가 속한 1세대가 계약금 지급일 현재 주택을 보유하지 아니하는 경우

주택의 부수토지만 분할해 수용되는 경우는 비과세 못 받는다

주택의 부수토지만 분할하여 수용되는 경우에는 비과세를 받지 못한다. 반드시 주택과 함께 부수토지가 공익사업에 협의매수되어야 한다. 주택 및 그 부수토지의 일부가 공익사업법에 의해 협의매수되고 일부는 협의매수에서 제외되는 경우에도 비과세 특례에 의해 추가로 비과세를 받을 수 있다. 즉, 일부 수용되고 남은 잔존토지 및 잔존주택은 수용일로부터 5년 이내에 양도하는 경우 비과세를 받을 수 있다.

주택의 부수토지를 공익사업으로 선양도하는 경우에는 비과세가 배제되는데, 주택이 수용되면서 남은 잔존토지는 추가로 별도 양도하는 경우 비과세를 해주는 특례는 형평성이 안 맞는다고 생각할 수 있다. 하지만 항상 1주택의 비과세 규정은 주택의 양도와 수반되는 토지를 부수해서 비과세를 해주기 때문에, 비과세 요건을 충족했더라도 부수토지만 선양도하는 경우에는 공익사업으로 협의매수되더라도 비과세가 적용되지 않는다.

02 1세대1주택 비과세 규정에서 가장 많은 질문

1세대1주택 비과세 규정과 관련하여 가장 많이 질문하는 사항들을 정리해 보자.

1세대1주택 비과세되는 주택도 양도소득세를 신고해야 하나요?

1세대1주택 비과세대상 주택에 대해서는 양도소득세를 자진신고할 필요는 없다. 일단 관할세무서에서 양도자의 인적사항을 파악한 후 국세청 전산망을 통해 현재 보유하고 있는 주택수를 파악한다. 그리고 세대원과 소유한 주택수를 판정하여 전산상으로 비과세 요건이 확인되는 경우에는 비과세 처리를 한다. 일단 감면대상주택이나 장기임대주택, 상속주택이나 문화재주택 등과 같이 특례주택에 해당될 경우에는 납세자로부터 소명자료를 받아 처리한다. 따라서 비과세대상주택이라고 세무서에 미리 신고할 필요가 없고, 양도소득세 신고기한이 지나서 나중에 비과세 관련 자료를 제출했다고 하더라도 불이익은 없다.

1세대2주택자가 1주택을 양도하고 남은 1주택을 언제 양도해야 비과세를 받나요?

1세대1주택 비과세의 판정은 양도 당시의 시점을 기준으로 하므로 1주택을 양도한 다음 바로 남은 주택을 양도하더라도 1세대1주택이라면 비과세를 받을 수 있다. 즉, 1주택으로 다시 2년 이상 보유할 필요가 없다. 만일 동일 날짜에 A와 B, 두 채의 주택을 동시에 양도하는 경우 A와 B 주택 중 비과세 주택을 납세자가 선택할 수 있다.

2주택을 보유한 상태에서 '어떤 주택을 비과세 받는 것이 유리한지' 고려해 양도 순서를 정하여야 한다.

1세대2주택을 보유한 상태에서 세대를 분리하는 경우 세대분리 후 2년 보유 요건을 충족해야 하나요?

1세대1주택의 보유기간을 계산할 때 오로지 1주택의 보유기간만을 의미하지는 않는다. 즉, 1주택 보유기간 중에 타 주택을 취득하여 양도하는 경우에도 양도일 현재 비과세 대상이 되는 당해주택의 전체 보유기간을 계산하는 것이다. 따라서 2주택을 보유하던 중 1개 주택을 먼저 양도한 후 2년간 보유할 필요 없이 양도 직후 남은 주택을 바로 팔더라도 '전체 보유기간이 2년 이상이라면' 1세대1주택 비과세를 받을 수 있다.

1세대2주택자가 그중 1주택을 용도변경한 경우 소유주택을 언제 양도해야 비과세를 받을 수 있나요?

1주택과 겸용주택 1채를 보유한 경우, 겸용주택에 있는 주택을 사무실로 용도변경한 다음 1주택을 양도하는 경우에는 용도변경 후 2년 이상 보유할 필요 없이 즉시 양도해도 비과세 받을 수 있다.

1세대1주택으로 비과세 받는 방법

- 조세특례제한법상 특례주택 해당 여부 검토
- 소득세법상 2주택 비과세 특례 검토
- 독립세대 구성 요건이 되는 가족에게 양도나 증여 검토
- 단독주택 중 주택으로 가치가 없는 건물 사전 멸실 검토
- 겸용주택에서 주택을 다른 용도로 용도변경 검토
- 장기임대주택 등록 가능 여부 검토
- 양도차익이 적은 주택 선양도

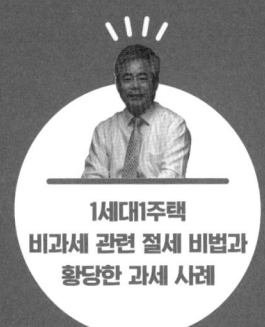

1세대1주택
비과세 관련 절세 비법과
황당한 과세 사례

12 조세특례제한법상 감면대상 주택

조세특례제한법은 무분별하게 이루어지는 조세감면 또는 중과 등 조세특례를 규제하기 위해 특별히 제정된 세법이다. 따라서 대부분 규정들은 적용시한을 두고 한시법으로 운용되고 있다.

주택에 대한 감면 규정은 통상 조세지원을 통해 주택의 수요를 유발하기 위해 마련된 규정들이다. 대별해서 보면 장기임대주택을 지원하기 위한 규정, 미분양주택 해소를 위한 규정, 주택공급 확대를 위한 신축주택과 농어촌주택의 세제지원 규정이 있다.

이 감면 규정들은 당해 주택에 대해 세제지원을 받는 것도 중요하지만, 대부분의 감면대상 주택은 1세대1주택 비과세 규정을 적용할 때 거주자의 주택 수에 포함되지 않는 특혜도 있다. 또한 대부분의 감면대상 주택은 다주택자에 대한 중과세 규정을 적용할 때도 중과세가 배제된다. 이러한 두 가지 특혜가 추가되기 때문에 비과세 규정이나 중과세 규정을 적용할 때 감면대상 주택을 모르면, 법으로 보장해주는 혜택을 반쪽만 적용받는 결과를 초래한다.

비전문가들이 조세특례제한법상 감면대상 주택에 해당하는지 여부를 정확히 판정하기는 쉽지 않다. 따라서 감면대상 기간에 취득한 주택에 해당하는지만 알고 있어도 전문가에게 구체적인 판단을 요청해서 도움을 받는 것이 세법상 특혜를 놓치지 않는 방법이다.

주택에 대한 감면 규정에서는 장기임대주택에 대한 감면 규정이 가장 먼저 도입되었다. 이는 국민주택규모 이하의 주택 5호 이상을 5년 이상 임대를 준 경우 양도소득세를 감면해준 규정으로 2000.12.31.까지 한시적으로 시행되었다. 이어서 외환위기 때는 2호 이상을 5년 이상 임대하면 양도소득세를

100% 면제해주는 규정이 신설되어 2001.12.31.까지 시행되었다.

2002년부터 2013년까지는 장기임대주택에 대한 감면 규정이 시행되지 않았다.

2013년에 기존 임대주택법이 폐지되고 민간임대주택에 관한 특별법으로 대체되면서 임대주택에 대한 세제지원책이 추가로 마련되었다. 6년 이상 장기임대주택에 대해 장기보유특별공제를 최대 10%까지 추가해주는 규정이 신설되었다. 이어 준공공임대주택에 대해서도 장기보유특별공제를 최대 40%까지 추가해주는 규정이 신설되었다. 이 두 규정은 모두 적용시한을 두고 있지 않아 항구적으로 적용된다.

준공공임대주택에 대해서는 특별히 장기보유특별공제를 8년 이상은 50%, 10년 이상은 70% 해주고 있음에도 준공공임대사업자가 활성화되지 않았다. 준공공임대사업 활성화를 위해 별도로 10년 이상 임대한 준공공임대주택에 대해서는 양도소득세를 100% 감면(감면세액의 20%는 농어촌특별세를 과세함)해주는 규정이 2015년 도입되었다. 이 규정은 2017.12.31.까지만 한시적으로 시행될 예정이었으나 2017년도 8·2부동산대책이 발표되면서 다주택자 중과세에 대한 출구대책으로 적용시한이 2020.12.31.까지로 연장되었다.

미분양주택에 대한 감면 규정은 1990년 후반에 불어닥친 외환위기 때 도입되었다. 대부분이 미분양주택의 적체를 해소하기 위해 도입된 세제지원책이다. 따라서 적용기간이 매우 짧으며 통상 서울과 수도권을 제외하고 주로 지방에 대한 세제지원책이 마련되었다.

단순히 미분양된 주택에만 한정하여 감면 규정이 적용되는 것이 아니라 같은 기간에 신축된 주택도 감면대상에 포함해준 경우도 있다. 대부분 건설업체가 신규로 분양한 아파트 중 미분양주택을 감면대상주택으로 삼았다. 특히 2013.4.1.~2013.12.31. 기간에는 기존주택 소유자 중 1세대1주택 보유자들의 거래를 활성화하기 위해 동 주택을 취득한 주택에 대해서도 특례를 적용해주는 특별한 규정(조특법 99조의2)도 시행되었다. 미분양주택에 대한 조세특례제한법상 감면규정은 총 8회에 걸쳐 시행되었다.

한편, 1990년대 말 외환위기로 주택경기가 극도로 위축되자 주택신축을 장려하고 건설업체 신규분양 주택의 수요를 늘리기 위해 신축주택에 대한 감면 규정이 신설되었고 2회에 걸쳐 시행되었다.(조특법 99조와 99조의3)

농어촌주택 거래 활성화를 위해 수도권 지역 이외의 농어촌에 소재하는 주택에 대해 비과세 규정을 적용할 때 거주자의 주택에서 제외되는 특례규정이 신설(조특법 99조의4)되어 2003.8.21. 이후 시행되고 있다. 이 규정은 지방 소도시에 소재한 주택에도 혜택을 주기 위해 2009.1.1.부터는 고향주택을 추가하였다.

일반적으로 다른 감면대상주택은 당해주택을 양도하는 경우 양도소득세를 감면받거나 공제액을 추가해, 부담하는 세액을 줄여주기 위한 규정이 적용된다. 그래서 추가로 다른 혜택들이 있는 데 반해, 조세특례제한법 제99조의4 농어촌주택 규정은 오로지 1세대1주택 비과세 규정을 적용할 때 거주자의 주택에서 제외하기 위해 신설된 규정이다.

조세특례제한법상 감면대상주택 관련규정은 감면대상기간, 감면대상주택, 대상지역, 대상주택의 규모나 가액 요건, 감면 내용, 행정사항 등이 각각 다르므로 구체적인 사항은 개별규정을 잘 살펴보아야 한다.

2000년 12월 31일 이전에 임대한 다가구주택에 절세비밀이 숨어 있다

적용사례 ㉗

엄청나게 오른 가로수길 다가구주택의 절세비밀

박임대 씨는 직장생활을 하면서 착실하게 모은 돈으로 2000년 11월 신사동의 다가구주택을 구입, 계속 임대하다가 2016년에 처분하게 되었다. 구입 당시에는 주변이 주택가라서 다른 지역과 집값이 비슷했으나 일대가 가로수길로 유명해지면서 주택가격이 상상할 수 없이 올랐다.

양도차익이 많아서 양도소득세가 많이 나올 거라고 짐작은 했지만 집 근처의 세무사를 찾아가 문의해본 결과, 예상했던 것보다 훨씬 큰 금액에 깜짝 놀라지 않을 수 없었다. 양도세를 줄일 방법이 없을까 여기저기 알아보던 중 양도세 분야에서 가장 유명하다는 절세왕 세무사의 도움을 받기로 했다. 상담결과 다른 세무사가 말한 세금의 3분의 1 정도만 내도 된다고 해서 깜짝 놀랐다.

박임대 씨의 다가구주택에는 어떤 절세비밀이 숨어 있었을까?

조세특례제한법은 조세정책 목적으로 세금을 깎아주거나 면제해주는 규정을 두고 있다. 주택은 수요에 비해 공급이 늘 부족해서 정부는 주택공급을 확대하기 위한 여러 제도를 도입했다. 그중 하나가 국민주택규모 이하의 주택을 5호 이상 임대한 경우 양도소득세를 감면해주었던 규정이다. 그런데 너무 오래전에 시행되었던 규정이라 일반인들은 알기가 어렵다. 세무사마저 이런 규정이 지금도 적용되는지 잘 알지 못하는 경우가 대부분이다. 당시 감면 규정을 보면 '1986년 1월 1일부터 2000년 12월 31일까지의 기간 중 신축된 주택'으로서 '국민주택규모'의 주택을 '2000년 12월 31일 이전에 5호 이상 임대를 개시하여 5년 이상 임대'하고 양도하는 경우에는 양도소득세를 감면받을 수 있다.

이 규정은 유일하게 임대주택법에 의해 임대사업자등록을 하지 않은 경우에도 적용된다. 주택을 5채 구입해서 임대사업자등록을 한 경우에는 감면대상이 된다는 사실을 알고 있기 때문에 문제가 없다. 다가구주택은 당시 임대주택법상 단독주택으로 인정되어 임대주택으로 등록할 수 없었다. 따라서 다가구주택을 2000.12.31. 이전에 구입하여 임대를 주었거나 신축해 임대를 준 경우 이 규정을 적용받을 수 있을지가 문제인데, 다가구주택은 조세특례제한법상 공동주택으로 인정되기 때문에 5호 이상을 임대했다면 감면대상이 된다.

특별히 검토할 사항은 1986.1.1. 이후 신축된 주택에 한하여 적용된다는 점이다. 신축 후에 그 주택을 입주하여 거주했더라도 상관없다.

사례의 박임대 씨의 다가구주택은 총 8호인데, 운이 좋게도 2000년 12월

31일까지 5호가 임대 개시되어 장기임대주택 감면을 적용받을 수 있었고, 다가구주택 처분 시 해당 5호에 대한 양도소득세를 100% 감면받음에 따라 세금을 크게 줄일 수 있게 된 것이다.

안수남의 절세 Tip

임대주택 외의 용도로 사용하다가 양도하면 감면 규정을 적용받을 수 없다

- 기본적으로 장기임대주택과 관련한 감면 등 혜택을 받기 위해서는 임대사업자 등록을 해야 하나, 위에서 설명한 장기임대주택 감면은 임대사업자 등록을 할 필요가 없고 임대개시일로부터 3개월 이내에 관할세무서장에게 주택임대신고서를 제출하면 된다. 그러나 주택임대신고서를 3개월 이내에 제출하지 않았더라도 다른 사항(임대차계약서, 임차인의 전입신고 등)에 의해 임대사실이 확인되는 경우에는 감면을 받을 수 있다.
- 임대주택을 5년 이상 임대한 후 임대주택 외의 용도로 사용하다가 양도하는 경우에는 감면 규정을 적용받을 수 없으므로 주의해야 한다.
- 또한 상기 조세특례제한법 제97조에 의해 감면대상 장기임대주택에 해당되는 경우에는 거주자가 비과세 규정을 적용받을 때 거주자의 주택수에서 제외될 뿐 아니라 다주택자 중과세 규정을 적용할 때에도 중과세가 배제되는 특별한 주택이다.

조세특례제한법상 장기임대주택 관련규정

구분		장기임대주택 양도세 감면		신축임대주택 양도세 감면규정
		본문규정	단서규정	
근거법		조특법 97조	조특법 97조	조특법 97조의2
거주자 제한 여부		거주자에 한함	거주자에 한함	거주자에 한함
적용기한		2000.12.31.	2000.12.31.	2000.12.31.
민간임대주택특별법 적용 여부		적용대상 아님	적용대상	적용대상
건설/매입 구분		구분 없음	구분 없음	구분 없음
신축기간/취득기간		1986.1.1.~2000.12.31. (1985.12.31. 이전 신축된 입주사실이 없는 공동주택)	1995.1.1.~2000.12.31. (1994.12.31. 이전 신축된 입주사실이 없는 주택)	1999.8.20.~2001.12.31. (1999.8.19. 이전 신축된 입주사실이 없는 공동주택)
주택규모		국민주택규모 이하 (2배 이내 부수토지)	좌동	좌동
가액기준		없음	없음	없음
지역기준		없음	없음	없음
의무임대기간		5년 이상	5년 이상	5년 이상
임대호수		5호 이상	5호 이상	2호 이상 (신축 1호 이상 가능)
행정 요건	구청에 임대주택등록	요건 아님	요건임	요건임
	세무서에 사업자등록	요건 아님	요건 아님	요건 아님
임대개시기한		2000.12.31. 이전	2000.12.31. 이전	2001.12.31
감면 및 특례규정		5년 이상 : 50% 10년 이상 : 100%	5년 이상 : 100%	5년 이상 : 100% (신축주택에 한함)
기타특례		중과세 배제 / 비과세 적용 시 거주자의 주택수 제외	좌동	좌동

구분	준공공임대주택* 양도세 과세특례	준공공임대주택에 대한 양도세 감면	장기임대주택 양도세 과세특례
근거법	조특법 97조의3	조특법 97조의5	조특법 97조의4
거주자 제한 여부	거주자에 한함	거주자에 한함	제한 없음
적용기한	2014.1.1.~	2015.1.1.~2018.12.31	2014.1.1.~
민간임대주택특별법 적용 여부	적용대상 (준공공임대사업자)	적용대상 (준공공임대사업자)	적용대상
건설/매입구분	구분 없음	매입임대주택에 한함	구분 없음
신축기간/취득기간	없음	2018.12.31.까지 계약 체결하고 계약금을 납부한 경우	소득세법 시행령167의3에 따른 장기임대주택
주택규모	국민주택규모 이하	좌동	해당 없음 (대지 298㎡ 이하, 건물 149㎡ 이하)
가액기준	없음	없음	수도권 6억 원 기타 3억 원 (전국 6억 원)
지역기준	없음	없음	없음
의무임대기간	8년 이상	10년 이상	6년 이상
임대호수	1호 이상	1호 이상	1호 이상(2호 이상)
임대료 상한 요건	5% 상한	5% 상한	상한 없음
행정요건 – 구청에 임대주택등록	요건임	요건임 (취득일로부터 3개월 이내 준공공임대 등록)	요건임
행정요건 – 세무서에 사업자등록	요건임	요건임	요건임
임대개시기한		2015.1.1.~2018.12.31.	없음
감면 및 특례규정	8년 이상 : 장특공제 50% 10년 이상 : 장특공제 70%	임대기간 양도소득 100% 감면 (농특세 20% 납부)	6년 이상 추가 장특공제 2%, 10년 이상 최대 10%
기타특례	해당 없음	해당 없음	중과세 배제/비과세 적용 시 거주자의 주택수 제외 (단, 비과세 적용 시 양도하는 주택은 2년 이상 거주)

* 준공공임대주택은 2018.1.1. 이후 장기일반민간임대주택으로 용어 변경됨
※ 장기임대주택 양도세 과세특례에서 ( )은 건설임대주택임

조세특례제한법상 감면대상주택 : 미분양주택 관련규정

구분	미분양주택에 대한 과세특례	지방 미분양주택에 대한 양도세 과세특례	미분양취득자에 대한 양도세 과세특례	수도권 밖의 지역의 미분양주택 취득자에 대한 양도세 과세특례
근거법	조특법 98조	조특법 98조의2	조특법 98조의3	조특법 98조의5
거주자 제한 여부	거주자에 한함	제한 없음	제한 없음	제한 없음
적용대상 기간	95.11.1~97.12.31, 98.3.1~98.12.31.	08.11.3.~2010.12.31.	거주자 : 09.2.12.~10.2.11, 비거주자:09.3.16.~10.2.11.	2010.5.14..~2011.4.30.
대상 미분양주택	• 95.10.31. 현재 미분양주택 • 98.2.28. 현재 미분양주택	• 08.11.2. 현재 미분양주택 • 08.11.3. 신규분양주택	• 2009.2.11. 현재 미분양주택 • 2009.2.12. 이후 신규분양주택 • 20호 미만 주택건설사업자가 공급하는 주택	• 2010.2.11. 현재 미분양주택
자가신축주택 대상여부	해당 없음	해당 없음	2009.2.12.~2010.2.11. 기간 중 공사착공하고 사용승인을 받은 주택	해당 없음
대상 제외 요건	입주사실이 있는 주택	사업주체와 최초로 매매계약을 체결하지 않은 주택	• 입주사실이 있는 주택 • 해약 후 재계약한 경우 • 대체계약을 체결한 경우	좌동
지역 제한	서울특별시 외 소재	수도권 밖	서울특별시 외 소재 (투기지역 제외)	수도권 밖
규모 제한	국민주택규모 이하	제한 없음	수도권과밀억제권역 안은 대지면적 660㎡, 주택 149㎡ 이하	제한 없음
가액 제한	없음	제한 없음	제한 없음	제한 없음
보유/임대 요건	5년 이상 보유 임대	제한 없음	제한 없음	제한 없음
행정요건	없음	없음	없음	없음
과세특례 세액감면	해당 없음	해당 없음	취득일로부터 5년간 100%(과밀억제권 60%)	취득일로부터 5년간 분양가액 인하율에 따라 60~100%

구분		미분양주택에 대한 과세특례	지방 미분양주택에 대한 양도세 과세특례	미분양취득자에 대한 양도세 과세특례	수도권 밖의 지역의 미분양주택 취득자에 대한 양도세 과세특례
과세 특례	세율	양도세율 20%와 소득세율 비교과세	보유기간에 상관없이 누진세율	좌동	좌동
	장특공제	특례 없음	주택수 상관없이 표2(80%) 적용	특례 없음	특례 없음
	비과세/ 중과세 특례	• 거주자의 주택수 제외 • 중과세 배제	좌동	좌동	좌동
	기타	별도규정 없음	매매업 다주택자 중과세 배제	별도규정 없음	좌동
미분양주택 사후관리		시장 군수 등이 발행한 미분양주택 확인서 사본	시장 군수 등은 미분양주택확인대장 비치 및 해당 세무서에 전산매체 제출	좌동	좌동
사업자 입증방법		취득 시 분양계약서 사본	분양계약서에 미분양주택 확인 날인	좌동	좌동

조세특례제한법상 감면대상주택 : 미분양주택 관련규정

구분	미분양주택에 대한 과세특례	미분양주택의 취득자에 대한 양도세 과세특례	준공 후 미분양주택 취득자에 대한 양도세 과세특례	신축주택 등 취득자에 대한 양도세 과세특례
근거법	조특법 98조의6	조특법 98조의7	조특법 98조의8	조특법 99조의2
거주자 제한여부	제한 없음	내국인에 한함	거주자에 한함	제한 없음
적용대상기간	2011.3.29.~2011.12.31.	2012.9.24~2012.12.31.	2015.1.1.~2015.12.31	2013.4.1.~2013.12.31.
대상 미분양주택	2011.3.29. 현재 미분양주택 1호 : 주택도시보증공사, 대물변제 받은 시공자, 기업구조조정부동산투자회사, 신탁업자가 공급하는 주택	2012.9.23 현재 미분양주택	2014.12.31 현재 미분양주택	• 2013.3.31. 현재 미분양주택 • 2013.4.1. 이후 신규분양주택 • 1세대1주택자의 주택을 취득한 경우
자가신축주택 대상 여부	해당 없음	해당 없음	해당 없음	2013.4.1.~2013.12.31. 기간 중 사용 승인된 주택
대상 제외 요건	• 입주사실이 있는 주택 • 해약 후 배우자 등과 재계약한 경우 • 대체계약을 체결한 경우	• 9억 원을 초과하는 주택 • 입주사실이 있는 주택 • 해약 후 배우자 등과 재계약한 경우 • 계약 후 해제된 주택	• 해약 후 배우자 등과 재계약한 경우 • 2014.12.31. 이전 계약 후 2015.1.1.이후 해제된 주택	• 해약 후 배우자 등과 재계약한 경우 • 2013.3.31. 이전 계약 후 2013.4.1.이후 해제된 주택
지역 제한	없음	없음	없음	없음
규모 제한	전용면적 149㎡ 이하	제한 없음	전용면적 135㎡ 이하	전용면적 85㎡ 이하
가액 제한	임대개시 당시 6억 원 이하	9억 원 이하	6억 원 이하	6억 원 이하

구분		미분양주택에 대한 과세특례	미분양주택의 취득자에 대한 양도세 과세특례	준공 후 미분양주택 취득자에 대한 양도세 과세특례	신축주택 등 취득자에 대한 양도세 과세특례
보유/임대 요건		1호 : 사업주체가 준공 후 미분양주택을 2년 이상 임대한 주택을 거주자 등이 최초 계약 체결하여 취득한 주택 2호 : 준공 후 미분양주택을 사업주체와 최초로 계약을 체결하여 취득하고 5년 이상 임대한 주택	제한 없음	5년 이상 임대 요건	제한 없음
행정요건		2호 : 임대등록 및 사업자등록을 하고 2011.12.31. 이전에 임대계약을 체결한 경우	없음	임대등록 및 사업자등록을 하고 2015.12.31. 이전에 임대계약을 체결한 경우	없음
과세특례	세액감면	취득일로부터 5년간 50%	취득일로부터 5년간 100%	취득일로부터 5년간 50%	취득일로부터 5년간 100%
	세율	보유기간에 상관없이 누진세율	특례 없음	특례 없음	특례 없음
	장특공제	특례 없음	특례 없음	특례 없음	특례 없음
	비과세/중과세 특례	• 거주자의 주택수 제외 • 중과세 배제	좌동	좌동	좌동
	기타	별도규정 없음	좌동	좌동	좌동
미분양주택 사후관리		시장 군수 등은 미분양주택확인대장 비치 및 해당 세무서에 전산매체 제출	좌동	좌동	시장 군수 등은 미분양주택확인대장/신축주택확인대장/감면대상기존주택확인대장 비치 및 해당 세무서에 전산매체 제출
사업자 입증방법		• 분양계약서에 미분양주택 확인 날인 • 임대사업자등록증 사본 • 임대차계약서 사본	분양계약서에 미분양주택 확인 날인	• 분양계약서에 미분양주택 확인 날인 • 임대사업자등록증 사본 • 임대차계약서 사본	미분양주택 확인 날인받은 분양계약서 사본 등

신축주택 및 농어촌주택 취득자에 대한 과세특례

구분	신축주택 취득자	신축주택 취득자	농어촌 및 고향주택	
			농어촌주택	고향주택
근거법	조특법 99조	조특법 99조의3	조특법 99조의4	
거주자 제한여부	거주자에 한함	거주자에 한함	거주자에 한함	거주자에 한함
적용기한	98.5.22.~99.6.30. (국민주택규모 이하는 99.12.31.)	• 서울 이외 지역 : 2000.11.1. ~ • 전국 확대 : 2001.5.23.~2003.6.30. (서울, 과천, 5대 신도시는 02.12.31.)	2003.8.1.~ 2020.12.31.	2009.1.1.~ 2020.12.31.
적용대상 주택	자가건설주택(사용승인 요건) • 건설업자와 최초 매매 계약체결하고 계약금을 납부한자	좌동	일반주택 1채를 소유한 자	일반주택 1채를 소유한 자
적용 제외 주택	• 입주사실이 있는 주택 • 계약해제 후 배우자 등과 재계약한 경우	좌동	지역기준 및 규모, 가액기준 주의	지역기준 및 규모, 가액기준 주의
지역기준	없음	없음	수도권 및 도시지역 제외	수도권 제외, 고향(10년 이상 등재된 등록기준지, 10년 이상 거주한 사실이 있는 지역)으로서 인구 20만 이하의 시
주택규모	고가주택 제외	고가주택 제외	대지 660㎡ 이하	대지 660㎡ 이하
가액기준	고가주택 제외	고가주택 제외	기준시가 2억 원 (한옥 4억 원) 이하	기준시가 2억 원 (한옥 4억 원) 이하
과세특례	5년간 발생한 양도소득 금액 전액 감면	5년간 발생한 양도소득 금액 전액 감면	해당 없음	해당 없음
비과세 주택수 제외 여부	주택수 제외 (2007.12.31.까지 양도하는 경우에 한함)	주택수 제외 (2007.12.31.까지 양도하는 경우에 한함)	주택수 제외	주택수 제외
중과세 배제 여부	중과세 배제	중과세 배제	해당 없음	해당 없음

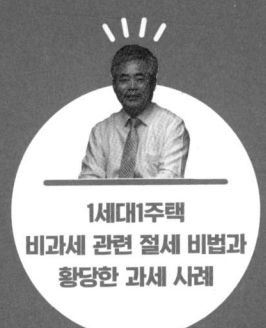

**1세대1주택
비과세 관련 절세 비법과
황당한 과세 사례**

13
취득 및 양도시기

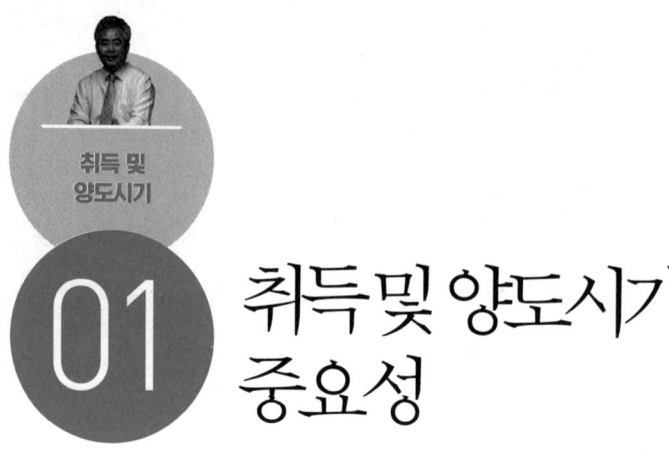

01 취득및 양도시기의 중요성

양도소득세법에서 가장 빈번히 사용되는 규정이 취득 및 양도 시기다. 모든 부동산거래에서 반드시 취득 및 양도 시기 판정이 필요하기 때문이다.

첫째, 세법은 수시로 개정되는데 개정된 세법의 적용 시기는 원칙적으로 양도일을 기준으로 한다. 개정된 세법이 유리할 경우에는 양도시기를 늦춰서 개정된 세법을 적용받도록 할 필요가 있고, 반대로 불리할 경우 양도시기를 앞당겨 개정 전 규정을 적용받도록 해야 한다.

둘째, 양도소득세 계산에서 보유기간이 매우 중요하다. 보유기간별로 장기보유특별공제율이 다르고 적용세율 또한 차이가 난다. 또한 비과세 규정 적용이나 8년 자경감면기간 계산에도 보유기간을 이용하는데, 통상 보유기간은 취득일로부터 양도일까지로 계산한다.

셋째, 양도시기에 따라 취득가액이 달라질 수 있다. 취득 당시 실지거래가액을 알 수 없는 경우에는, 당시 기준시가에 기준시가 상승률을 적용하여 환산취득가액을 계산하는데 양도시기가 달라질 경우 취득가액도 달라진다.

02 거래유형별 취득 및 양도시기

매매는 원칙적으로 잔금청산일을 취득 및 양도 시기로 한다. 다만 잔금청산일이 불분명하거나 잔금청산 전에 소유권이전등기를 한 경우에는 소유권이전등기 접수일이 된다.

부동산 등을 증여하는 경우에는 증여등기 접수일이고, 상속받은 부동산의 경우는 상속개시일, 즉 사망일이 취득시기가 된다.

본인이 직접 신축한 건물인 경우에는 사용검사필증교부일이 취득시기가 되고, 건설회사로부터 분양받은 아파트의 경우는 잔금청산일과 준공일 중 늦은 날이 취득시기가 된다.

양도소득세는 원칙적으로 양도일 현재를 기준으로 판정한다

적용사례 58

부동산을 사고파는 시기를 잘못 선택했을 때

방 장군은 은퇴해서 부부만 살기에는 너무 넓고 고가라서, 살던 아파트를 처분하고 평수를 줄여 다른 아파트를 구입했다. 자금에 여유가 생기자 방 장군은 나이가 더 들면 살기 위해 어린 시절을 보낸 인천에 단독주택을 한 채 더 구입했다. 30년 이상을 오로지 한 아파트에서 거주하다 양도했으므로 1주택 비과세인 고가주택으로 신고했는데, 1세대3주택이라서 비과세를 받을 수 없다고 세무서로부터 연락이 왔다. 자초지종을 알아보니, 살던 아파트의 매매대금 중에서 중도금까지 받은 자금으로 두 주택을 구입해 잔금을 치르고 등기를 마친 상태에서 양도한 아파트의 잔금을 받다 보니 1세대3주택자에 해당되었던 것이다.

양도소득세는 원칙적으로 모두 양도일 현재를 기준으로 판단한다. 비과세 요건인 거주 또는 보유 기간의 계산, 동일세대인지 여부, 거래 중간에 주택이 멸실된 경우 주택 양도인지 나대지 양도인지의 여부, 주택수 계산 모두 양도일을 기준으로 판단한다. 사례처럼 사전에 2주택을 취득하고 나서 종전주택을 양도하게 되면 양도일(통상 잔금일을 말함) 현재는 3주택자가 되어 버린다.

2주택자가 1주택을 양도하고 새로운 주택을 취득한다고 잔금처리 순서를 정해두었는데 매수 등기를 사전에 하는 바람에 1세대3주택이 된 사례도 있다.

황당한 과세사례는 말 그대로 황당하게 온다

세상사가 도둑을 맞으려면 개도 안 짖는다고 했던가? 황당한 과세사례들을 보면 한결같이 문제점을 전혀 의식하지 못하는 사이에 이루어진다. 따라서 양도하거나 취득하는 경우 현재 보유하고 있는 주택들의 양도소득세, 보유세, 종합소득세에 어떤 영향을 미치는지 미리 알아두는 것이 좋다.

집을 팔 때, 잔금일은 이사날짜로 잡지 말고 세금날짜로 잡아라

적용사례 59

손 없는 날보다 더 좋은 이삿날

다주택자인 다홍 씨는 아이가 커가며 더 넓은 집이 필요하여, 가지고 있던 소형 평수의 아파트 두 채를 모두 팔고 더 넓은 집으로 이사하려고 한다.
올해 초 한 채를 팔았고, 살고 있던 나머지 한 채도 계약도 마쳤다. 이제 새로운 집으로 이사를 가려고 하는데, 이사날짜는 언제로 하는 것이 좋을까?

보통은 집을 팔고 이사를 갈 때, 손 없는 날을 **이삿날**로 택한다. 하지만 여기 손 없는 날보다 더 좋은 이삿날이 있다.

양도소득세법상 양도시기는 해당 자산의 잔금일(대금청산일)이며, 양도소득세율은 양도소득이 많아질수록 세금을 더 많이 납부해야 하는 누진세율 구조로 1년간 발생한 양도소득을 합산하여 계산한다. 따라서 올해 초에 집을 양도하고 올해 말에 또 집을 양도한다면, 올해 양도한 두 채의 양도소득을 합산하여 계산해야 한다.

그러므로 누진세율을 피하려면 올해 한 채를 양도했으니, 나머지 한 채는 내년에 잔금을 받도록 양도시기를 늦추는 것이 절세의 길이다.

예를 들어 두 채의 집을 양도하였을 때, 양도차익이 각각 3억인 경우 양도소득세는 약 2억3천만 원이지만, 올해 한 채의 집을 양도하고 내년에 다른 집을 양도한다면, 올해와 내년에 납부할 양도소득세는 각각 1억 원으로 약 3천만 원을 절세할 수 있다.

또한 만약 다홍 씨가 다주택자가 아니라 아파트 두 채를 2년 이상 보유했다면 둘 중 먼저 양도하는 자산은 양도소득세를 납부해야 하지만, 나중에 양도하는 주택은 1세대1주택 비과세를 적용받을 수 있다. 따라서 양도소득이 작은 아파트의 잔금을 먼저 받고 양도소득이 큰 아파트의 잔금을 나중에 받으면, 양도소득이 큰 아파트는 양도소득세 비과세대상이다.

단, 대금청산 전에 소유권이전등기를 한 경우에는 등기접수일이 양도시기가 되므로 잔금을 받기 전까지는 소유권이전등기를 완료해서는 안 된다.

분양아파트의 취득시기는
준공일과 잔금일 중 늦은 날

적용사례 ⑩

선납할인을 받은 신규 아파트의 취득시기는 언제일까?

아파트를 분양받기로 한 왕속상 씨는 선납할인(신규 분양아파트를 분양받아 잔금을 미리 납부하면 얻는 할인 혜택) 조건에 따라 6개월 먼저 잔금을 납부하고 분양대금을 할인받아 입주하였다. 2년 뒤 1세대1주택이어서 양도소득세가 없다고 생각한 왕속상 씨는 아파트를 양도하게 되었다.

하지만 이후 세무서로부터 양도소득세를 납부해야 한다는 충격적인 사실을 전해 들었다. 해당 아파트는 2년의 보유 요건을 충족하지 못했기 때문에 1세대1주택 비과세 규정이 적용되지 못한다는 것이었다. 이게 어떻게 된 일일까?

원칙적으로 매매로 부동산을 거래한 경우 양도시기 및 취득시기는 잔금청산일이다. 단, 등기접수일이 잔금청산일보다 빠른 경우는 등기접수일을 양도시기 및 취득시기로 본다.

하지만 분양으로 취득한 아파트에 1세대1주택 비과세 규정을 적용하는 경우, 완성된 부동산의 거래인지 미완성된 부동산의 거래인지에 따라 판단이 달라진다. 왕속상 씨는 당연히 잔금청산일을 취득시기로 생각하고 2년 보유 요건을 판단했지만, 해당 분양아파트의 보유기간은 아파트의 준공일로부터 양도일까지로 계산해야 한다. 소득세법은 아파트의 준공일 전인 잔금청산 당시에는 아파트가 존재하지도 않았다고 보기 때문이다.

왕속상 씨가 취득한 것은 '부동산을 취득할 수 있는 권리'이지 주택이 아니다. 따라서 위 사례의 경우 1세대1주택 비과세 규정의 2년 이상 보유 요건을 판단할 때 그 기산일은 주택을 취득한 날이 되어야 하며, 이는 잔금청산일과 준공일 중 늦은 날이다.

안수남의 절세 Tip

일이 벌어진 후 후회 말고 사전에 경험 많은 전문가의 도움을 받자

분양아파트는 양도소득세 계산과 1세대1주택 비과세 여부 판단이 일반 아파트나 주택과는 차이가 있다. 완성된 부동산의 취득인지 미완성된 부동산의 취득인지에 따라 신중한 판단이 필요하다.

왕속상 씨 역시 아파트를 양도하기 전에 세무전문가에게 상담을 받았더라면 양도소득세를 부담하지 않았을 것이다. 따라서 이 분야에 경험이 축적된 세무전문가를 찾아서 업무를 맡기는 것이 절세의 지름길이다.

공익사업으로 협의매수되는 경우 양도시기를 조심하라

적용사례 ❻

보상금을 지급하기 전에 소유권이전등기를 먼저 한다

고덕강일 보금자리지구로 지정되어 정 여사의 주택과 농지, 임야까지 수용대상토지로 편입되었다. 협의매수에 필요한 구비서류를 SH공사에 제출하였더니 10일쯤 지나서 보상금 50억 원이 통장에 입금되었다. 양도소득세는 보상금을 받은 달의 다음다음 달 말까지 신고하면 된다고 했으니까 9월6일에 보상금을 받았으므로 11월30일까지 양도소득세를 신고해야 했다.

황 여사는 11월에 남편 고등학교 동창들과 환갑기념 부부동반으로 해외여행 계획이 있어서 10월 말에 양도소득세를 신고하고 홀가분하게 여행을 다녀올 생각이었다. 그런데 같은 동네 사는 작목반장이, 보상금액이 많아서 아무 곳에나 가서 양도소득세를 신고하면 안 된다며, 잘 처리해주는 세무사가 있으니 여행 다녀와서 차분히 함께 신고하러 가자고 했다. 그 말에 신고를 11월로 미뤘다. 여행을 다녀오자마자 양도소득세 신고를 하러 갔더니 세무사가 신고기한이 지났기 때문에 가산세가 8천만 원가량 추가되었다는 것이었다. 보상금을 받고 나서 2달 후 말일까지 신고하면 된다고 했는데 정 여사의 경우는 어떻게 된 일일까?

공익사업으로 토지 등이 협의매수되는 경우 협의매수에 필요한 서류를 사업시행자에게 먼저 제출한다. 사업시행자는 협의된 소유자별로 즉시 보상금을 지급하는 것이 아니라, 통상 일정기간에 협의가 된 토지소유자들을 모아서 일괄로 지급한다. 따라서 보상금을 지급하기 전에 먼저 사업시행자 소유로 등기이전이 이루어진다. 즉, 보상금을 지급하기 전에 소유권이전등기가 먼저 된다는 것이다.

이렇게 보상금을 지급하기 전에 소유권이 먼저 넘어가는 경우에는 양도시기가 소유권이전등기 접수일이 된다. 정 여사의 경우도 8월에 협의매수에 필요한 서류를 제출했는데 소유권이전이 8월에 되고 보상금은 9월에 지급된 것이다. 양도신고 기한을 놓쳐서 결국 신고납부불성실 가산세 10%와 납부불성실가산세(연리 10.95%)를 8천만 원이나 추가로 납부하였다.

사전등기를 해줄 경우에도 양도시기 판단에 주의하자

보유기간 계산을 잘 검토해서 잔금받을 시기를 정해두었는데 매수자의 사정으로 소유권이전등기를 미리 해주는 경우가 있다. 잔금을 받기 전에 소유권을 이전해주는 경우에는 양도시기가 잔금청산일이 아니라 소유권이전접수일이 되므로, 사전등기를 해줄 경우 양도시기 판단에 주의해야 한다.

비과세 감면되는 주택
업·다운계약서 써주면 낭패 당한다

적용사례 62

매매계약서 양도가액을 3억 원 올렸다가
양도소득세 2억5천만 원 폭탄

박 노인은 40년 동안 살아온 주택을 2016년 건설회사에 팔았다. 처음에는 중개업소에 8억 원에 내놓았는데 양수자가 5천만 원을 줄여줄 것을 요구해 계약이 성사되지 않았다. 2달 후 다른 건설사에서 8억 원에 거래를 하되 양도가액을 3억 원 높여 매매계약서를 작성해달라고 했다. 물론 양도하는 주택에 대한 양도소득세가 나올 경우 매수하는 법인에서 부담하는 조건이었다. 박 노인의 주택은 1세대1주택 비과세 대상이었다. 양도가액을 11억 원으로 할 경우 9억 원이 넘는 고가주택이라서 미리 양도소득세를 알아봤다. 다행히 천만 원 정도밖에 안 되었다. 박 노인은 양도소득세를 매매가액과 별도로 현금으로 받고 매수자가 원하는 대로 계약서를 작성했다. 박 노인은 양도대금 절반 가액으로 서울 근교의 소형 아파트를 구입해 이사했다. 남은 돈으로 평생을 여유 있게 살 수 있다고 생각하니 기분이 좋았다. 그런데 작년 말에 세무서에서 세무조사를 나왔다. 건설회사와 실제 거래한 가액보다 3억 원 높여 계약서를 작성했다는 탈세 제보를 받고 확인 차 나왔다는 것이다. 해고당한 건설회사 직원이 계약서 사본까지 세무서에 제출했기 때문에 거짓말을 할 수도 없어서 실제 거래가액대로 확인서를 작성해주었다. 걱정이 돼서 회사에 다니는 큰아들에게 자초지종을 얘기하고 무슨 불이익이 없을지 알아보라고 했다. 큰아들은 건설회사가 세금을 줄이려고 토지 취득가를 높여 거래했으므로 박 노인은 피해가 없다며 안심하라고 했다. 그러나 80평생을 남을 속이거나 거짓말을 해본 적 없는 박 노인은

> 밤잠을 설치는 날이 많았다. 그리고 한 달쯤 지나서 세무서로부터 청천벽력 같은 통지서를 받았다.'세무조사 결정전 안내문'이라는 문서인데 "귀하께서는 매매가액을 높여 계약서를 작성한 사실이 확인되어 비과세 대상인 1세대1주택이지만 비과세를 받을 수 없다"는 내용이었다. 박 노인이 내야 할 세액이 2억5천만 원이라고 친절하게 고지예상세액까지 안내해주었다.

정부는 담합에 의한 탈세방지를 위해 매매계약서의 거래가액을 실제 거래가액과 다르게 적을 경우(업 또는 다운 계약서를 작성하는 경우를 말함), 비과세와 감면되는 양도소득일지라도 비과세나 감면을 받지 못하도록 2011년에 관련 조항을 신설했다. 양도소득세가 비과세되거나 감면되는 경우 거래 상대방의 세금을 줄여주기 위해 실제거래가액보다 줄이거나 높여주던 사례가 의외로 많았다. 이러한 탈세수법을 차단하기 위해, 비과세나 감면되는 세액과 업 또는 다운한 거래가액을 비교해서 작은 금액을 비과세나 감면세액에서 배제한다. 즉, 비과세 받은 세금이 2억 원인데 거래가액을 3억 원 높여 계약서를 허위로 작성했다면, 비과세될 2억 원 세금 전액이 비과세를 받지 못한다. 거래가액을 1억 원만 높여 계약서를 작성했다면, 비과세될 2억 원 중 1억 원만큼 비과세를 못 받는다. 종전에는 비과세나 감면되는 부동산일 경우, 거래가액을 줄이거나 높여 매매계약서를 작성하더라도 양도자는 불이익이 없었다. 하지만 2015년부터는 가산세까지 중과세(신고불성실 가산세만 40%)를 받게 되어 낭패를 볼 수 있다. 박 노인은 추징당한 세금을 책임지라고 건설회사로 찾아갔다. 매수한 건설회사는 신축한 다세대주택이 미분양되어 부도나서 없어졌더란다.

안수남의 절세 Tip

거래가액을 속이거나 허위로 신고하는 행위는 금물이다

우리 속담에 낮말은 새가 듣고 밤말은 쥐가 듣는다고 했다. 세상사에는 비밀이 없다는 의미일 것이다. 요즘은 세파라치도 많아지고 있다고 한다. 특히 탈세제보를 한 경우 추징세액에 따라 일정금액을 제보자에게 포상을 주도록 법이 제정되어 있다. 본인이나 상대방의 세금을 줄이기 위해 거래가액을 줄이거나 높인 경우 이 사실을 알고 있는 사람이 여러 명 있을 수 있다. 이해관계가 틀어지면 언제든지 제보를 해서 피해를 입힐 수 있으니 담합에 의해 거래가액을 속이거나 허위로 신고하는 행위는 금물임을 알아야 한다.

◇ 당신은 언제나 옳습니다. 그대의 삶을 응원합니다. – 라의눈 출판그룹

안수남 세무사의
다주택자 중과세에서 살아남기

초판 1쇄 | 2018년 3월 15일
3쇄 | 2018년 5월 14일

지은이 | 안수남

펴낸이 | 설응도
펴낸곳 | 라의눈

편집주간 | 안은주
편집장 | 최현숙
편집팀장 | 김동훈
편집팀 | 고은희
디자인 | 김현미
영업·마케팅 | 나길훈
전자출판 | 설효섭
경영지원 | 설동숙

표지·본문 디자인 | 박성진

출판등록 | 2014년 1월 13일(제2014-000011호)
주소 | 서울시 서초중앙로 29길(반포동) 낙강빌딩 2층
전화번호 | 02-466-1283
팩스번호 | 02-466-1301
전자우편 | 편집 editor@eyeofra.co.kr   마케팅 marketing@eyeofra.co.kr
            경영지원 management@eyeofra.co.kr

이 책의 저작권은 저자와 출판사에 있습니다.
서면에 의한 저자와 출판사의 허락 없이 책의 전부 또는 일부 내용을 사용할 수 없습니다.

ISBN : 979-11-88726-13-4 13320

※ 잘못 만들어진 책은 구입처에서 교환해드립니다.
※ 책값은 뒤표지에 있습니다.
※ 라의눈에서는 독자 여러분의 소중한 아이디어와 원고 투고를 기다리고 있습니다.